맛있는 방파제 3

한국의
名 방파제 낚시터
서해편

예조원 편집부 지음

예조원

스파르타 서프 마스터 [SPARTA SURF MASTER]
SPARTA
SURF
AIR CASTING MASTERPIECE
MASTER
초원투 성능을 극대화 시킨 꽂기식 써프로드.
대한민국 대표 낚시브랜드 Black Hole

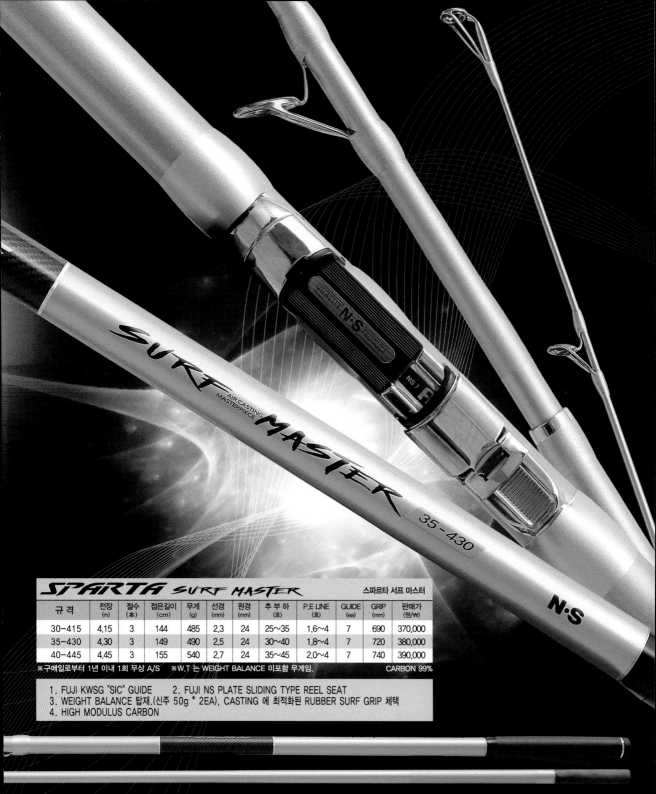

SPARTA SURF MASTER

스파르타 서프 마스터

규 격	전장 (m)	절수 (本)	접은길이 (cm)	무게 (g)	선경 (mm)	원경 (mm)	추 부 하 (호)	P.E LINE (호)	GUIDE (ea)	GRIP (mm)	판매가 (원/₩)
30-415	4.15	3	144	485	2.3	24	25~35	1.6~4	7	690	370,000
35-430	4.30	3	149	490	2.5	24	30~40	1.8~4	7	720	380,000
40-445	4.45	3	155	540	2.7	24	35~45	2.0~4	7	740	390,000

※구매일로부터 1년 이내 1회 무상 A/S ※W.T 는 WEIGHT BALANCE 미포함 무게임. CARBON 99%

1. FUJI KWSG "SIC" GUIDE 2. FUJI NS PLATE SLIDING TYPE REEL SEAT
3. WEIGHT BALANCE 탑재.(신주 50g * 2EA), CASTING 에 최적화된 RUBBER SURF GRIP 체택
4. HIGH MODULUS CARBON

디퍼 몬스터 [DEEPER MONSTER]

DEEPER
RUNNING INSHORE VER

Monster
AIR · SURF CASTING IN 'EAST SEA'

S-1002MH

강력한 허릿심으로 대물을 제압한다!

인쇼어 대물(삼치, 방어, 부시리, 만새기) 전용 루어대.
먼 거리 투척과 대물과의 대치 시 강한 허릿심을 발휘한다.

규격	전장 (m)	절수 (本)	접은길이 (cm)	무게 (g)	선경 (mm)	원경 (mm)	추부하 (호)	MAX (g)	P.E LINE (호)	GUIDE (ea)	GRIP (mm)	판매가 (원/w)
S-1002MH	3.00	2	157.5	355	2.4	19.2	40~100	120	3~6	7	408	320,000
S-1102XH	3.30	2	172.5	375	2.4	19.1	70~130	140	3~8	7	408	330,000
S-1203H	3.60	3	127.5	308	2.4	19.2	60~110	130	3~6	8	408	340,000

※ 구매일로부터 1년 이내 1회 무상 A/S

CARBON 5

1. FUJI KL + KW 가이드
2. DPS SD20 + LOGR 20/AN 적용
3. 이중 잠금장치로 릴장착시 풀림방지 시스템
4. CF-1115-1 능직 우븐원단을 사용하여 외관과 허릿심 보강

DOUBLE LOCKING SYSTEM

CF
CARBON FIBER 1115-1
INNOVATIVE

대한민국 대표 낚시브랜드 **Black Hole**

디퍼 VIPⅢ [DEEPER VIPⅢ]

DEEPER VIPⅢ

높아진 감도와 탄성으로 재탄생한 바다루어
낚시의 멀티플레이어!

2004년 출시 이후부터 바다 인쇼어 캐스팅 게임에서 꾸준히
사랑받아온 다목적 고급 바다루어 로드 "DEEPER"가 몇 번의
진화를 거쳐 재탄생하였다. 초 고탄성 46톤과 NANO 수지를
접목하여 감도와 탄성은 높아지고, 비거리 또한 최대치로
끌어올려 가벼우면서도 강한 로드로 업그레이드되었다.

규 격	전장 (m)	절수 (本)	접은길이 (cm)	무게 (g)	선경 (mm)	원경 (mm)	LURE wt. (g)	P.E LINE (호)	GUIDE (ea)	GRIP (mm)	판매가 (원/₩)
S-782L	2.33	2	119.0	123	1.3	12.3	5~24	0.6~1.6	8	274	250,000
S-802ML	2.43	2	124.5	134	1.5	13.4	8~30	0.8~1.8	8	284	260,000
S-862M	2.58	2	132.5	141	1.6	14.6	10~36	1~2	8	304	270,000

※구매일로부터 1년 이내 1회 무상 A/S

CARBON 99%

1. Fuji SIC 건스모크 K가이드 시스템
2. Fuji TVS REEL SEAT 장착/러버재질 페인팅으로
   미끌거림을 방지하고 파지감이 좋다
3. 초 고탄성 8축 CLOTH 결합
4. EVA 그립으로 파지감과 피로도를 낮추었다

주)엔에스 인천광역시 남동구 염전로411번길 38 Web: http://www.nsrod.co.kr
TEL 032)868-5427   A/S 문의처 032)868-1004   FAX : 032)868-5423

블랙홀 서프 II [BLACKHOLE SURF II]

Black Hole SURF II

압도적인 캐스팅 비거리로 핀포인트에
정확한 투척이 가능하다.

다양한 6가지 스펙으로 원하는 대상어 공략과 각각 다른 필드 선택의 폭이 넓은 한국형 원투낚시대다. 뽑기식으로 휴대 또한 편리하며 릴시트을 WNPS 20~26 탑재로 내구성 또한 보강하였다. 오로지 원투낚시에 필요한 탄성과 반발력에 기본을 두고 개발하였다.

GUN, WMTSG + WMFTSG 접이식 GUIDE 적용
일체형 WNPS 20~26 탑재
파워캐스팅용 EVA 일체형 핸들 부착
고탄력 카본소재 및 FIBER GLASS 소재 일부채용

규 격	전 장 (m)	절 수 (本)	접은길이 (cm)	무 게 (g)	선 경 (mm)	원 경 (mm)	추부하 (호)	LINE (호)	Guide (ea)	CARBON (%)	판 매 가 (원/₩)
20-360	3.6	4	103	280	2.1	22.6	15~25	4~6	6	75	70,000
20-390	3.9	4	110	328	2.2	22.6	15~25	4~6	6	75	75,000
25-420	4.2	5	98	375	2.1	22.9	20~30	4~10	7	80	80,000
25-450	4.5	5	105	393	2.1	23.2	20~30	4~10	7	80	86,000
30-500	5.0	5	114	506	2.5	25.7	30~40	4~10	7	85	92,000
30-530	5.3	5	120	562	2.6	27.6	25~40	4~10	7	85	98,000

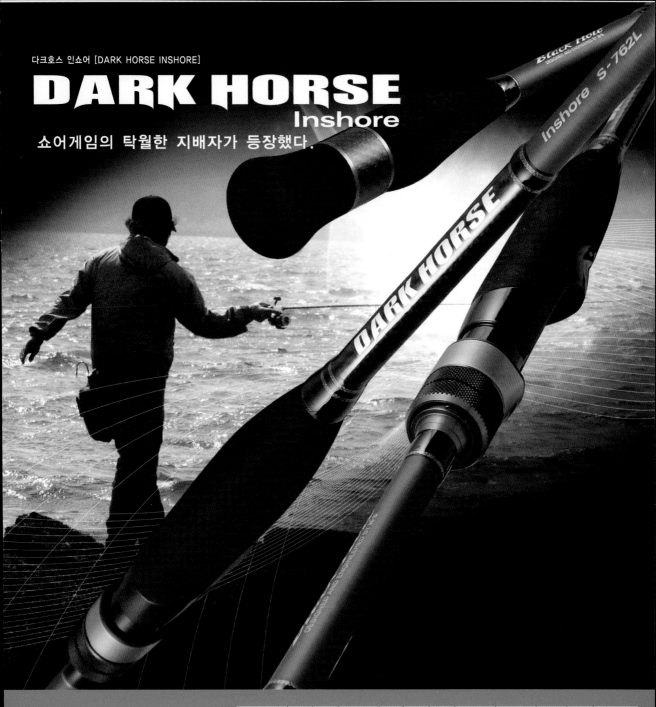

다크호스 인쇼어 [DARK HORSE INSHORE]

DARK HORSE
Inshore

쇼어게임의 탁월한 지배자가 등장했다.

Salt water lure 로드의 대명사로, 쇼어와 선상 어디에서든지, 모든 대상어를 상대로 루어낚시가 가능한 모델이다. 특히 고탄성의 높은 사양 카본 블랭크의 압도적인 탄력은 원거리 캐스팅과 대상어 제어, 그리고 바닥 탐색 시의 전달력까지 어느 한 곳도 흠잡을 곳이 없이 완벽하다.

1. FUJI GUIDE 채용
2. VSS초경량 분리형 릴시트 적용
3. 36톤 고탄성 카본 블랭크 적용
4. CF1115 원단 보강재 사용

규 격	전 장 (m)	절 수 (本)	접은길이 (cm)	무 게 (g)	선 경 (mm)	원 경 (mm)	LURE wt. (g)	P.E LINE (호)	Guide (ea)	Grip (mm)	판 매 가 (원/W)
S-762L	2.29	2	118.5	112	1.4	11.4	5~21	0.6~1.5	7	232	100,000
S-802ML	2.44	2	126.0	128	1.6	12.0	8~28	0.8~1.5	7	247	100,000
S-842M	2.54	2	131.0	140	1.6	13.2	10~32	1.0~2.0	7	267	100,000
S-882M	2.63	2	137.0	150	1.8	13.0	10~40	1.0~2.0	8	295	100,000
S-922M	2.78	2	144.0	172	1.7	13.9	16~45	1.0~2.0	8	334	100,000

※구매일로부터 1년 이내 1회 무상 A/S

CARBON 99%

N·S 주)엔에스 인천광역시 남동구 염전로411번길 38 Web: http://www.nsrod.co.kr
TEL 032)868-5427 A/S 문의처 032)868-1004 FAX : 032)868-5423

육로 및 여객선으로 떠나는 서해 낚시 여행

부담 없이 가볍게 떠나 간편하게, 맛있게 즐기는 '생활낚시'가 인기다. 적은 비용으로 힐링(Healing)을 추구하는 우리 사회 전반의 트렌드(Trend)와 오랜 낚시 여건의 변모가 합치된 현상이다. 사통팔달하는 도로망은 물론 산과 들·해변을 아우르는 '둘레길'이 거미줄처럼 조성돼 어디든 발걸음이 닿고, 날로 북상하는 남방계 어종이 가세해 낚시 대상어 자체가 늘어난 데다, 어종별 채비·기법의 발달로 장소에 크게 구애 받지 않고 소기의 목적을 달성할 수 있게 된 때문이다.

동해와 남해 지역에 비해 그간 선상낚시 의존도가 높던 서해에서도 워킹 포인트를 찾아나서는 '생활낚시' 붐이 크게 고조되는 추세다. 우럭·광어·주꾸미·갑오징어 등 서해 터줏대감들이 앞서 주도하고, 동·남해를 배회하던 각종 회유어들도 가세한 가운데, 과거 영광 가마미해수욕장 쪽에서 머물던 보리멸까지 충남권을 넘어 차츰 경기도로까지 월북하는 추세다.

대상어종뿐만 아니다. 굴곡 심한 리아스식 해안과 다양한 지층, 극심한 조수 간만의 차이로 끝없이 드러나는 개펄, 밀가루처럼 입자 미세한 사질대 등등, 서해 특유의 지형적 여건이 서해 특유의 생활낚시 패턴을 형성한다. 포인트가 복잡·다양한 만큼 다양한 낚시 장르가 성행하고, 취향에 따른 낚시인마다의 출조 패턴도 매우 다양하다. 낚시하기 편한 선착장과 방파제를 선호하는가 하면, 조황 좋은 방조제를 골라 다니는 사례도 많고, 여객선 타고 섬으로 들어가 호젓하게 즐기는 가족 동반 여행객들도 많다.

이에 본서 〈한국의 名방파제 낚시터 - 서해편〉은 기존 '남해편'과 '동해편'과는 달리 낚시터 소개 범주가 훨씬 다양·다각화 되었다. 기존 시리즈 타이틀을 변경할 수 없어 '名방파제'란 소재를 그대로 사용했으나, 실제 수록된 낚시터는 방파제 숫자만큼이나 방조제·갯바위 낚시터 숫자도 많다. 앞서 설명한 바와 같이 서해의 특수성을 반영한 결과다. 따라서 본서 〈서해편〉은 방파제·선착장·방조제·갯바위를 포함한 '서해 워킹 포인트 총람'으로, 육로 낚시터뿐만 아니라 여객선으로 떠나는 섬 낚시터까지 두루 포함시켰음을 일러둔다.

낚시터 지도 또한 '동해편' '남해편'과는 달리 항공사진을 사용하였다. 손으로 스케치한 옛 그림 지도에 비해 항공사진 지도는 크고 작은 도로망과 포인트 형성의 근간을 이루는 지형지물을 입체적으로 파악할 수 있어 효용가치가 더욱 클 것으로 기대한다. 본서가 사용한 대부분 항공사진은 인터넷 포털 사이트 '다음'에서 서비스 되는 것으로, 원저작권자인 삼아항업주식회사와 당사와의 저작권 사용 협약에 따른 것임도 첨언한다.

본서〈서해편〉은 또 기존 '동해편' '남해편'과는 달리 취재 및 편집 기간이 예상보다 훨씬 오래 걸렸다. 심하게 들쭉날쭉한 해안선을 들락거리자니 연속성이 뒤져 하루하루 해가 짧았고, 낚시터 대부분이 해가 지는 서쪽을 바라보는 위치여서 오후 시각이 되면 역광을 피하느라 사진 촬영에 애를 먹었다. 사리 간조 때면 바닥이 몽땅 드러난 방파제·선착장 주변을 배회하며 밀물 시각을 기다려야 했고, 여객선으로 들어간 섬 낚시터는 일정을 더욱 지연시켰다.〈서해편〉출간을 기다린 많은 독자 분들께 여러 차례 약속을 어긴 점 해량을 구한다.

우려되는 부분도 남아 있다. 인천 중구 무의도를 비롯해 보령 원산도, 군산 신시도·무녀도·선유도·장자도 등지에 연륙교가 곧 완공되면 교통수단이 달라질 뿐만 아니라 낚시 여건 또한 크게 변화될 것이다. 방축도·명도·말도 라인을 잇는 연도교 개설, 기타 여러 항·포구에서 진행 중인 보강 공사 사례도 마찬가지다. 이 같은 사후 변화는 본서의 빠른 증쇄로 보완해 나갈 것임을 약속 드린다.

끝으로 이 책이 나오기까지 취재에 많은 도움 주신 이효명·김철호·이승재·한정현·구연권·나승수·이태영 님과, 많은 양의 원고를 직접 작성해 주신 바다루어닷컴의 상록수(김종권) 님, 귀중한 사진 사용을 허락해 주신 옹진군청 관계자 분께도 이 지면을 빌어 감사의 말씀 전한다.

2016년 7월 1일
예조원 편집부

차 례

한국의 名방파제 낚시터 - 서해편

머 리 말 ‖ 육로 및 여객선으로 떠나는 서해 낚시 여행 014

일러두기 ‖ 이렇게 만들었습니다 018

Section 1 인천광역시 북측

옹진 대청도(大靑島) 022 | 소청도(小靑島) 026 | 소연평도(小延坪島) 028 ‖ 강화 교동도 월선포선착장 030 | 건평선착장 032 | 후포항선착장 033 ‖ **중구** 영종도 방조제 034 | 무의도(舞衣島) 036

Section 2 인천광역시 남측

옹진 선재도 넛출선착장 040 | 영흥도 진두항 041 | 자월도(紫月島) 042 | 소이작도(小伊作島) 044 | 대이작도(大伊作島) 046 | 승봉도(昇鳳島) 048 | 덕적도(德積島) 050 | 소야도(蘇爺島) 054 | 문갑도(文甲島) 056 | 굴업도(堀業島) 058 | 백아도(白牙島) 060 | 지도(池島) 064 | 울도(蔚島) 066

Section 3 경기도 시흥시, 안산시, 화성시

시흥·안산 시화방조제 072 | **안산** 대부도 홍성리선착장 076 | 탄도항방파제 077 | 풍도(豊島) 078 | 육도(六島) 080 ‖ **화성** 제부도 방파제 081 | 궁평항방파제 082 | 입파도(立波島) 085 | 국화도(菊花島) 086

Section 4 충남 당진시, 서산시, 태안군

당진 한진포구선착장 090 | 안섬방파제 091 | 성구미방파제 092 | 성구미 신방파제 095 | 석문방조제 096 | 장고항 & 용무치 098 | 왜목선착장 100 | 도비도선착장 101 | 대난지도 & 철도(쇠섬) 102 ‖ **서산** 삼길포항 방파제 외 104 | 황금산 갯바위 106 | 벌말 방파제 외 108 ‖ **태안** 만대포구 & 유섬·삼형제바위 110 | 학암포방파제 & 분점도 외 112 | 민어도선착장 115 | 구름포해수욕장 주변 116 | 천리포방파제 & 닭섬 118 | 만리포 방파제 외 120 | 모항항방파제 122 | 어은돌방파제 124 | 통개 방파제 외 126 | 신진도 & 마도방파제 128 | 가의도(賈誼島) 132 | 황골방파제 134 | 연포방파

제 135 | 채석포항방파제 136 | 몽산포항방파제(몽대포방파제) 137 | 마검포항 방파제 외 138 | 곰섬방파제 141 | 드르니 & 백사장항 142 | 안면대교 일대 144 | 황도 방파제 외 146 | 방포항방파제 148 | 대야도선착장 외 150 | 구매항선착장 외 152 | 영목항선착장 154 ‖ **서산** 서산B지구방조제 156 | 간월도항방파제 160 | 서산A지구방조제 162

Section 5 충남 홍성군, 보령시, 서천군

홍성 남당항방파제 168 | 홍성방조제 & 수룡포구 170 ‖ **보령** 학성선착장 & 맨삽지섬 171 | 회변 선착장 외 172 | 보령방조제 & 오천북항 174 | 오천항선착장 176 | 월도(月島) 178 | 육도(陸島) 180 | 허육도(虛陸島) 181 | 추도(抽島) 182 | 소도(蔬島) 183 | 효자도(孝子島) 184 | 원산도(元山島) 186 | 고대도(古代島) 190 | 장고도(長古島) 192 | 삽시도(揷矢島) 194 | 호도(狐島) 198 | 녹도(鹿島) 200 | 외연도(外煙島) 202 | 대천항방파제 206 | 뒷장벌 갯바위 208 | 갓배 갯바위 209 | 남포방조제 & 죽도 210 | 용두 갯바위 2140 | 무창포항방파제 216 | 닭벼슬섬 219 ‖ **보령 · 서천** 부사방조제 220 ‖ **서천** 홍원항 방파제 외 222 | 비인항(마량항)방파제 226

Section 6 전북 군산시, 부안군

군산 개야도(開也島) 230 | 연도(烟島) 232 | 어청도(於靑島) 236 | 군산항 남방파제(풍차방파제) 240 | 비응항방파제 242 | 새만금방조제 휴게소 244 | 야미도(夜味島) 246 | 신시도(新侍島) 248 | 선유도 & 장자도 · 대장도 250 | 방축도(防築島) 254 | 명도(明島) 256 | 말도(末島) 258 ‖ **부안** 윗틈이 갯바위 260 | 적벽강 사자머리 262 | 죽막방파제 265 | 격포항방파제 266 | 궁항방파제(개섬방파제) 외 268

Section 7 권말 부록

＊낚시터 색인① – 낚시터 소재지별 찾아보기
＊낚시터 색인② – 낚시터 명칭 가나다 순 찾아보기
＊주요 바다 어종 포획 금지 크기 및 기간 · 구역
＊낚싯줄과 봉돌 규격 비교표

이렇게 만들었습니다

■ 지명 표기

본서에 소개된 낚시터는 상당 부분이 어항(漁港)을 근간으로 한다. 어선이 출입하고 정박하는 이들 크고 작은 어항은 항만(무역항 및 연안항) · 국가어항 · 지방어항 · 어촌정주어항 · 소규모어항 순으로 구분되지만 현지에서 부르거나 각종 지도에 표기된 명칭은 제각각이다. 〈사진〉의 지명 표기가 대표적인 오류 사례다. 본서는 법정항 가운데 지방어항까지에만 '항'(港)자를 붙이되, 예외적으로 다른 이름을 병기한 경우도 있다.

■ 소재지 및 위치 표기

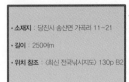

내비게이션이나 휴대폰으로 낚시터를 찾아가기 위한 길 안내 검색을 할 경우, '지명' 입력만으론 불가능하거나 엉뚱한 곳으로 인도 당할 수도 있다. 이에 본서는 낚시터 주소에 정확한 '지번'까지를 수록해 길 찾기 입력 정보에 완벽을 기했다. '위치 참조'에 표기된 〈최신 전국낚시지도〉 130p B2란 당사가 발행한 〈최신 전국낚시지도〉 책자의 130페이지 B, 2 라인에 해당 낚시터가 위치가 수록돼 있다는 뜻으로, 인근 지역을 폭넓게 확인하는 데 도움을 준다.

■ 물때 및 수온, 날씨 정보

바다낚시와 물때는 불가분의 관계다. 조수 간만의 차가 극심한 서해는 특히 그러하다. 밀물과 썰물 시각에 따라 낚시가 불가능한 곳이 많아 조석표(潮汐表 · 물때표) 확인이 꼭 필요하다. 해상특보는 물론 풍향 및 풍속, 수온 파악 등, 다양한 정보를 활용하면 그 결과는 곧 조과로 이어지기 마련이다. 두 곳 인터넷 사이트만 활용해도 실시간 정보를 얻을 수 있는데, 모든 항구마다 필요한 정보가 제공되지 않으므로 목적지 인근의 항구를 잘 선택해야 한다.

■ 국립해양조사원(http://www.khoa.go.kr) - 지역별 조석(간조 및 만조 시각과 조위), 파고, 수온, 염분, 풍향 및 풍속, 바다 갈라짐 등.
＊조석(潮汐) 자동응답 시스템(ARS) : 1588-9822
＊실시간 해양관측정보 시스템 : http://www.khoa.go.kr/koofs
■ 기상청(http://www.kma.go.kr) - 특보, 육상예보(일일예보 및 중기예보), 바다예보(일일예보 및 중기예보), 일출 · 일몰 시각 등.

■ 여객선 정보

서해안 도서 지역을 운항하는 여객선 역시 극심한 조수 간만의 차로 인해 출 · 입항 시간이 수시로 달라진다. 비수기와 성수기의 운항 횟수도 크게 달라져 사전 확인과 예약이 필수다. 그러나 부정기적으로 운항 노선별 선사(船社)가 달라져 연락처도 변경될 수 있으므로 다방면의 여객선 운항 정보를 한눈에 파악하고 예매도 겸할 수 있는 포털 사이트를 이용하는 게 좋은 방법일 수도 있다. 각종 할인 혜택도 확인할 수 있어 일거양득일 때가 많다.

■ 가보고싶은 섬(http://island.haewoon.co.kr) - 항로, 시간표, 운임, 터미널, 선사 정보 등.

■ 행선지별 여객선 정보

행선지	출항지	선사	전화	비고
백령도 · 대청도 · 소청도	인천항	제이에이치페리	1644-4410	www.jhferry.com
		고려고속훼리	1577-2891	www.kefship.com
대연평도 · 소연평도	인천항	고려고속훼리	1577-2891	www.kefship.com
덕적도 · 소야도	인천항	고려고속훼리 외	1577-2891	www.kefship.com
덕적도 · 대이작도 · 승봉도 · 자월도	인천항	대부해운	032-887-6669	www.daebuhw.com
승봉도 · 이작도 · 자월도	인천항	고려고속훼리	1577-2891	www.kefship.com
덕적도 · 소야도 · 자월도	대부도 방아머리	대부해운	032-886-7813~4	www.daebuhw.com
소이작도 · 대이작도 · 승봉도	대부도 방아머리	대부해운	032-886-7813~4	www.daebuhw.com
풍도 · 육도	대부도←인천항	한림해운	032-889-8020	hanlim.haewoon.co.kr
지도 · 울도 · 백아도 · 굴업도 · 문갑도	덕적도 진리	한림해운	032-889-8020	hanlim.haewoon.co.kr
무의도	잠진도	무의도해운	032-751-3354~6	www.muuido.co.kr
입파도	전곡항	경기도선	031-357-4556	
입파도 · 국화도	궁평항	서해도선	031-356-9387	www.ippado.co.kr
국화도	장고항	국화도도선	010-4311-0432	
대난지도 · 소난지도	도비도항	청룡해운관광,	041-352-6861	www.chungryong.kr
가의도	안흥신항(신진도)	한림해운	041-674-1603	hanlim.haewoon.co.kr
소도 · 추도 · 허육도 · 육도 · 월도	오천항, 영목항	한림해운	041-634-8016	hanlim.haewoon.co.kr
효자도 · 원산도	대천항, 영목항	신한해운	041-934-8772	www.shinhanhewoon.com
(원산도) · 고대도 · 장고도 · 삽시도	대천항	신한해운	041-934-8772	www.shinhanhewoon.com
외연도 · 녹도 · 호도	대천항	신한해운	041-934-8772	www.shinhanhewoon.com
어청도 · 연도	군산항	대원종합선기 외	063-471-8772 외	
말도 · 명도 · 방축도 · 관리도 · 장자도	군산항	대원종합선기 외	063-471-8772 외	
개야도	군산항	대원종합선기 외	063-471-8772 외	

■ 본서의 지도 범례(LEGEND)

■ 저작권 협약 및 승인

■본서에 수록된 대부분의 지도는 본사와의 저작권 협약에 따라, 삼아항업주식회사에서 촬영한 항공사진을 사용한 것으로, 그 바탕에 주요 지명 표기 및 지형지물 표시는 본사 편집부에서 추가하였다.

■본서에 수록된 옹진군 지역의 항공사진은 옹진군으로부터 사용 승인을 받은 것으로, 본서의 사용과는 별개로 원저작권재(옹진군)의 허락 없이 무단 전재 · 복제할 수 없음을 알려 드립니다.

소연평도 선착장

Section **1** 인천광역시 북측

대청도 사탄동 해변

대청도 동백나무 자생 북한지

소청도 분바위

소청도 소청등대

소연평도 등대 조형물

대무의도 선착장

옹진 대청도(大靑島) / 소청도(小靑島) / 소연평도(小延坪島)

강화 교동도 월선포선착장 / 건평선착장 / 후포항선착장

중구 영종도 방조제 / 무의도(舞衣島)

대청도(大靑島)

- **소재지** : 옹진군 대청면 대청리 377-18 외
- **길이** : 선진포항방파제 642m 외
- **위치 참조** : 〈최신 전국낚시지도〉 072p B4

찾아가는 길

인천항여객터미널에서 백령도행 하모니플라워호(☎1644-4410)와 코리아킹호(☎1577-2891)가 소청도를 거쳐 이곳 대청도를 경유한다. 소요시간은 3시간 20분, 3시간 40분.

■ 낚시 여건

멀리서 바라보면 섬의 색깔이 너무도 푸르러 이름 지어진 대청도(大靑島)는 머나 먼 서해5도(西海五島) 중 백령도(白翎島) 다음 가는 최북단의 섬이다. 백령도 정 남방 약 7km 지점이고, 가장 접경 지역인 북한 옹진반도(甕津半島)로부터는 서남 쪽 약 24km 거리다.

백령도와 함께 우리나라 최북단 어업기지이자 해상 관광 명소로 꼽히는 대청도 는 인천발 여객선이 닿는 선진동(대청2리)을 비롯해 시계 방향으로 고주동(대청5 리)·사탄동(대청4리)·서내동(대청1리)·동내동(대청6리)·양지동(대청7리)· 옥죽동(대청3리)등 7개 자연부락이 있다. 해안선은 대부분 낭떠러지로 된 해식애 로 둘러싸여 있으나 곳곳에 사구(砂丘)가 발달해 기암괴석과 어우러진 백사장이 절경을 이룬다. 답동·옥죽동·농여·지두리·사탄동해변의 백사장이 그 대표적 이고, 특히 옥죽동 산자락 사이에 형성된 '모래사막'은 '한국의 사하라'로 불릴 만 큼 별세계 분위기를 자아낸다.

관광을 겸한 낚시여행지로 1박2일은 너무도 짧고 아쉬움이 남는다. 마을버스가 운 행되고 택시도 있지만 민박집 자동차를 이용하는 게 편리하다. 미리 민박을 예약

대청도

해 두고 떠나면 여객선 도착 시간에 맞춰 마중을 나온다. 생필품 구입은 문제가 없지만 낚시 준비물만큼은 빠뜨림 없어야 한다.

■ 어종과 시즌

주어종은 우럭과 농어다. 선착장 주변에선 우럭과 노래미가 겨울에도 잡히지만 낱마리에 불과하다. 단골 꾼들 중에는 4월부터 원정을 감행하는 경우도 있지만 우럭은 5월부터, 농어는 6월부터 본격 시즌에 접어들어 10월까지 시즌을 이어나간다. 이 시기엔 또 연안 및 선상낚시에서 광어도 곁들여진다.

가을에는 고등어가 붙어 연안낚시의 재미를 안겨주고 간혹 낙지까지 곁들여져 입맛을 돋게 한다. 우럭 선상낚시 시즌엔 또 대구도 걸려든다.

■ 포인트 및 참고 사항

해식애로 둘러싸인 대청도 해변은 갯바위 지역 거의 모두가 직벽을 이루고 완만한 지형은 대부분 모래밭이다. 게다가 갯바위 지역은 거의 밤낚시가 금지되는 데 비해 선착장 주변만큼은 야간에도 낚시가 가능하다.

민박집 근처에서 편안하게 손맛을 볼 수 있는 곳은 선진포항 방파제이다. 크고 작은 두 개의 방파제 가운데 포인트는 여객선이 닿는 큰 방파제 외항 쪽이다. 주야간 모두 낚시가 가능한 곳으로 우럭·노래미·광어·농어가 주어종이다. 주변 바다이 모래와 펄로 섞여 있어 밑걸림이 덜한 편인데, 멀리 던질 필요 없이 테트라포드 사이를 노리는 구멍치기를 해도 우럭 정도는 손쉽게 올릴 수 있다. 밤낚시에 낚이는 우럭 씨알이 굵은 편이고, 내항 쪽에 편안하게 앉아 던질낚시를 하면 붕장어도

주요 연락처(032)

*수경민박 836-3664
대청면 대청리 396(선진동)
*솔항기펜션 836-2477
대청면 대청리 469-14(옥죽동)
*현대펜션 888-8399
대청면 대청리 585-9(양지동)
*심청이민박 836-2256
대청면 대청리 1268(사탄동)

↓ 대청도 동쪽 하늘에서 내려다본 선진포항.

© Ongjin gun

잘 낚인다. 가을엔 고등어도 붙는다.

가장 접근성이 좋은 갯바위 포인트는 선진포항 북쪽 방향의 '검은낭' 갯바위다. 답동해변의 백사장을 벗어나면 돌밭이 나타나고 본격 갯바위 지형이 시작되는 지점에 이르면 곧 데크 산책로가 설치돼 있어 원하는 포인트 곳곳으로 진입할 수 있다. 크고 작은 수중여가 발달한 곳으로 우럭·광어와 함께 농어도 기대할 수 있다. 밤낚시가 금지되는 곳이므로 이른 아침에 찾는 게 좋다.

이밖에 사탄동(대청4리) 남쪽 갯바위 지역도 찾아볼 만하다. 광난두정자각 트래킹 코스를 따라 진입할 수 있는 마당바위 주변과 기름항아리, 독바위 주변이 대표적이다. 특히 기름항아리와 독바위 해변은 모래밭 양쪽으로 굵은 돌밭이 발달해 있어 우럭과 농어가 기대되는 곳이다. 또 인근에 위치한 '서풍받이'는 서쪽 망망대해로부터 불어닥치는 모진 풍파에 부딪혀 모서리 하나 없는 절벽을 이룬 지형으로, 낚시를 겸한 대청도 여정에서 꼭 둘러볼 만한 경승지 중의 하나다.

대청도 선진포항의 야경.

선진포항 북쪽, 답동해변에서 검은낭으로 향하는 곳엔 데크 산책로가 조성돼 있다.
이하 ©Ongjin gun

'한국의 사하라'로 불리는 대청도 북쪽의 '옥죽동 모래사막'.

옥죽동 선착장과 옥죽동해변.

대청도 남쪽에 위치한 독바위해변.

소청도(小靑島)

- **소재지** : 옹진군 대청면 소청리 424-1 외
- **길이** : 답동방파제 260여m 외
- **위치 참조** : 〈최신 전국낚시지도〉 072p C6

찾아가는 길

인천항여객터미널에서 백령도 행 하모니플리워호(☎1644-4410)와 코리아킹호(☎1577-2891)가 이곳 답동선착장을 거쳐 대청도·백령도로 향한다. 인천에서 소청도까지의 소요시간은 약 3시간, 3시간 20분.

■ 낚시 여건

서해5도 중 백령도·대청도와 함께 우리나라 최서북단에 위치한 섬으로 대청도 남동쪽 4.5km 지점이고, 위도상으로는 강화 교동도와 거의 비슷한 위치다. 동서로 비스듬히 길게 뻗는 섬의 지세는 동쪽과 남쪽에 각각 174m, 140m 높이의 산봉우리를 이루고, 14.2km 둘레에 달하는 해안선은 거의 대부분이 암석 지형으로 급경사를 이루는 가운데, 군데군데 만곡진 지형에도 모래보다는 돌밭이 더 많다.

남쪽 해안 분지에 예동(소청1리)과 노화동(소청2리) 두 곳 마을이 있고, 정기여객선은 북쪽 답동항(지방어항)에 닿는다. 선착장을 겸한 260여m 길이의 방파제 주변은 물론, 예동과 노화동 마을 주변에도 도보 포인트가 많고, 민박집 차량을 이용하면 월미끝과 분바위·소청등대 주변 갯바위 포인트까지 두루 섭렵할 수 있다. 인근 대청도 면적의 5분의 1에 달하는 아담한 규모로 서해5도 가운데 낚시 여건이 가장 적합한 곳이라 할 만하다. 그러나 이곳 또한 밤낚시만큼은 금지된다.

■ 어종과 시즌

우럭·광어·농어·노래미가 대표어종이다. 한겨울을 제외하곤 사철 잡히는 우

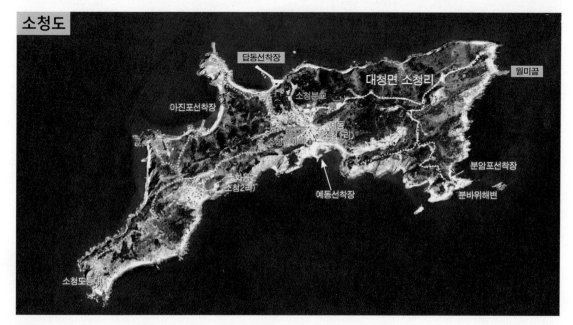

소청도
답동선착장 / 대청면 소청리 / 월미끝 / 아진포선착장 / 소청분교 / 예동 소청1리 / 분암포선착장 / 노화동 소청2리 / 예동선착장 / 분바위해변 / 소청도등대

럭과 노래미는 5월로 접어들면 씨알이 굵게 낚이고, 자갈밭과 수중여가 발달한 곳이라 특히 농어낚시가 매력적이다. 6월이면 본격 시즌을 이루는 농어는 9~10월에 피크를 이뤄 전문 꾼들을 유혹한다. 가족 동반 출조객들에게 환호성을 안기는 어종도 있다. 9월로 접어들면 고등어 떼가 근접해 선착장 주변에서 카드채비를 사용하면 줄줄이 걸려들고 간혹 삼치도 붙는다.

■ 포인트 및 참고 사항

여객선이 닿는 답동항 방파제를 비롯한 좌우 갯바위 또는 자갈밭이 포인트다. 여객선에서 내리거나 출항 시간 전에 편리하게 찾을 수 있는 데다, 예동마을에 민박을 정한 경우는 걸어서 20여분이면 된다. 간·만조 시각에 관계없이 어느 때고 진입할 수 있으며 우럭·광어·농어를 기대할 수 있다.

예동마을 앞 선착장 주변도 포인트다. 마을에서 내려와 우체국 앞 선착장 입구에서 오른쪽(서쪽)으로 진입하는 갯바위에선 광어가 곧잘 나오고, 여건이 좋을 땐 발 밑까지 농어가 붙는다. 너울성 파도에 유의하고 만조가 되면 퇴로가 차단된다는 점도 염두에 두어야 한다. 소청도 동남쪽에 위치한 분바위(粉岩)는 옛날 이 섬에 유배된 원나라 순제(順帝)가 주악(酒樂)을 즐겼다는 곳으로, 갯바위 일대가 하얀 분칠을 한 듯 새하얀 색깔이다. 마을에서 그다지 멀지 않은 거리지만 민박집 차량을 이용하는 게 좋다. 분암포선착장 끝에서 편안히 캐스팅을 하거나 썰물 때 오른쪽 갯바위를 찾으면 씨알 굵은 우럭과 광어, 농어를 곁들일 수 있다. 북동쪽 월미끝 갯바위와 자갈밭 앞쪽에선 우럭·광어·농어 조황이 돋보이고 가을엔 삼치도 닿는다. 서남단 소청도등대 밑 여밭 포인트도 꼭 찾아볼 만한 곳이다.

주요 연락처(032)

*등대민박 010-9424-3161
　대청면 소청리 194(예동)
*은하민박 032-836-3027
　대청면 소청리 178(예동)
*소청여인숙 032-836-3052
　대청면 소청리 231-3(예동)

↓ 소청도 북쪽 하늘에서 내려다본 답동항 방파제와 선착장.

©Ongjin gun

소연평도(小延坪島)

- **소재지** : 옹진군 연평면 연평리 999-3 외
- **길이** : 큰방파제(선착장) 2300여m 외
- **위치 참조** : 〈최신 전국낚시지도〉 073p E6

찾아가는 길

인천항 연안여객터미널에서 고려고속훼리(☎1577-2891)의 플라잉카페리호가 1시간 50분이면 소연평도에 닿는다. 한 달에 몇 차례 대연평도를 먼저 경유하는 경우도 있다.

■ 낚시 여건

연평도(延坪島) 하면 떠오르는 오래 된 말이 있다. "조기를 담뿍 잡아 기폭을 올리고~ 온다던 그 배는 어이하여 안 오나… 갈매기도 우는구나 눈물의 연평도" 하는 최숙자의 〈눈물의 연평도〉(1964년 발표) 노랫말이 그 하나요, "개도 꽃게 한 마리는 물고 다닌다는 연평도" 격언이 또 그 하나다. 그러나 연평도의 조기 파시는 1960대년 후반부터 사라졌고 지금은 꽃게 어장이 그 자리를 대신하고 있다.

대연평도 남쪽 3.7km 위치의 소연평도는 서울 여의도 면적의 3분의 1에 불과한 0.94km²이다. 관광객은 북쪽 대연평도로 쏠리지만 낚시는 곳곳을 걸어 다닐 수 있는 소연평도가 오히려 편리하다. 곳에 따라 야영과 밤낚시도 가능하고, 백령도와 대·소청도 방면에 비해 여객선 소요시간도 1시간~1시간 30분가량 짧다. 단, 가구수가 많지 않고 공식 민박집도 두 곳뿐이라는 점 염두에 두어야 한다. 생필품 사전 준비가 필수이고 선착장 주변에선 야영을 겸한 밤낚시도 가능하다.

■ 어종과 시즌

봄낚시 시즌은 5월부터 시작돼 11월 중순까지 이어지고, 어종은 광어·노래미·

소연평도

소연평항 / 소연평도선착장 / 치안센터 / 폐광 / 소각장 / 연평면 연평리 / 만조 때에는 물에 잠김 / 동네끼미해변 / 갈매기섬 / 소연평도등대 / 얼굴바위

농어 · 우럭이다. 장대(양태)도 곁들여지고 가을이면 숭어 · 고등어 · 삼치도 들어온다. 선착장 주변에선 야간 원투낚시에 붕장어도 잘 낚인다.

우럭 · 광어 루어 채비를 우선으로 농어낚시용 루어도 곁들일 필요도 있고 던질낚시용 장비 · 채비 · 미끼도 필요하다. 기타 숭어 · 고등어 · 삼치 등 계절 어종은 현지 민박집에 사전 확인을 해보는 게 좋다.

■ 포인트 및 참고 사항

거의 모든 포인트가 선착장에서 도보 30분 이내의 거리다. 길도 잘 닦여 있어 헤맬 염려도 없다. 밤낚시가 가능한 선착장(큰방파제) 일대에선 우럭 · 노래미 · 광어를 기대할 수 있고 야간엔 우럭과 함께 붕장어도 곧잘 낚인다. 숭어가 붙기도 하고 가을엔 고등어 새끼들이 몰려들 때도 있다. 게그물을 놓으면 꽃게도 잘 잡힌다.

마을에서 15분~20분 거리의 갈매기섬은 얼굴바위와 함께 소연평도의 아이콘이자 1급 포인트이다. 갈매기 집단 서식처로 낚시 도중 똥 세례를 맞는 경우가 많다. 만조 때에는 섬이 되고 썰물 때에 건너가 낚시를 하는 곳으로, 몽돌과 여밭 지형에서 대형급 농어가 속출하고, 펄이 섞인 곳도 있어 우럭 또한 마릿수 조과를 보인다.

북동쪽 소각장(재활용 선별장) 포인트는 마을에서 20여분 도보 거리로, 편안하게 낚시를 즐길 수 있는 곳이다. 조류가 세차게 흐르고 여밭이 발달해 우럭 · 노래미 · 장대가 고루 낚이고 농어도 크게 기대되는 곳이다. 초들물과 초썰물을 집중 공략하되 물때 따라 남쪽 얼굴바위 쪽으로 이동하며 폭넓게 탐색하는 것이 좋다.

동남쪽 '소연평도등대' 밑에 위치한 얼굴바위는 여객선 위에서 볼 수 있는 얼굴 모양처럼 생긴 바위다. 갯바위 주변에서 우럭과 농어를 기대하는 곳이다.

주요 연락처(032)

*터미널낚시백화점 882-8184
  인천 중구 항동7가 87-9
*신영민박 831-2946
  연평면 연평리 983
*식당민박 010-3312-0305
  연평면 연평리
*소연평치안센터 831-1652
  연평면 연평리 984

↓ 소연평도 북쪽 하늘에서 내려다본 소연평항 방파제와 선착장.

©Ongjin gun

소각장 폐광

교동도 월선포선착장

- **소재지** : 강화군 교동면 상용리 605-12 인근
- **길이** : 40여m
- **위치 참조** : 〈최신 전국낚시지도〉 056p C2

찾아가는 길

김포 방면에서 강화대교를 건너 강화대로(48번 국도)를 따라 교동도 방면으로 계속 달린다. 하점면 이강삼거리에서 우회전하면 곧 나타나는 검문소에서 출입증을 교부 받아 교동대교를 건넌 후 흥현마을버스정류장 지난 지점에서 교동동로193번길로 좌회전하면 월선포선착장(교동도선착장)까지는 약 3.5km 거리다.

■ 낚시 여건

강화도 서북단에 위치한 교동도(喬桐島)는 북한 황해도를 불과 2.5km여 목전에 둔 접경 지역이다. 2014년 7월 1일, 강화 본섬 양사면 인화리와 교동도(교동면) 봉소리를 잇는 3.4km 길이의 교동대교가 정식 개통되기 이전까지만 해도 낚시는커녕 외지인의 출입조차 제한을 받던 곳이다.

교동도 관광을 겸한 주말 나들이 코스로 적합한 월선포선착장은 옛날 교동도의 해상 관문으로 강화도 창후리선착장을 오가던 여객선이 닿던 곳이다. 지금은 뱃길이 끊겨 그 역할이 끝나고 40여m 길이의 텅 빈 월선포선착장은 호젓한 분위기에 겁 없는 망둥어와 숭어 · 농어 새끼들이 들락거릴 뿐이다. 선착장 좌우측으로 연결된 평평한 석축 구간에서도 낚시를 편안하게 즐길 수 있고, 민가는 멀리 떨어져 있으나 옛날 매점(월선휴게소)이 남아 있어 간단한 낚시도구와 미끼는 물론 먹거리도 해결할 수 있다. 넓은 주차공간에 깨끗한 화장실까지 옛날 그대로 보존돼 있어 하루를 즐기기에 아무런 불편이 없다.

■ 어종과 시즌

낚이는 어종은 망둥어·우럭·숭어·농어 정도다. 놀이삼아 새우·참게 잡이도 재밌다. 겨울엔 이렇다 할 대상어가 선보이지 않다가 초여름부터 망둥어가 잡히기 시작해 9~10월에 피크를 이루고 늦가을에 이를수록 씨알이 더욱 굵어진다. 숭어는 봄부터 늦가을까지 선보이는데 마릿수 조황은 여름이다. 잔챙이 씨알의 우럭도 9~10월이면 제법 입질을 한다. 이곳의 입질 타이밍은 초들물 때이므로 인터넷에서 미리 조석표(물때표)를 보고 간조 시간 전에 현장에 도착하는 것이 좋다.

가지바늘 원투 채비로 망둥어·우럭낚시를 하는 도중 틈틈이 부수입(?)을 올리기도 한다. 선착장 좌우에 여러 개의 채집망을 늘어뜨려 봄철(4~5월)엔 참게를, 가을엔 새우를 거둬 올린다. 가족을 동반한 경우 아이들에게 채집망을 맡겨두면 시간 가는 줄 모르는데, 채집망 먹잇감으론 고등어 토막이 가장 좋고 낚시 미끼로 준비한 청갯지렁이를 사용해도 된다.

■ 포인트 및 참고 사항

포인트는 경사진 선착장 일대와 좌우측 석축 지대가 포함된다. 선착장 위에선 밀물과 썰물의 수위 따라 계속 낚시가 가능하고 좌우측 석축 지대는 만조 전후 시각에 적합한 여건이다. 특히 선착장 진입 우측 석축 지대와 연결된 갯바위 구간에선 우럭 새끼들이 잘 낚이고, 전방 50여m 지점의 간출암 주변을 노리면 어쩌다 농어도 선보인다. 교동대교가 개통되고도 초기에는 출입 시간에 제약이 따랐으나 2015년 6월부터는 출입 시간이 연장되어 왕래가 더욱 편리해졌다. 그러나 밤 12시부터 새벽 4시까지는 여전히 통행이 금지된다는 점, 일몰 이후의 시각엔 낚시가 금지된다는 점 유념해야 한다.

주요 연락처(032)

*강화밭이피싱샵 932-9616
선원면 창리 669-2
*월선휴게소 010-2777-4210
교동면 상용리 605-3

↓ 교동대교가 건설되기 전, 강화 창후리선착장을 잇는 여객선이 오가던 교동도 월선포선착장.
↓↓ 월선포선착장 우측 석축 지대와 갯바위 구간.

건평선착장

- **소재지** : 강화군 양도면 건평리 623-22 인근
- **길이** : 700여m
- **위치 참조** : 〈최신 전국낚시지도〉 074p C2

찾아가는 길

강화대교를 건널 경우는 강화읍 내 알미골삼거리에서 좌회전해 찬우물고개를 넘어 계속 직진하다가 인산저수지가 있는 인산삼거리에서 좌회전 후 양도초등학교에 이르면 왼쪽 건평로를 따라 약 2km 직진하면 양지삼거리이다.
강화초지대교를 건널 경우는 온수리사거리에서 보문사·양도 방향으로 좌회전해 강화남로 따라 직진하다가 양도면소재지로부터 2.3km 지점에 이르러 '건평로'로 좌회전하면 현장까지 2km 미만 거리다.

주요 연락처(032))

＊강화발이피싱샵 932-9616
 선원면 창리 669-2
＊황금호(낚싯배) 933-8899
 양도면 건평리 623-22

↓ 중들물 시각의 건평선착장 전경.

■ 낚시 개황

외포리 남쪽, 후포항·장곶돈대 방향의 대로변에 위치해 찾기가 쉽고 주차 공간도 널찍해 낚시 여건이 편리하다. 선착장 위에서 썰·밀물의 수위 따라 아래로 내려가거나 뒤로 물러나며 낚시를 즐길 수 있고, 만조 때는 왼쪽 축대 위에서 편안하게 낚시를 즐길 수도 있다.

주변 바닥은 온통 개펄로 뒤덮여 있어 어종은 거의 망둥어 일색이다. 5~6월부터 잔챙이들이 낚이기 시작해 9~10월이면 씨알도 굵어지고 마릿수도 최고조에 이른다. 썰물보다는 들물 때 조황이 좋은데 특히 초들물이 피크 타임이다. 어선들이 닿는 부잔교(浮棧橋)선착장 사이로 갯골이 형성된 곳을 간조 때 눈여겨 봐 두었다가 수위 따라 들어오는 망둥어 무리를 노리는 것이 좋다.

■ 참고 사항

어종이 단조로워 이곳을 즐겨 찾는 이들은 많지 않다. 가을 망둥어 철이 되면 북쪽 외포리선착장을 찾는 이들이 많지만 석모도 등지로 향하는 여객선이 들락거려 매우 어수선한 분위기다. 그에 비해 이곳 건평리선착장은 고기잡이배들만 정박하는 '어촌정주어항'으로 조용한 분위기다.

참고로 이곳 선착장에서 10시 방향으로 건너 보이는 석모도 석포리 앞바다는 선상 농어낚시 포인트로 꼽힌다. 두 개의 큰 간출암이 있는 곳으로 등대가 설치돼 있는 지점 주변이다. 양도어판장 건물에 입주해 있는 황금호·자연호 등등의 횟집들은 각기 어선을 보유하고 있어 배낚시 손님도 받는다.

건평선착장

후포항선착장

- **소재지** : 강화군 화도면 내리 1825-15
- **길이** : 40여m
- **위치 참조** : 〈최신 전국낚시지도〉 074p C3

■ 낚시 개황

어선 출입이 많은 후포항은 지방어항으로 지정된 곳이다. 후포항어판장이 설치돼 있고 주변에 횟집이 밀집해 있다. 길이 40여m 선착장 좌우로 축조된 축대 가운데 오른쪽(동쪽) 축대 주변은 수심 얕은 개펄 지형으로 낚시에 적합지 못하다. 낚시는 주로 선착장과 왼쪽 축대 위에서 즐기되 어선이 들락거리는 선착장보다는 내리 어촌계사무실 앞, 왼쪽 축대 위에서 던질낚시를 하는 경우가 많다.

어종은 망둥어가 주류를 이루고, 왼쪽(서쪽) '라르고빌' 아래쪽 갯바위나 선수 방향의 황금어장(횟집) 밑 갯바위 구간을 찾으면 숭어와 농어를 곁들일 수도 있다.

■ 참고 사항

후포항 입구에서 서쪽(장곳돈대 방향)으로 650여m 더 진행한 지점에서 '선창횟집·포시즌펜션' 건물을 보고 오른쪽으로 진입하면 선수선착장이 나온다. 옛날 석모도 보문사(普門寺) 가는 정기여객선이 출항하던 곳인데 지금은 항로가 폐쇄되어 넓은 주차장과 선착장이 텅 빈 상태로 남아 있다. 옛날엔 망둥어낚시가 잘 돼 찾는 이들이 많았으나 호안(護岸) 일대에 가슴 높이의 철망이 설치돼 있어 낚시를 하기가 불편하고 선착장 또한 출입문이 잠겨 있는 날이 많아 제약이 따르긴 한다. 넓은 주차장에 안전하게 주차를 한 후 진입이 다소 불편하긴 해도 오른쪽 용궁횟집·황금어장 밑 갯바위나 왼쪽(서쪽) 선수마을 앞 갯바위로 나아가면 망둥어와 함께 숭어가 곧잘 낚이고 농어 새끼도 곁들여진다. 후포항 입구에서 약 2km 지점의 장곳돈대 아래쪽 갯바위는 특히 농어·숭어가 잘 낚이는 본격 낚시터이다.

찾아가는 길

강화대교를 건널 경우는 강화읍내 알미골삼거리에서 좌회전해 찬우물고개를 넘어 인산삼거리에서 중앙로와 가능포로를 따라 남하하다가 화도면 '화도초교 앞'에서 선수 방향으로 우회전해 2.7km 진행하면 오른쪽으로 '후포항' 표지판이 보인다. 강화초지대교를 건널 경우는 길상면소재지(온수리사거리)에서 화도 방면으로 좌회전해 마니산로를 따라 9.7km 진행하면 된다.

인근 낚시점(032)

★강화발이피싱샵 932-9616
선원면 창리 669-2
★남양낚시 937-4424
길상면 초지리 1251-534

↓ 왼쪽(서쪽) 방향에서 본 후포항선착장과 축대 구간.

후포항선착장

영종도 방조제

- **소재지** : 중구 운서동 2833-3 외
- **길이** : 북방조제 6.54km, 남방조제 5.82km
- **위치 참조** : 〈최신 전국낚시지도〉 090p C1

찾아가는 길

북쪽 방조제를 찾을 경우는 영종대교 방향이거나 인천대교 방향이거나 공항신도시JC에 이르러 북쪽 공항신도시입구삼거리로 접어들어 왼쪽 삼목선착장 방향의 영종해안북로를 따라 진행하면 된다.

남쪽 방조제 수문 쪽을 찾아 영종대교 쪽에서 진입할 경우는 공항신도시JC→영종IC→영종해안남로를 이용하면 되고, 인천대교 쪽에서 진입할 경우는 톨게이트 통과 후 용유도 방향의 오른쪽 출구로 둘러 나와 역시 영종해안남로를 따라가면 된다.

▪ 낚시 여건

인천국제공항 건설로 영종도·삼목도·신불도·용유도가 한 덩어리로 매립되면서 또 다른 섬이 태어났다. 원래의 옛 영종도는 우리나라 섬 가운데 10번째 면적이었으나 한 덩어리로 바뀐 지금의 영종·용유도(통칭 영종도)는 7번째 큰 섬이 된 것이다. 113.5km² 면적의 안면도 크기 비슷한 이 거대한 매립지 둘레에 침식 방지를 위한 호안(護岸) 방조제가 둘러쳐져 있다.

서쪽 용유해변을 제외한 동·남·북 지역 방조제 가운데 영종대교 방향의 동쪽 지역은 수심이 얕아 낚시가 거의 불가능한 데 비해, 북쪽과 남쪽 방조제에서는 낚시가 이뤄진 지 오래고, 옛날만큼은 아니어도 여전히 찾는 이들이 많다. 옛날엔 영종해안북로와 영종해안남로 왕복 4차선 도로 갓길에 주차를 하고서 방조제 이곳저곳 축대에 올라 낚시를 하는 사례가 많았지만, 지금은 수문 근처의 주차공간을 활용하는 낚시로 포인트 구간이 압축된 추세다.

▪ 어종과 시즌

어종은 망둥어·숭어·우럭 외에 노래미·장대·농어도 섞인다. 우럭은 5~10월,

영종도 방조제 / 장봉도 / 모도 / 시도 / 신도 / 영종대교 / 삼목선착장 / 금산IC / 영종도 / 운서역 / 공항신도시JC / 북쪽방조제 / 수문 / 공항화물청사역 / 신불IC / 용유도 / 인천국제공항역 / 석산곶(신불)선착장 / 인천대교 / 용유역 / 남쪽방조제 / 잠진도 / 수문 / 연수IC

망둥어는 9~10월에 피크를 이룬다. 가을 망둥어만큼은 꼬마들도 희희낙락할 정도로 쉽고도 많이 낚인다. 11월로 접어들면 마릿수는 떨어져도 씨알이 굵게 낚인다. 숭어는 장마가 시작되는 6월 중순부터 나타나 10월까지 출몰을 거듭한다. 이밖에 7~8월엔 깔따구(농어 새끼)도 출몰한다. 우럭은 루어낚시보다 청갯지렁이 미끼의 던질낚시를 주로 하고, 숭어는 강화산 청갯지렁이 미끼의 찌낚시가 유효하다.

■ 포인트 및 참고 사항

방조제 근거리에 작은 여밭이 형성된 곳일수록 좋지만 주차공간이 있어야 하므로 실제의 포인트는 크게 세 구역으로 함축된다. 남·북방조제 공히 서쪽 끝 지점에 위치한 수문(배수갑문) 근처와 북쪽 방조제에서 신도를 건너다보는 지점에 위치한 삼목선착장이다.

남·북 배수갑문 근처는 바닷물과 민물이 섞이는 곳으로 기수역 어종이 즐겨 들락거려 조황도 좋고, 화장실과 주차공간도 마련돼 있어 편안한 낚시를 즐길 수 있다. 가건물 형태의 간이낚시점이 있어 채비·미끼를 현지 조달할 수도 있다. 방향은 양쪽 택일이다. 방조제 바깥쪽이냐 안쪽이냐, 즉 바다 쪽에 앉을 것이냐 내수면 쪽에 앉을 것이냐인데, 도로변 간이낚시점에 그때그때의 조황을 알아보는 것이 좋다. 통상적으론 바다 쪽 씨알이 굵은 데 비해 마릿수는 내수면 쪽일 때가 많다. 내수면 쪽은 또 그늘 지역도 있다.

주차공간이 넓고도 낚시하기 편하기로는 삼목선착장 쪽이다. 신도·장봉도행 여객선이 뜨는 곳으로, 선착장과는 별도로 방파제도 축조돼 있는데 아무래도 방파제 쪽이 낚시하기가 편하고 조황도 낫다.

인근 낚시점

*수문낚시 010-6230-6737
남쪽 방조제 수문 부근
*유진낚시
북쪽 방조제 수문 부근
*세월낚시
북쪽 방조제 수문 부근
*삼목낚시 010-9299-7211
삼목선착장 입구
*삼광낚시 010-5328-1036
삼목선착장 입구

↓ 영종도 북측 방조제 서쪽 끝 지점에 위치한 배수갑문 전경. 포인트는 배수갑문을 벗어난 지점의 해수면과 내수면 양쪽이다. 배수갑문 구역에선 낚시가 금지된다.

무의도(舞衣島)

- **소재지** : 인천광역시 중구 무의동 298-2 외
- **길이** : 대무의도선착장(큰무리선착장) 2300여m 외
- **위치 참조** : 〈최신 전국낚시지도〉 090p C3

찾아가는 길

영종대교나 인천대교를 이용해 영종도로 진입 후 잠진도선착장에 도착하면 무의도해운(032-746-0077)의 무룡호가 30분 간격으로 출발한다. 자동차와 함께 탈 수 있는 이 도선은 5~10분 만에 큰무리선착장에 도착한다.
2018년 잠진도-무의도 간 연도교가 개통되면 실미도를 비롯한 무의도 관광지가 더욱 가까워질 것이다.

■ 낚시 여건

경인 지역에서 승용차 또는 대중교통편으로 부담 없이 다녀올 수 있는 연안 바다 낚시터이자 손맛도 제대로 볼 수 있는 곳이다. 한창 시즌 땐 낚시객들이 너무 많이 찾아들어 붐비는 것 빼고는 초보자들은 물론 전문 꾼들도 나름의 욕구를 채울 수 있다. 당일 코스도 좋고 1박 코스면 더욱 좋다. 선착장에서 편안히 즐길 수도 있고, 소무의도로 넘어가면 갯바위낚시도 즐길 수 있다. 원투 찌낚시와 처넣기낚시, 루어낚시를 취향대로 즐길 수도 있다. 옛날과는 달리 고급 어종들이 줄어들었다고는 해도 때만 잘 맞추면 즉석 횟감 정도는 충분이 올릴 수 있다.

■ 어종과 시즌

망둥어 · 우럭 · 노래미 · 붕장어 · 광어 · 장대 · 농어 · 숭어 · 전어 · 삼치 · 주꾸미 · 갑오징어 · 살감성돔 등등 서해 어종은 다 출몰한다. 시기와 장소가 다를 뿐이다. 주어종은 망둥어 · 우럭 · 광어. 가을엔 숭어 · 전어 · 삼치가 가세하고 주꾸미 · 갑오징어도 곁들여진다.

마릿수는 적어도 겨울에도 동태 씨알의 망둥어가 잡히고 선착장 주변엔 잔챙이 우

럭이 떠나질 않는다. 어종이 다양해지는 본격 시즌은 피서객들이 몰려드는 8월부터 시작해 9~10월에 피크를 이루고 11월 중순까지 지속된다. 중요한 것은 언제 어디서 어떤 채비로 낚시를 하느냐이다.

주요 연락처(032)

*잠진낚시매점 032-746-9300
　인천 중구 덕교동 102(잠진도)
*대성펜션 010-5256-3442
　인천 중구 무의동 270-2
*등대펜션 010-9104-0188
　인천 중구 무의동 9-1

■ 포인트 및 참고 사항

■ **큰무리선착장(대무의도선착장)** – 용유도 쪽 잠진도선착장에서 운행되는 철부선이 닿는 곳이다. 9m 정도의 폭, 230여m 길이로 축조된 선착장에서 밀물과 썰물의 수위 따라 오르락내리락하며 낚시를 할 수 있는데, 잔챙이 우럭과 망둥어가 주어종이다. 한여름엔 원투낚시에 보구치도 걸려들고 야간엔 붕장어가 잘 낚인다. 우럭은 청갯지렁이 미끼를 이용한 민장대 채비도 좋고 루어낚시를 해도 좋은데, 먼 거리는 뻘밭이므로 가까운 석축 주변을 노려야 한다.

■ **광명항 방파제 주변** – 큰무리선착장에서 버스가 운행되는 샘꾸미 마을의 광명항(지방어항)은 간조가 되면 온통 개펄 바닥이 드러난다. 물이 차면 방파제 위에서 내항 쪽으로도 낚시가 가능하지만 물이 빠지면 외항 쪽을 노려야 한다. 여름철부터 망둥어와 붕장어를 노려볼만한데, 이곳 방파제보다는 오른쪽 산자락 밑 돌출부를 찾으면 우럭이 잘 낚인다. 돌밭 쪽에선 썰물 때도 낚시가 가능하다.

■ **소무의도 선착장과 갯바위** – 광명식당 주변에 주차를 한 후 인도교로 오르면 된다. 무의도를 대표하는 낚시터로 떼무리선착장과 갯바위 곳곳이 포인트다. 둘레길을 따라 전역을 찾기도 쉽다. 선착장에선 가을 망둥어를 포함한 전어·삼치를 기대할 수 있고, 남쪽과 북쪽 방향의 갯바위에선 우럭과 광어를 뽑아낼 수 있다. 간조 때 돌밭을 뒤져 게(바카지)와 소라 잡는 일도 재밌다.

↓ 잠진도를 떠나 무의도로 들어서는 여객선 위에서 바라본 큰무리선착장(대무의도선착장) 전경.
↓↓ 소무의도에서 바라본 대·소무의도 간 인도교.

영흥도 진두항

인천광역시 남측

Section

2

자월도 달바위선착장

소이작도 손가락바위

대·소이작도 남쪽 풀등

승봉도 남대문바위

소야도 여객선선착장

굴업도 개머리언덕~목기미해변

옹진 선재도 넛출선착장 / 영흥도 진두항 / 자월도(紫月島) / 소이작도(小伊作島) / 대이작도(大伊作島) /

승봉도(昇鳳島) / 덕적도(德積島) / 소야도(蘇爺島) / 문갑도(文甲島) / 굴업도(堀業島) / 백아도(白牙島) /

지도(池島) / 울도(蔚島)

선재도 넛출선착장

- **소재지** : 옹진군 영흥면 선재리 636-5 인근
- **길이** : 북쪽 90여m, 남쪽 선착장 40여m
- **위치 참조** : 〈최신 전국낚시지도〉 109p E1

찾아가는 길

시흥 방면에서 시화방조제를 건너 대부도로 진입한 후 북동삼거리에서 우회전하여 선재도·영흥도 방면으로 계속 진행한다. 선재대교로 선재도에 진입한 후 영흥대교 450여m 못 미친 지점의 노도모텔 앞에서 선재로317번길로 좌회전하면 넛출선착장까지 약 600m 거리다.

인근 낚시점

*조아루어피싱 031-8041-9755
  시흥시 정왕동 2211
*리더낚시 032-885-4480
  안산시 대부북동 1855-37
*대교낚시슈퍼 032-883-1122
  옹진군 영흥면 선재리 637-2

↓ 영흥대교 입구 아래에 위치한 선재 넛출선착장. 대표적인 생활 낚시터이다.

■ 낚시 개황

소재지는 인천광역시 영흥면 선재리이지만 경기도 안산시 대부도와 연결돼 교통 및 생활권은 오히려 안산에 속한다. 경기도 시흥 방면에서 시화방조제를 건너 대부도로 진입한 후 서쪽 방향의 선재대교를 건너면 선재도에 이르고, 계속해 영흥대교를 건너면 영흥도에 이른다.

대부도와 영흥도 중간에 위치한 선재도에는 두 곳의 포구(어촌정주어항)가 있다. 대부도에서 선재대교를 건너 선재도로 진입하면 오른쪽에 '뱃말'이 있고, 다시 영흥대교가 시작되는 선재도 서북단에 '넛출'이 있다. 동남단 뱃말선착장에서도 낚시를 하지만 서북단 넛출선착장이 선재도를 대표하는 생활낚시터로 꼽힌다.

우럭·노래미·망둥어·깔다구(농어 새끼)·붕장어가 낚이고 가을에는 주꾸미도 나온다. 5월부터 심심풀이 나들이객들이 찾아들기 시작해 늦가을 11월까지 낚시하는 모습들이 끊이질 않는데, 피크 시즌은 9~10월이다. 망둥어 씨알이 굵게 낚일 뿐만 아니라 우럭 씨알도 좋아지고 주꾸미도 곁들여져 한층 재미를 더한다. 붕장어는 밤낚시에 선보이고, 농어는 영흥대교 교각 근처로 힘껏 원투해야 한다.

■ 참고 사항

두 개의 선착장 가운데 북쪽 선착장이 우선이다. 북쪽 선착장에서 해변 따라 250여m만 걸어 들어가면 작은 콧부리가 있고, 다시 300여m만 더 진입하면 작은 섬처럼 생긴 그럴듯한 콧부리 지형이 나온다. 두 곳 콧부리 모두 전문 꾼들이 가을철 광어 및 농어를 노리는 곳이다. 넛출선착장과 진입로가 다르지만 선재도 북단의 드무리해변을 찾아 딴두부리섬으로 걸어 들어가면 광어 확률이 더욱 높아진다.

영흥도 진두항

- **소재지** : 옹진군 영흥면 내리 8-213 외
- **길이** : 큰방파제 300여m 외
- **위치 참조** : 〈최신 전국낚시지도〉 109p E1

■ 낚시 개황

안산시 대부도에서 선재도를 거쳐 영흥대교를 타고 영흥도로 진입하다 보면 왼쪽으로 내려다보이는 곳이다. 2015년도에 300여m 길이의 남쪽 방파제가 새로 완공돼 진두항(국가어항)의 모습이 제대로 갖춰졌다. 그러나 진두항 주변은 수심이 극히 얕아 간조 때가 되면 내항 쪽을 제외하곤 거의 바닥이 드러나 개펄 천지를 이룬다. 영흥도와 선재도 사이의 영흥수도(靈興水道) 역시 수심이 극히 얕아 흘수(吃水)가 아주 얕은 선박이 아니면 통행을 할 수 없을 정도다.

선착장과 방파제 주변에서 던질낚시로 망둥어 · 붕장어 · 우럭 · 숭어를 낚고 가을엔 학공치와 깔따구(농어 새끼)도 낚는다. 우럭 · 노래미 · 도다리는 5월 초~11월 말, 망둥어는 8~12월, 숭어는 10~12월(봄에는 훌치기), 학공치는 9~10월, 붕장어와 깔따구는 9~11월이 시즌이다.

■ 참고 사항

진두항 주변엔 수산물어판장과 낚시점들이 있고 주차공간도 넓어 낚시에 불편이 없는 곳이다. 어항 주변에서 낚시를 즐기는 이들도 많지만 선상낚시를 목적으로 찾는 출조객들이 많은 편인데, 어항 주변이 번잡하고 조황이 부진할 때는 자리를 옮겨볼 필요도 있다.

이곳 진두항 주차장을 벗어나 영흥파출소 방향의 동쪽 해변을 따라 500여m만 올라가면 작은 포구에 위치한 100여m 길이의 방파제가 나온다. 진두항보다는 깔끔하고 호젓한 여건으로 가을 망둥어가 잘 낚이는 데다, 12~1월 겨울 시즌엔 동태 크기만 한 것들이 선보여 이곳을 단골로 찾는 이들도 있다.

찾아가는 길

시화방조제를 건너 대부도로 진입해 북동삼거리에 이르면 오른쪽 선재도 · 대부도 방향으로 꺾는다. 이후 선재도 · 대부도 방향으로 계속 진행하다 선재대교에 이어 영흥대교를 건너면 된다. 영흥대교에서 내려와 오른쪽으로 한 바퀴 돌면 곧 진두항 주차장이다.

인근 낚시점(032)

*리더낚시 885-4480
 안산시 대부북동 1855-37
*선창낚시 886-0344
 옹진군 영흥면 내리 8-165
*짱구낚시 882-0504
 옹진군 영흥면 내리 8-165

↓ 하늘에서 내려다본 영흥도 진두항. 선상낚시 출조객들이 많이 찾는 곳이기도 하다.

자월도(紫月島)

- **소재지** : 옹진군 자월면 자월리 306-10 외
- **길이** : 달바위선착장 1200m 외
- **위치 참조** : 〈최신 전국낚시지도〉 108p B1

찾아가는 길

인천항연안여객터미널(032-885-0180)과 안산시 대부도 방아머리선착장(032-886-7813)에서 여객선이 운항된다. 인천 발 대부고속훼리5호(차도선)는 1시간 20분, 쾌속선 스마트호는 50분이 소요되고, 방아머리선착장 발 대부고속훼리호(차도선)는 55분이 걸린다. 인천항을 이용할 경우는 주차요금 부담이 크다.
달바위선착장 도착 시간에 맞춰 공영버스가 운행되고(1일 13회 가량), 민박을 예약한 경우는 민박집 차량이 마중을 나온다.

■ 낚시 여건

육지 쪽 영흥도와 덕적군도 사이에 위치한 자월도(紫月島)는 소이작도·대이작도·승봉도 등 4개의 유인도를 합쳐 옹진군 자월면을 이룬다. 국사봉(國思峰·166m)을 최고봉으로 동서로 길게 뻗은 해안선 곳곳엔 장골·큰말·별난금·진모래 등 독특한 경관을 자랑하는 해수욕장들이 많아 등산객과 관광객들의 발길이 잦고, 달바위·독바위·마바위·선녀바위·목섬·떡바위·굴뿌리 등의 콧부리 지형은 유명 갯바위 포인트로 많은 낚시객들을 불러 모은다. 북쪽 해변 지형은 비교적 급경사를 이뤄 암석 지대가 많은 반면, 남쪽 해변은 완만한 경사를 이뤄 모래 지형이 발달해 있다.

여객선이 닿는 달바위선착장에서 도보로 이동할 수 있는 포인트도 있지만 도내(島內) 공영버스를 이용하거나 그보다는 민박집 차량을 이용하는 것이 편리하다.

■ 어종과 시즌

우럭·광어·노래미·장대 등 록피시 어종이 주류를 이루는 가운데 포인트에 따라 농어가 붙는가 하면, 날마리 살감성돔도 얼굴을 비친다. 개펄 지형에선 붕장어

도 잘 낚이고 가을철엔 주꾸미 · 갑오징어도 선을 보인다.

5월부터 선보이는 우럭 · 광어는 6월이면 본격 시즌에 접어들고 한여름 7~8월에도 광어가 입질을 한다. 9~10월에 또 한 차례 피크를 이루는 우럭 · 노래미 · 광어 · 장대와 함께 농어도 이맘때쯤 본격 시즌을 형성한다. 던질낚시 위주의 가족 동반 나들이에도 좋고 루어낚시를 전문으로 하는 출조객들에게도 적합한 곳으로, 굳이 물때를 따지지 않아도 되지만 갯바위 포인트를 공략할 때는 만조 시각보다는 간조 전후 시각에 승부를 거는 것이 좋다.

■ 포인트 및 참고 사항

여객선이 닿는 달바위선착장도 우럭 · 노래미가 곧잘 낚이는 포인트다. 특히 선착장 끝에서 11시 방향 50여m 거리의 숨은여를 공략하면 광어와 장대도 걸려든다. 선착장 오른쪽(서쪽) 방향의 갯바위에선 가을철이면 갑오징어도 선보인다.

갯바위 포인트는 북서쪽에서부터 동북쪽에 이르기까지의 진모래 · 마바위 · 선녀바위 · 목섬 · 떡바위 · 굴뿌리 등이 꼽힌다. 대표적인 곳으로 진모래 좌우측 갯바위에선 가을철 농어가 잘 낚이고 우럭과 광어도 곁들여진다. 특히 먹퉁도를 바라보는 간출암 끝 쪽은 확실한 광어 · 우럭 포인트이다.

가늠골 선녀바위는 가을 우럭 · 노래미 포인트로 간혹 살감성돔도 섞이고, 다리가 연결돼 만조 때도 찾을 수 있는 목섬은 광어 포인트로 꼽힌다. 하나포에서 중썰물 때 해변 따라 진입할 수 있는 떡바위 일대는 자월도 최고의 광어 포인트로 두, 세 번째 돌출부 조황이 특히 뛰어나다. 발판이 평평해 낚시하기가 편하고 우럭도 곧잘 낚인다. 동쪽 굴뿌리 일대는 광어 · 농어 루어 포인트로 손꼽히는 곳이다.

주요 연락처

*조이루어피싱 031-8041-9755
 시흥시 정왕동 2211
*해당화민박 032-831-6011
 자월리 285-1(자월2리)
*레드문펜션 010-3165-2750
 자월리 1529-2(진모래 쪽)
*하나펜션 032-834-5953
 자월리 616-2(가늠골 쪽)
*섬마을민박 010-3103-2040
 자월면 자월리 109(하늬포 쪽)

↓ 인천항연안여객터미널과 안산시 대부도 방아머리선착장에서 떠나는 여객선이 닿는 자월도 달바위선착장.

© Ongjin gun

소이작도(小伊作島)

- **소재지** : 옹진군 자월면 이작리 44-7 외
- **길이** : 선착장 80여m 외
- **위치 참조** : 〈최신 전국낚시지도〉 107p F3

찾아가는 길

인천항연안여객터미널(032-885-0180)과 안산시 대부도 방아머리선착장(032-886-7813)에서 여객선이 운항된다. 인천 발 대부고속훼리5호(차도선)는 2시간 20분, 쾌속선 스마트호는 1시간 10분이 소요되고, 방아머리선착장 발 대부고속훼리7호(차도선)는 1시간 40분이 걸린다.

■ 낚시 여건

옹진군 자월면 이작리 소재의 소이작도(小伊作島 · 이작2리)와 대이작도(大伊作島 · 이작1리)는 서로 배꼽과 이마를 맞댄 형국이다. 간조 시 최단 거리 220여m, 양쪽 선착장 간의 거리도 460여m에 불과해 두 섬 사이엔 급류가 형성된다. 면적 1.45km²에 해안선 길이 약 10km로 대이작도에 비해 크기는 거의 절반이지만 굴곡진 지형이 많아 해안선 길이는 거의 비슷할 정도다.

동서로 길게 뻗은 지형에 형성된 마을은 여객선이 닿는 큰말 및 목섬마을과 벌안마을 3개로 나뉜다. 이들 3개 마을에 산재한 민박 · 펜션에 숙소를 정하면 곳곳의 포인트까지는 도보로 진입할 수 있는 가까운 거리다. 당일 출조는 무리고 1박2일 여정이 적당한 곳이다. 낚시터로서의 비중은 대이작도보다 앞선다.

■ 어종과 시즌

4월 중순을 지나 5월로 접어들면 우럭 · 노래미 · 도다리 · 광어 · 붕장어가 입질을 시작해 10월 말까지 시즌을 형성한다. 피서객들이 물러난 9월로 접어들면 망둥어 · 숭어 · 농어 · 학공치가 가세하기 시작해 10월까지 출몰을 거듭한다. 가을철

소이작도

벌섬 / 벌안방파제 / 헬기장 / 벌안마을 / 벌안 / 소이작도 / 산책로 / 손가락바위 / 목섬마을 / 지안세 / 큰말 / 소이작도선착장 / 악진남여 / 해군기지선착장 / 대이작도선착장 / 대이작도

일부 갯바위와 선착장 주변에선 낱마리 살감성돔과 삼치 새끼들이 비치는가 하면, 갑오징어와 주꾸미도 걸려든다.

낚시터는 큰말 쪽 선착장과 약진넘어해수욕장 좌우측 갯바위, 벌안마을 너머 갯바위 및 벌안선착장(방파제) 부근, 섬 동쪽 끝에 위치한 손가락바위 일대가 꼽힌다.

■ 포인트 및 참고 사항

여객선이 닿는 큰말 쪽 선착장 주변은 개펄 지형으로 낮에는 망둥어, 밤에는 붕장어가 잘 낚이고 씨알 잔 우럭도 섞인다. 그러나 이곳 선착장은 묶음추 채비로 '짬낚시'를 즐기는 곳으로, 본격 낚시를 위해선 큰말에서 산길로 진입해 나무데크로 조성된 남쪽 산책로를 따라 쉽게 다다를 수 있는 손가락바위 주변을 찾는 게 좋다. 왼쪽 둘째손가락을 치켜세운 형상의 손가락바위는 소이작도의 대표적인 관광명소인 데다, 광어·우럭·노래미가 잘 낚이는 1급 포인트이기 때문이다. 비교적 수심이 얕은 곳이지만 수중여가 발달한 데다 조류도 활발해 굵은 씨알이 낚인다. 수중여와 모래밭 어름에선 가을 갑오징어도 심심찮게 낚인다.

소이작도 동단의 손가락바위 주변과 쌍벽을 이루는 포인트는 서단에서 북단으로 반도(半島) 지형을 이루는 벌안마을 너머 갯바위 일대다. 건너편 벌섬 사이로 조류가 세차게 흐르는 곳으로 광어·농어·우럭이 굵게 낚인다. 차량으로 진입할 수 있는 끝 지점에 위치한 벌안방파제는 간조가 되면 외항 쪽 주변 바닥이 거의 드러나는 곳으로, 입구에서 간출암 지대로 진입해 낚시를 하거나 왼쪽(북단) 갯바위 지역을 찾는 게 좋다.

남쪽 중심부의 약진넘어해수욕장 좌우측 갯바위도 광어 포인트로 꼽힌다.

주요 연락처

*조이루어피싱 031-8041-9755
시흥시 정왕동 2211
*블루마린펜션 010-8607-7990
이작리 66(큰말)
*카사블랑카 032-0834-7658
이작리 262-2(목섬마을)
*대하정펜션 032-831-5964
이작리 225(목섬마을)
*신성민박 032-834-4156
이작리 805(벌안마을)

↓ 하늘에서 내려다본 소이작도 선착장. 사진 왼쪽 방향 2500여m 거리에 '큰말' 동네가 있다.

©Ongjin gun

대이작도(大伊作島)

- **소재지** : 옹진군 자월면 이작리 760-6 외
- **길이** : 선착장 500여m 외
- **위치 참조** : 〈최신 전국낚시지도〉 107p F3

찾아가는 길

인천항연안여객터미널(032-885-0180)과 안산시 대부도 방아머리선착장(032-886-7813)에서 여객선이 운항된다. 인천 발 쾌속선 웨스트그린호는 1시간 30여분, 대부고속훼리5호(차도선)는 2시간 10여분이 소요되고, 방아머리선착장 발 대부고속훼리7호(차도선)는 1시간 40여분이 걸린다.

■ 낚시 여건

자월도 남쪽에서 서로 대각선을 이루며 마주보는 3개의 유인도(소이작도 · 대이작도 · 승봉도) 가운데 중심점에 위치한 대이작도(大伊作島)는 서쪽 소이작도와 200여m, 동쪽 승봉도와는 900여m 거리다. 소이작도와 승봉도에 비해 낚시터로서의 비중은 다소 뒤지지만 산과 바다의 풍광이 뛰어나 관광객들이 많이 찾는다.

여객선이 닿는 큰마을을 비롯한 장골마을 · 계남마을 등 3개 자연부락이 있고, 북쪽 선착장에서부터 동남쪽 계남마을까지는 약 4km 거리다. 부아산과 송이산의 조망을 즐기는 등산객들이 많이 찾고, 작은풀안 · 큰풀안 · 목장불 · 계남해수욕장을 찾는 여름 물놀이객들도 많다. 특히 풀안해수욕장 앞바다엔 썰물 때마다 거대한 모래섬이 떠올라 장관을 이룬다. 풀등 · 풀치 · 하벌천퇴 등으로 불리는 이 거대한 모래섬은 조수간만의 차이에 따라 동서 2.5~3.5km, 남북 최장 약 1km 규모로 그 면적이 30만~70만평에 달한다. 풀등해수욕장에서 운행되는 보트로 가족과 함께 들어가 조개 캐는 재미를 만끽할 수 있다. 불세출의 가수 이미자 씨가 부른 주제가로 지금도 올드팬들의 향수를 자극하는 영화 〈섬마을 선생〉(1967년 개봉)의 촬영지 또한 이곳 대이작도 계남마을이다.

■ 어종과 시즌

우럭 · 붕장어 · 쥐노래미 · 광어 · 농어가 주어종이다. 우럭과 쥐노래미는 4월 중순부터, 광어는 5월 중순이면 시즌에 접어들어 10월까지 시즌을 형성한다. 여름 한철엔 광어 입질이 뜸해지는 대신 밤낚시에 붕장어가 잘 낚이고, 가을로 접어들면 곳에 따라 농어가 설치고 간혹 주꾸미와 갑오징어도 선을 보인다.

대표적인 낚시터는 여객선이 닿는 선착장과 왼쪽(서쪽) 송전탑 밑 갯바위, 장골마을 너머 콧부리, 계남마을 방파제 및 남단 갯바위 지역이다.

■ 포인트 및 참고 사항

여객선이 닿는 선착장에서의 낚시는 특별할 게 없다. 한적한 밤 시간을 택해 묶음추 채비에 청갯지렁이를 달아 전방과 좌우 방향으로 원투를 하면 붕장어가 곧잘 걸려들고 우럭도 섞인다.

본격 포인트는 선착장 왼쪽(서쪽) 갯바위 지대다. 높은 송전탑이 세워져 있는 작은 산봉우리 아래로, 선착장에서 걸어서 진입하기도 쉽다. 건너편 소이작도 사이를 흐르는 세찬 조류가 부딪치는 곳으로, 우럭 · 광어 · 쥐노래미가 잘 낚이는 일급 포인트이자 가을철 썰물 시각엔 농어도 곧잘 붙는다.

두 번째 유망 포인트는 계남마을 남단 갯바위다. 계남해수욕장 쪽에서 진입해도 되지만 반대편 방파제에서 쩜낚시를 하다가 걸어 들어가는 게 좋다. 광어 · 우럭 조황이 돋보이는 곳으로 조류 소통이 좋아 농어도 기대할 수 있다. 이밖에 장골마을 너머 콧부리 지역도 찾아볼만한 포인트로, 자갈바닥에 수중여가 발달해 광어 입질이 잦은 곳이다.

주요 연락처

*조이루어피싱 031-8041-9755
시흥시 정왕동 2211
*이레펜션 032-832-0519
이작리 536(큰마을)
*금모래은모래 010-9045-3516
이작리 458(장골마을)
*대성펜션 010-3185-9871
이작리 334(계남마을)

↓ 서북쪽 소이작도선착장 상공에서 바라본 대이작도선착장 전경. 사진 오른쪽으로 대이작도의 송전탑이 보인다.

© Ongjin gun

소이작도선착장

대이작도선착장

승봉도(昇鳳島)

- **소재지** : 옹진군 자월면 승봉리 824-20 외
- **길이** : 선착장 900여m 외
- **위치 참조** : 〈최신 전국낚시지도〉 108p A4

찾아가는 길

인천항 연안여객터미널(032-885-0180)과 안산시 대부도 방아머리선착장(032-886-7813)에서 여객선이 운항된다. 인천 발 쾌속선 웨스트그린호는 약 1시간 15분, 대부고속훼리5호(차도선)는 약 2시간이 소요되고, 방아머리선착장 발 대부고속훼리7호(차도선)는 1시간 30여분이 걸린다.
승봉도에는 버스가 없고 민박을 예약해 두면 승합차가 마중을 나온다. 선착장에서 마을까진 도보 10여 분 거리다.

■ 낚시 여건

섬 형세가 봉황(鳳凰)의 머리를 닮았다 해서 이름 붙여진 승봉도(昇鳳島)는 서쪽 대이작도와 비스듬한 대칭을 이뤄 그야말로 새가 먹이를 취하기 위해 살포시 내려앉는 형국이다. 산세가 낮고 해안 또한 낮은 단애와 사질대로 형성돼 연안 수심 역시 얕은 편이다. 마을은 선착장과 가까운 분지에 밀집돼 있다.
선착장에 내리면 옆쪽 방파제와 인근 갯바위에서 이내 낚시를 즐길 수 있고, 북쪽 중앙 지점의 남대문바위(코끼리바위)와 남동쪽 촛대바위 포인트는 민박집 차량을 이용하면 보다 쉽게 찾을 수 있다. 승봉도를 대표하는 이일레해수욕장은 모래가 곱고 수심도 얕아 어린이를 동반한 피서지로 적격이고, 1박2일 낚시의 야영지로도 안성맞춤이다. 선착장에서의 거리도 1km 남짓에 불과하다.

■ 어종과 시즌

우럭 · 노래미 · 광어 · 도다리 · 장대 등 록피시 종류와 함께 농어 · 숭어 · 삼치 · 갑오징어 · 살감성돔을 포함한 다양한 어종이 선보이는 곳이다. 우럭 · 노래미는 5월부터 입질을 시작해 10월까지 시즌을 이루고 7월로 접어들면 광어가 가세한다.

승봉도

동양콘도미니엄 · 남대문바위(코끼리바위) · 남초등학교 · 승봉도선착장 · 송전탑 · 자월면 승봉리 · 이일레 · 대이작도 · 계남 · 촛대바위 · 이일레방파제 · 목섬 · 금도 · 사승봉도

가을엔 곳에 따라 갑오징어와 농어·삼치가 출현하고 씨알 잔 살감성돔도 선을 보인다. 봄, 가을 중에서도 가장 적기는 10월, 물때는 사리 전후만 피하면 된다.

■ 포인트 및 참고 사항

선착장과 인근 방파제(어선 선착장)에선 우럭과 노래미가 낚인다. 여느 땐 입질이 뜸하지만 6~7월 첫 장마 때나 9~10월 우럭이 붙었다 하면 진한 손맛을 안겨 준다. 이럴 땐 방파제에서 야영을 하며 밤낚시로 승부를 걸어볼 만하다.

선착장에서 가장 쉽게 찾을 수 있는 갯바위 포인트는 최북단 콧부리 지형이다. 동양콘도 건물 마당을 지나 쉽게 진입할 수 있는데, 두 개의 콧부리 모두 광어 포인트로 꼽힌다. 입질 타이밍은 중썰물 이후부터 중들물까지다. 농어도 붙고 가을엔 간혹 갑오징어도 비친다.

선착장과 이일레해수욕장 사이의 송전탑 밑 콧부리도 빼놓을 수 없다. 썰물 때 모습을 드러내는 간출여 위로 진입해야 하는데, 우럭·광어와 함께 가을엔 농어·삼치가 붙는 곳으로 간조 전후 3~4시간 동안에 승부를 걸어야 한다.

승봉도 최고의 포인트는 남대문바위 일대다. 크게 구멍 뚫린 바위 모양이 '남대문' 같다 하여 붙여진 이름이라지만 정확히는 코끼리 코를 닮아 오히려 코끼리바위라 부르는 이들이 많다. 수중여가 발달해 봄철엔 우럭·노래미가 잘 낚이고 초여름으로 접어들면 굵은 광어가 붙는가 하면, 가을엔 주꾸미·갑오징어 및 삼치도 선을 보인다. 행운을 안겨 준다는 사진 촬영은 물론 조개 파고 고둥 줍는 재미도 좋아 가족과 함께 찾아볼 만한 곳이다. 촛대바위가 있는 동쪽 콧부리는 광어 포인트로 꼽히고, 북쪽 방향에서 내려오는 썰물이 부딪치는 곳이라 농어도 잘 붙는다.

주요 연락처

*조이루어피싱 031-8041-9755
 시흥시 정왕동 2211
*선창민박 032-831-3983
 자월면 승봉리 827
*일도네민박 032-831-8941
 자월면 승봉리 552
*바다풍경민박 032-431-4515
 자월면 승봉리 572-1

↓ 승봉도 북서쪽 상공에서 내려다본 승봉도선착장(사진 오른쪽)과 방파제(왼쪽). 좌측 뒤쪽 건물이 동양콘도미니엄이다.

© Ongjin gun

덕적도(德積島)

- **소재지** : 옹진군 덕적면 진리 86-3 외
- **길이** : 진리(도우)선착장 1600여m 외
- **위치 참조** : 〈최신 전국낚시지도〉 107p E2

찾아가는 길

인천항연안여객터미널(032-885-0180)과 안산시 대부도 방어머리선착장(032-886-7813)에서 여객선이 운항된다. 인천 발 코리아나호(쾌속선)는 약 1시간 20분, 대부고속훼리5호(차도선)는 약 2시간 40분이 소요되고, 방어머리선착장 발 대부고속훼리3호(차도선)는 약 1시간 40분이 걸린다. 승용차를 가져가려면 대부도 방어머리선착장을 이용하는 게 경제적이다.

■ 낚시 여건

인천광역시 옹진군(甕津郡)은 총 100개의 도서(유인도 25, 무인도 75) 지역으로 이뤄진 섬나라이다. 이 가운데 총 면적 22.97km²의 덕적도(德積島)는 옹진군 내에서 백령도 다음으로 큰 섬이다. 총 41개 도서(유인 8, 무인 33) 지역으로 이뤄진 덕적면의 행정·교통 중심이자 서해 도서지역 관광의 중심지이기도 하다. 인천항과 대부도 방어머리선착장에서 쾌속선과 차도선이 운항되고, 인근 소야도·문갑도·굴업도·백아도·지도·울도 등지의 덕적군도(德積群島)로 향하는 지선편이 따로 연결된다.

진리(1,2,3리)·서포리(1,2리)·북리(1,2리) 가운데 여객선이 닿는 덕적도의 관문은 진3리 도우선착장이지만, 행정중심지는 면사무소와 우체국·파출소 등이 있는 진말(진1리)이다. 이개마을(진2리) 너머 북리엔 덕적도항(국가어항)이 있고, 그 너머 능동마을(북2리)엔 유명한 능동자갈마당이 있다. 서쪽 서포1리엔 덕적도의 아이콘 서포리해수욕장과 삼림욕장이 있고, 그 위쪽 서포2리엔 벗개(友浦)저수지가 있다.

덕적도

국수봉을 비롯한 비조봉·운주봉 등의 트래킹 코스도 많고, 곳곳의 선착장과 갯바위 낚시터들도 많다. 도내(島內) 버스를 이용하거나 택시(승합차)를 이용할 수도 있고, 차도선에 개인 차량을 싣고 들어가면 보다 편리하겠지만 단기간 일정이라면 민박집 차량을 이용하는 게 경제적이다.

주요 연락처(032)

*덕적낚시 832-2541
  덕적면 진리 83
*SK펜션 851-6500
  덕적면 진리 27-2
*섬사랑펜션 832-9660
  덕적면 서포리 225-4
*북리민박 831-5855
  덕적면 북리 167

■ 어종과 시즌

3~4월 우럭은 씨알이 잘고 조황도 낱마리다. 4월 중순 이후부터 입질이 잦아지고 5월로 접어들면 본격 시즌을 맞는다. 노래미는 물론 광어·장대가 가세하고 가을엔 숭어·농어·삼치·주꾸미까지 곁들여져 9~10월 황금시즌을 이룬다. 선착장 주변의 개펄 지역에선 여름 밤낚시에 붕장어가 곧잘 덤비고, 가을엔 갯바위 포인트에 따라 감성돔이 선보일 때도 있다.

물때는 크게 구애 받을 필요 없다. 다만 갯바위 포인트에선 만조 전후 시각보다 간조 전후 시간을 집중 공략하는 것이 좋다. 구체적으론 중썰물 이후부터 중밀물 사이, 그 중에서도 간조 이후 밀물이 시작되는 '물돌이' 무렵이 최고 찬스다.

■ 포인트 및 참고 사항

섬 크기에 비해 도보 포인트가 많지 않다. 여객선이 닿는 도우선착장에선 우럭·노래미·붕장어가 낚이고 9~10월엔 주꾸미가 선보이는가 하면, 스푼 루어에 삼치도 걸려든다.

선착장에서 산책로를 따라 진입할 수 있는 동쪽 정주바위~차돌바위개 콧부리는

↓ 남쪽 소야도 방향 상공에서 내려다본 덕적도 진3리 마을의 도우선착장.

©Ongjin gun

우럭·광어 포인트다.

남서쪽 서포리 방향의 해안도로 밑 큰이마와 작은이마는 수중여가 발달한 지형으로 우럭·광어와 함께 농어도 선보이는데, '갯바위 낚시터' 표지판이 세워져 있는 공터에 주차를 하고 도보로 진입하면 된다. 서포리해수욕장 남단에 위치한 서포리 선착장은 차량 진입이 편리해 편안하게 낚시를 즐길 수 있는 데다, 외항 쪽으로 테트라포드가 피복돼 있어 우럭과 노래미가 잘 낚이고 가을엔 주꾸미도 선보이는데, 자갈과 펄이 섞인 곳으로 원투를 하면 광어도 곧잘 걸려든다. 선착장과 연결된 왼쪽 갯바위도 포인트 범위에 포함된다.

용담 또는 용대미, 바깥수로봉 등으로 불리는 서남단 콧부리는 진입이 어려운 만큼 찾는 이들이 많지 않다. 서포2리 벗개저수지 끝에 주차를 한 후 시멘트 포장길을 따라 산을 오르면 등산로가 연결되는데, 이 등산로를 따라 서쪽 해변으로 내려가면 1급 농어 포인트들이 산재한다. 일단 갯바위로 진입하면 발판이 좋고 야영 여건도 좋다. 농어는 물론 씨알 굵은 우럭이 솟구치고 가을 시즌 땐 감성돔도 기대할 수 있다.

덕적도 서북단에 위치한 능동자갈마당은 드넓은 자갈밭 지형인 데다 소량이나마 개울물이 유입되는 곳으로 대표적인 농어 포인트로 꼽힌다. 특히 썰물 때 드러나는 간출여 주변으로 플로팅 미노우로 원투를 하면 히트 확률이 높아진다.

자동차로 직접 진입할 수 있는 덕적도항(북리항) 큰방파제(오른쪽 지면 상단 사진 참조)는 낚시 여건은 편안한 곳이지만 우럭·노래미·붕장어를 기대할 수 있는 잔재미 포인트이다. 내항 쪽은 수심이 얕아 그나마 낚시가 안 되고 빨간 등대 주변에서 외항 쪽을 노려야 한다.

서포리
해수욕장

TTP구역

간조시
도보 포인트

서포리 남쪽 선착장 주변

이하 ⓒOngjin gun

하늘에서 내려다본 덕적도 북리항(국가어항).

산책로가 잘 닦여져 어렵잖게 오를 수 있는 덕적도 비조봉 전망대.

덕적도 진리 마을 너머에 위치한 이개해변과 목섬.

소야도(蘇爺島)

- 소재지 : 옹진군 덕적면 소야리 598-3 외
- 길이 : 소야도선착장 160여m 외
- 위치 참조 : 〈최신 전국낚시지도〉 107p E2

찾아가는 길

인천항연안여객터미널에서 덕적도 행 코리아스타호(또는 코리아나호)가 소야도까지 1시간 10분, 대부도 방아머리선착장에서 출발하는 덕적도 행 대부고속훼리3호는 1시간 40분 걸린다. ☎1577-2891(코리아스타호 및 코리아나호), 032-886-7813~4(대부고속훼리호).
선착장에 내리면 소야리 공영버스가 기다리고, 덕적도 간을 운행하는 나룻배도 연결된다.

■ 낚시 여건

마주보는 덕적도와는 그야말로 지호지간(指呼之間)이다. 최단거리가 300여m에 불과하고 두 섬을 잇는 선착장 간의 거리도 450여m에 불과해 별도의 도선이 운행되기도 한다. 향후 연도교가 연결되면 두 섬의 왕래가 한결 수월해질 것이다.

소야도선착장(나룻개선착장)에 내리면 공영버스가 텃골마을을 거쳐 큰마을(선촌마을)과 떼뿌루(떼뿌리)해수욕장으로 향하는데, 소요시간이래야 15분 이내 거리다. 선착장 부근이나 떼뿌루해변 야영장에서 야영을 하거나 텃골 또는 큰마을에서 민박을 하면서 마배끝(마배뿌리)·창구섬·막끝(마을끝)·뒷목섬 등지의 갯바위 포인트를 도보로 찾을 수 있다. 선촌마을 앞 갓섬-간뎃섬(가운데섬)-송곳여-물푸레섬으로 이어지는 '바다 갈라짐 길'은 소야도(蘇爺島)의 명물이다.

■ 어종과 시즌

남쪽 소야반도를 제외하곤 대부분 모래로 둘러싸인 지형이지만 곳곳의 콧부리엔 암초가 발달해 있고 간조 때 진입할 수 있는 작은 섬 주변에서 록피시 어종을 겨냥할 수 있다. 우럭·노래미·광어가 주종을 이루는 가운데 창구섬과 막끝 등 일부

소야도

덕적도 / 진리도우선착장 / 매바위 / 마배뿌리 / 창구섬 / 소야도선착장 / 사리 간조 때 연결됨 / 진리 / 송곳여 / 텃골마을 / 간뎃섬 / 물푸레섬 / 갓섬 / 소야도 / 선촌(큰마을) / 큰말(선촌)선착장 / 빗지름 / 치유센터 / 홍어뿌리 / 떼뿌루 / 뒷목섬 / 집대끝 / 소야반도 / 막끝

포인트에선 농어도 선을 보인다.

우럭과 노래미는 5월 중순부터 11월까지 시즌을 형성하되 늦가을로 접어들면 마릿수가 떨어지는 대신 씨알이 굵게 낚인다. 농어 또한 보리누름의 늦봄도 좋지만 가을 시즌에 입질이 잦은 편이다. 10월 전후의 가을 시즌 땐 모래와 펄이 섞인 곳에서 주꾸미도 선을 보인다.

■ 포인트 및 참고 사항

여객선이 닿는 나룻개선착장은 덕적도 사이를 흐르는 물살이 세차게 닿는 곳이지만 약간 숨이 죽는 물때 시각을 택해 던질낚시를 하면 의외로 우럭·노래미가 잘 나온다는 점 염두에 둘 필요가 있다.

선착장에서 북쪽 마배뿌리(마배끝)까지는 1km 이내 거리의 산길로 25분 정도 걸으면 된다. 선착장~마배끝 사이의 중간 콧부리 쪽도 굵은 돌이 깔린 포인트이고, 마배끝 데크 아래의 돌밭에서 낚시를 해도 되지만 물이 빠지면 마배등대 쪽으로 나아가면 더 확실한 조황을 기대할 수 있다. 우럭·노래미·광어 포인트이다.

마배끝 동쪽의 창구섬은 조금 물때엔 물이 덜 빠져 못 건너가고 사리 전후의 썰물 때 바닥이 드러나기를 기다렸다가 재빨리 건너가 재빨리 낚시를 하고 재빨리 퇴각해야 하는 곳이다. 광어·우럭 명당이자 농어 포인트이기도 하다. 텃골마을 해변에서 도보로 진입할 수 있다. 죽노골 앞 뒷목섬은 간조 때면 언제든 진입할 수 있지만 돌바닥에 굴이 덕지덕지 붙어 있어 등산화와 장갑 착용을 하고 건너는 것이 좋다. 이곳 또한 빠르게 진입해 서둘러 낚시를 하고 퇴각해야 하는 우럭·광어·농어 포인트이다. 소야반도 남쪽 '막끝'도 대표적인 갯바위 포인트이다.

주요 연락처

*조이루어피싱 031-8041-9755
  시흥시 정왕동 2211
*떼뿌루민박 032-831-6969
  소야리 378(떼뿌루해변)
*소야민박 032-831-1072
  소야리 307-1(큰말)
*대진민박 032-831-38699
  소야리 165(큰말)

↓ 소야도와 덕적도 중간 상공에서 내려다본 소야도 나룻개선착장(오른쪽)과 덕적도 도우선착장(왼쪽).

소야도 나룻개선착장

덕적도 도우선착장

©Ongjin gun

문갑도(文甲島)

- **소재지** : 옹진군 덕적면 문갑리 74-15 외
- **길이** : 선착장 100여m 외
- **위치 참조** : 〈최신 전국낚시지도〉 107p D3

찾아가는 길

덕적도까지는 인천항연안여객 터미널에서 떠나는 코리아나호 가 1시간 20분, 대부도 방아머 리선착에서 떠나는 대부고속훼 리3호가 1시간 40분 걸린다. 덕적도 진리(도우)선착장에서 나래호를 갈아타면 문갑도까지 는 20분 거리다. 덕적도행 선 표 구입 시 미리 나래호의 선표 도 예매하는 것이 편하다. ☎고 려고속 코리아스타호 · 코리아 나호(1577-2891), 대부해운 대부고속훼리3호(032-886- 7813~4), 한림해운 나래호 (032-889-8020).

■ 낚시 여건

육지에서 직접 들어가는 여객선이 없다. 덕적도 행 여객선을 이용한 후, 덕적도 진 리(도우)선착장에서 별도 운행하는 덕적군도(德積群島) 방면의 '울도선'을 갈아타 면 첫 번째로 닿는 섬이다. 낚시를 위해선 최소 1박2일 여정이 필요한 이유다. 여 객선을 이용한 출조객들이 과거엔 거의 덕적도에 머물렀으나 근년 들어 이곳 문갑 도를 비롯한 굴업도 · 백아도 · 울도 등지로까지 늘어나는 추세다. 풍광이 뛰어나 고 아직도 발길이 닿지 않은 미답의 포인트들이 가슴을 설레게 하기 때문이다.

덕적도 남서쪽 3km 거리에 위치하며, 면적 3.5km²에 해안선 길이 11km에 달하는 문갑도(文甲島)는 섬 치고는 비교적 높은 산세를 이룬다. 150m 이상의 산봉우리 가 여러 개(최고봉 276m · 깃대봉) 솟아 있어 동쪽 만곡진 구역만 경사가 완만한 사질대(砂質帶)일 뿐, 나머지 해안은 단애(斷崖)를 이루는 지형이다. 마을(문갑리) 은 동남쪽 해변 한 곳에 몰려 있고 선착장으로부터의 거리는 600여m. 민박집 차 량을 이용하지 않고도 가볍게 걸을 수 있는 거리다.

■ 어종과 시즌

문갑도

병풍바위
채나무골
쑥골
할미염
진모래해변
뒷모래
할미염뿌리
소떨어진낭
한몰리
덕적면 문갑리
깃대봉
(276m)
보건진료소
치안센터
문갑
연못
문갑도선착장
어루뿌리
문턱뿌리
진뿌리

우럭 · 노래미(쥐노래미) · 광어 · 장대(양태) · 숭어 · 삼치 · 고등어가 철따라 낚인다. 본격 시즌은 꽃샘바람이 잦아드는 5월 중순부터다. 우럭 · 노래미 · 광어 · 장대에 숭어도 붙기 시작해 10월~11월 중순까지 시즌을 이룬다. 소슬바람이 시작되는 9월로 접어들면 삼치와 고등어 새끼들이 나타나고, 이 무렵 특히 문갑도를 떠들썩하게 하는 것은 현지에서 '자구리'로 불리는 밴댕이들이다.

지난 2014년부터 문갑리 마을 주민들이 개최하고 있는 '문갑도 자구리 축제'는 이 섬의 새로운 관광자원이 되고 있을 정도로 그 인기가 더해가고 있는데, 매년 9월 특정 주말을 기해 열리는 이 행사는 자구리낚시대회는 물론 낙지 · 조개잡이도 겸해 가족과 함께 참석해 볼 만하다. 아이들도 손쉽게 잡을 수 있을 뿐만 아니라 털바늘 가지채비를 줄줄이 달아 던지면 십중팔구의 조과가 주렁주렁 매달린다. 손맛보다는 즉석 소금구이나 뼈째 썰어먹는 회 맛이 고소한 것이 밴댕이다.

■ 포인트 및 참고 사항

여객선이 닿는 선착장이 최우선 포인트이다. 우럭 · 광어 · 노래미가 걸려들고 특히 밤낚시에 씨알이 굵다. '자구리 축제'가 열리는 9월이면 밴댕이를 좇는 삼치가 덤벼 깜짝 놀라게 하고 10월까지 고등어 새끼가 붙기도 한다. 선착장 우측 갯바위 구간은 특히 간조 때 입질이 좋은 포인트이다.

문갑도 최남단 콧부리에 해당하는 진뿌리 낚시터는 선착장에서 썰물 때 해변을 따라 진입할 수도 있지만, 선착장 옆 방파제 입구에 세워져 있는 '등산로 입구' 표지판을 따라 올라 깃대봉으로 향하는 등산로 초입에서 언제든 진입할 수 있다. 동쪽 콧부리에 해당하는 할미염뿌리 갯바위도 마을에서 어렵잖게 찾을 수 있다.

주요 연락처(032)

*바다향기민박 831-9559
덕적면 문갑리 57
*해오름펜션 010-8560-1813
덕적면 문갑리 110
*해광호민박 831-7343
덕적면 문갑리 74-18

↓ 동쪽 상공에서 내려다본 문갑도. 사진 왼쪽 선착장에 여객선이 닿는다.

문갑해수욕장

문갑도선착장

할미염뿌리

©Ongjin gun

굴업도(掘業島)

- **소재지** : 옹진군 덕적면 굴업리 산6 인근 외
- **길이** : 선착장 600여m 외
- **위치 참조** : 〈최신 전국낚시지도〉 106p B3

찾아가는 길

덕적도까지는 인천항연안객
터미널에서 떠나는 코리아나호
가 1시간 20분, 대부도 방아머
리선착장에서 떠나는 대부고속훼
리3호가 1시간 40분 걸린다.
덕적도 진리(도우)선착장에서
나래호를 갈아타면 굴업도까지
는 1시간 또는 2시간 거리다.
홀숫날과 짝숫날에 따라 기항
지 순서가 달라지기 때문에 미
리 확인하고 예매하는 게 좋다.
☎고려고속 코리아나호(1577-
2891), 대부해운 대부고속훼
리3호(032-886-7813~4),
한림해운 나래호(032-889-
8020).

■ 낚시 개황

'한국의 갈라파고스' '천상의 놀이동산'이란 수식어가 따라다니는 곳이다. 덕적도
를 떠난 '울도선' 나래호의 승객 중 가장 많은 이들이 우르르 내리는 광경만 보아
도 알 수 있다. 대부분 백패킹을 즐기는 등산객들로, 굳이 낚시에 비중을 둔다면
인근 백아도나 울도가 나을지도 모른다. 알려진 포인트가 많지 않고 실제도 그렇
다. 굴곡 심한 리아스식 해안에 단애(斷崖)와 사빈(砂濱)이 너무 발달한 때문이다.
여객선이 닿는 선착장과 오른쪽으로 연결된 갯바위 주변이 우선이다. 낮에는 굴업
도의 경관을 즐기고 밤 시간에 찾으면 20cm 전후의 우럭이 드문드문 낚인다. 사리
때가 좋은데, 만조 시각이 되면 선착장 전역은 물론 해변 도로까지 물에 잠길 수
있다는 점 감안해 오른쪽 갯바위 쪽에 낚시할 자리를 눈여겨 봐 두어야 한다.
갯바위 포인트는 생각처럼 많지 않다. 개머리언덕 능선에서 산자락을 타고 내려갈
수 있는 북쪽 해변에 광어·우럭·농어가 붙는 두어 군데 포인트가 있지만 오르내
리기 쉽지 않다는 점 감안해야 한다. 침식 동굴이 눈요기를 더해주는 토끼섬은 마
을 앞 백사장을 따라 진입할 수 있지만 간조 전후 2시간가량 길이 열릴 뿐만 아니
라 멀리서 보는 것만큼 포인트 여건도 좋지 못한 편이다.

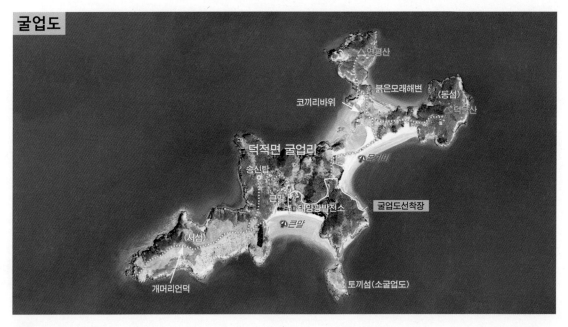

굴업도

연평산
붉은모래해변
(동섬)
코끼리바위
덕물산
덕적면 굴업리
송신탑
목기미
큰말
태양광발전소
굴업도선착장
(서섬)
개머리언덕
토끼섬(소굴업도)

선착장에 내리면 마을까지는 약 1.2km 거리다. 짐이 많을 경우는 마을 트럭이나 경운기를 이용할 수도 있다. 1박 2일 기준의 현지 체류 시간을 조금이라도 더 활용하려면 홀숫날에 들어가 짝숫날에 나오는 게 좋다. 5월에 시작되는 낚시 시즌은 6월부터 안정권에 들어 11월까지 이어진다.

■ 참고 사항

굴업도(掘業島)는 크게 동(東)섬과 서(西)섬 두 개로 나뉜다. 서쪽 큰 섬 중앙에 마을(큰마을)이 있고, 500여m 길이의 모래톱으로 연결된 동쪽 섬에도 옛날엔 사람이 살아 작은마을로 불렸다. 트래킹 코스도 크게 두 갈래다.

큰말 백사장 서쪽 끝에서 오르는 '개머리언덕'은 그야말로 백패킹의 백미다. 첫 번째 봉우리까지는 약간 가파르지만 그 구간은 길지 않고, 두 번째 봉우리는 직진할 경우 힘들지만 우회하면 쉽게 올라 편안히 능선 끝까지 이를 수 있다. 사방이 탁 트인 능선 길 주변엔 흔히 강아지풀로 착각하는 수크령(낭미초)이 끝없이 넘실댈 뿐, 발길을 막는 것이라곤 하나도 없다. 파노라마처럼 펼쳐지는 해상 절경을 오가며 즐기는 것으론 부족해 한나절 텐트를 치고 가슴 깊이 담는가 하면, 일몰과 별밤 그리고 일출을 즐기기 위해 하룻밤 야영하는 이들도 많다.

'한국의 갈라파고스'로 불리는 곳은 동북쪽 '목기미해변'이다. 바람과 파도가 만들어놓은 이곳 목기미해변의 사빈(砂濱)은 해수면이 높아지는 사리 때면 1시간 남짓 물에 잠기고, 연평산 · 덕물산 어귀에 쌓인 사구(砂丘)는 지금도 그 높이와 넓이를 조금씩 더해가는 중이다. 연평산 어귀엔 코끼리바위가, 양쪽 산 사이엔 세월에 묻힌 옛 저수지와 붉은모래해변이 있다.

현지 연락처(032)

*굴업도민박 832-7100
*굴업민박 831-5349
*산장민박 831-7272
 (010-4199-3227)
*장할머니민박 831-7833
 (010-9128-0838)
*고씨네민박 832-2820

↓ 물 위에 구부리고 떠있는 오리 모양 같다고 해서 이름 붙여진 굴업도. 동쪽 목기미해변의 연육사빈(聯鄕坐沙濱)과 남쪽 개머리언덕은 백패킹 코스의 백미로 꼽는다.

동섬
목기미해변
개머리언덕
큰말해수욕장
토끼섬(소굴업도)
©Ongjin gun

백아도(白牙島)

- **소재지** : 옹진군 덕적면 백아리 산10 인근 외
- **길이** : 보건소마을 선착장 800여m 외
- **위치 참조** : 〈최신 전국낚시지도〉 106p B6

찾아가는 길

덕적도까지는 인천항연안여객터미널에서 떠나는 코리아스타호와 코리아나호가 1시간 20분, 대부도 방아머리선착에서 떠나는 대부고속훼리3호가 1시간 40분 걸린다. 덕적도 진리(도우)선착장에서 떠나는 나래호로 백아도까지는 1시간 30분 소요. 주말 예매는 필수다. ☎고려고속 코리아스타호·코리아나호(1577-2891), 대부해운 대부고속훼리3호(032-886-7813~4), 한림해운 나래호(032-889-8020).

■ 낚시 여건

덕적도 서남쪽 18km여 해상에 위치하며 덕적군도(德積群島) 중에선 맨 서쪽에 속한다. 섬 모양이 '허리를 굽히고 절하는 것처럼 보인다' 해서 배알도(拜謁島)로 불렸으나, 그 모습이 또 '흰 상어의 이빨처럼 생겼다' 하여 지금은 백아도(白牙島)로 표기되고 있다.

디근(ㄷ)자 또는 시옷(ㅅ)자 모양으로 생긴 섬 북서쪽 해안은 경사가 가파르고 동쪽은 비교적 완만하다. 면적 1.76km²에 구불구불한 해안선 길이는 12.1km에 달해 북쪽 굴업도와 거의 비슷한 크기다. 마을은 발전소가 있는 큰마을(발전소마을 또는 부대마을)과 보건진료소가 있는 작은마을(보건소마을) 두 곳으로 나뉜다. 여객선이 닿는 곳은 보건소마을 쪽이지만 갯바위낚시 여건은 발전소마을 쪽이 우세해 낚시인들이 즐겨 찾는 편이다.

보건소마을 선착장에서 발전소마을까지는 거리가 멀어 도보 이동이 어렵지만 민박집(큰마을민박 등)에 미리 연락해 두면 픽업 차량이 마중을 나온다. 초행인 경우 포인트에 대한 안내도 받을 수 있다.

143.8m 높이의 남봉(南峯)을 비롯한 해변 갯바위들이 천외(天外)한 경관을 연출

백아도

농어부리
당너머
작은마을(보건소마을)
기차바위
멍에섬
관도
현목
농바위
큰마을(발전소마을)
보건진료소
보건소마을선착장
벌섬
발전소
땟여
계섬
발전소마을선착장
부자리선착장
못기미
도랑도
해식동굴 해안
남봉
부도
오섬
삼봉여

해 방문객들의 눈길을 끄는가 하면, '1박 2일'의 촬영지로 더욱 유명세를 타 트래킹 인구도 부쩍 많아졌다. 여유 있는 일정이라면 아름다운 해안 둘레길 걷기도 권하고 싶다(약 1시간 30분 소요). 아직은 북적이지 않고 조용하게 낭만적인 낚시를 즐길 수 있어 한 번 찾으면 누구나 그 매력에 빠져 또다시 찾고픈 생각이 절로 들게 한다.

■ 어종과 시즌

농어 · 우럭 · 광어 · 노래미 등이 갯바위 주 대상어지만 시즌에 따라 갑오징어와 굵은 붕장어가 낚인다.

5월부터 노래미 우선의 시즌이 시작되지만 이보다 앞선 4월경에는 산란을 앞둔 대형 갑오징어가 선보인다는 점 빼놓을 수 없다. 이후 6월부터는 씨알 좋은 우럭의 입질이 잦아지면서 백아도 낚시의 본격 시즌을 알린다. 추석을 앞둔 8월부터 당찬 광어 입질을 기대할 수 있고, 루어낚시에 이따금 농어 떼가 걸려들어 대박 조과를 누리기도 한다. 9월 이후에는 모래와 개펄 지형에서 붕장어 입질이 잦아 원투낚시를 즐기는 이들이 많아지고, 10월이면 모든 어종의 입질이 피크를 이뤄 곳곳의 포인트에서 묵직한 손맛을 고루 만끽할 수 있다.

물때와 낚시장르에 크게 구애받지 않고 고루 손맛을 즐길 수 있는 곳이지만 지형 여건상 루어낚시가 유리한 곳으로 씨알도 굵게 낚이는 편이다.

■ 포인트 및 참고 사항

낚시를 좋아하는 사람들에게 백아도는 '천국의 놀이터'라 해도 과언이 아니다. 보

주요 연락처(032)

*큰마을민박 834-8663
 백아리 발전소마을
*바다사랑민박 834-6306
 백아리 발전소마을
*섬마을민박 834-7628
 백아리 보건소마을
*글쓴이 상록수(김종권)
 010-5328-6332

↓ 서남쪽 오섬 방향 상공에서 내려다본 백아도 전경.

보건소마을선착장

도랑도

발전소마을선착장

해식동굴 해안

오섬

©Ongjin gun

① 보건소마을선착장~기차바위

보건소마을

기차바위

농어,광어,우럭,노래미

② 발전소마을선착장~뗏여

발전소마을

농바위
뗏여

발전소마을선착장

우럭,광어

농어,광어,우럭,노래미

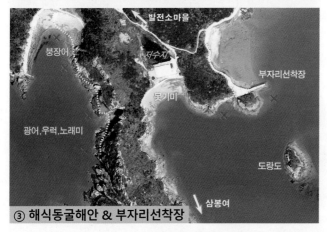

발전소마을

붕장어

저수지

부자리선착장

못기미

광어,우럭,노래미

도랑도

삼봉여

③ 해식동굴해안 & 부자리선착장

건소마을 선착장에 여객선이 닿기도 전, 우측으로 500여m 거리에 범상치 않은 모양의 갯바위가 뭇 시선을 집중시킨다. 다름 아닌 '기차바위' 포인트(포인트도① 참고)로, 선착장에서 해변을 따라 도보로 10여분이면 진입할 수 있다. 조류 소통이 원활해 농어를 대상어로 루어낚시를 많이 하는 곳이지만 광어·우럭도 곧잘 걸려든다. 또 썰물 때 연결되는 선착장 아래쪽 갯바위에선 우럭·광어·노래미를 기대할 수 있는데, 찌낚시·원투낚시·루어낚시 모두에 무난한 조황을 보인다.

백아도의 대표적 갯바위 포인트는 발전소마을(큰마을)을 기점으로 산재한다. 특히 발전소마을 선착장 주변과 우측(서쪽)으로 이어진 갯바위 일대는 전방에 크고 작은 수중여들이 발달해 우럭·광어·노래미 등의 록피시 어종이 풍부하고 농어도 잘 붙는다(포인트도② 참고).

이 중에서도 뗏여 포인트는 수심이 좋아 다양한 어종이 서식하는 곳으로 특히 대물 우럭이 출현해 화끈한 손맛을 안긴다. 찌낚시와 루어낚시를 하기 좋은 여건으로, 발전소마을 선착장 뒤쪽으로 연결된 등산로를 따라 30여분 걸으면 된다.

발전소마을 선착장에서 건너다보이는 갯바위 지역도 좋은 포인트이다. 마치 병풍을 펼쳐놓은 듯한 절벽 지형에 해식 동굴이 발달한 곳이지만 발전소마을 앞 해변에서 중썰물 때 도보로 진입할 수 있고, 현장에 도착하면 생각보다 갯바위 발판도 양호한 편으로 광어·우럭·노래미가 잘 낚인다(포인트도③ 참고).

부자리 선착장 또한 발전소마을에서 도보 진입이 수월한 곳으로 우럭과 붕장어 입질이 심심찮은 편이다. 물이 빠지면 주변에서 소라나 조개를 손쉽게 잡을 수 있어 어린이를 동반한 가족들이 찾기 좋은 곳이다. 덧붙여 발전소마을 앞 해변은 모래와 크고 작은 돌멩이가 섞인 지형으로 가을 붕장어 조황이 뛰어난 곳이다. 들물보다는 날물 때, 원투낚시에 조황이 좋은 편이다. 농바위와 현목 포인트는 큰마을민박집에서 뒤쪽으로 길이 형성돼 있어 도보로 20~30분이면 진입할 수 있다(포인트④ 참고). 전역이 암초 및 수중여가 발달한 지형으로 백아도 루어낚시 출조객들이 손꼽는 포인트이지만 경사가 심해 구간에 따라 로프를 이용해야 하는 등 안전에 특히 주의해야 한다. 오른쪽 현목 구간은 광어·우럭이 잘 낚이는 곳이지만 들물이 시작되면 퇴로가 차단되지 않는지 자주 확인해야 한다. 현장에서의 비박도 금물이다. 왼쪽 농바위 포인트는 본류대가 흐르는 콧부리 지형으로 농어 출몰이 잦은 곳이자, 씨알 좋은 우럭·광어·노래미를 겸하는 루어낚시 명당이다. 야간엔 굵은 붕장어도 잘 나오는 곳이지만 중들물 이후엔 퇴로가 잠기므로 그 이전에 철수해야 하는 점 잊지 말아야 한다.

④ 농바위 & 현목

⑤ 삼봉여 & 오섬

이밖에 현지 어선을 이용해 찾아볼만한 포인트도 있다. 남봉 남단에 위치한 삼봉여와 오섬이 대표적인 곳이다(포인트도⑤ 참고).

산중턱에서 바라본 백아도 큰마을(발전소마을) 전경.

©Ongjin gun

지도(池島)

- **소재지** : 옹진군 덕적면 지도리 산164-6 외
- **길이** : 선착장 800여m 외
- **위치 참조** : 〈최신 전국낚시지도〉 106p C6

찾아가는 길

덕적도에서 '울도선' 나래호를 갈아타야 한다. 덕적도까지는 인천항연안여객터미널에서 떠나는 코리아스타호와 코리아나호가 1시간 20분, 대부도 방아머리선착장에서 떠나는 대부고속훼리3호는 1시간 40분 걸린다. 덕적도 진리(도우)선착장에서 떠나는 나래호로 지도까지는 1시간(홀숫날) 또는 2시간(짝숫날) 소요. ☎고려고속 코리아스타호·코리아나호(1577-2891), 대부해운 대부고속훼리3호(032-886-7813~4), 한림해운 나래호(032-889-8020).

■ 낚시 여건

인근 백아도 크기 4분의 1에도 못 미치는 0.45km² 면적으로, 10여 가구에 불과한 마을 앞 선착장에 내리면 호젓하고 아담한 분위기가 물씬 풍긴다. 지도(池島)라는 지명이 유래한 옛 연못이 아직도 남아있는 지도마을을 기점으로 낚시터는 도보 거리다. 선착장과 태양광발전소 서남단 갯바위 및 동쪽 병풍바위 주변이 대표적이다. 우럭·광어·노래미가 주어종으로, 찌낚시·던질낚시·루어낚시를 두루 구사할 수 있다. 상주인구 20명도 안 되는 작은 마을에 편의점이 있을 리 없고, 안개나 파도가 높으면 여객선이 결항되기 쉬우므로 생필품을 넉넉히 준비해야 한다.

■ 어종과 시즌

5월 중순을 지나면 우럭·노래미 입질이 시작되지만 만족할 만한 씨알은 6월부터다. 본격 시즌은 광어가 곁들여지는 7월부터 시작돼 9~10월에 피크를 이룬다. 찬바람이 불기 시작하는 가을 선착장에는 망둥어·학공치가 낚여 가족 동반 출조객들에게 인기다.

6월 중반 이후로 접어들면 씨알 좋은 우럭은 밤낚시, 특히 루어낚시에 좋은 조과

지도(池島)

남도

덕적면 지도리

병풍바위

폐가

지도선착장

태양광발전소

를 안긴다. 7월부터 본격 시즌을 형성하는 광어는 우럭과 달리 낮낚시에 입질이 잦은 편이다. 해질 무렵과 동 틀 무렵엔 회유성 어종인 농어가 연안으로 근접하는데, 이 시각에 만조나 초들물이 형성되면 더없이 좋은 기회다.

■ 포인트 및 참고 사항

여객선이 닿는 선착장에 내리면 현장이 곧 포인트로, 6월을 기점으로 우럭·광어·노래미·농어 등이 입질을 시작한다. 두 개의 선착장 가운데 바깥쪽 경사진 선착장에선 바다를 바라보고 우측을 공략하는 게 좋은데, 썰물이 시작되면 수위를 따라 내려가며 편안히 낚시를 즐길 수 있다. 두 개의 선착장 사이는 10~20m 정도의 수심이 형성되고 드문드문 수중여가 박혀 있어 7~11월 내내 우럭을 위주로 광어·농어 손맛을 두루 즐길 수 있다. 루어낚시나 찌낚시가 유리하고 던질낚시엔 망둥어와 붕장어가 마릿수 조황을 보인다. 끝 지점에 계단이 축조돼 있는 마을 쪽 선착장 좌측 방향엔 테트라포드 무더기가 투입돼 있어 우럭의 은신처 역할을 한다. 가벼운 루어 채비나 찌낚시로 우럭 입질을 받을 수 있다.

태양광발전소 너머는 가파른 갯바위 지대로 우럭·광어·노래미가 심심찮게 나온다. 특히 콧부리 쪽이 돋보이는 포인트로 발판도 완만하고 좌측을 공략하면 농어도 곧잘 걸려든다.

동쪽 병풍바위 포인트는 마을에서 30여분의 도보 거리로, 중썰물 시각이 되어야 진입부가 열린다. 물골이 형성돼 있는 데다 조류 소통이 좋은 곳으로 우럭·광어와 더불어 농어·노래미 등이 굵게 낚인다. 때로는 폭발적인 조황을 보이는 곳으로 조류 방향에 따라 콧부리 우측과 좌측을 공략하면 된다.

주요 연락처

＊지도 어촌계장
 010-5373-8406
＊지도 태양광발전소
 032-831-2647
＊글쓴이 상록수(김종권)
 010-5328-6332

↓ 서쪽 방향 상공에서 내려다 본 지도마을과 여객선선착장. 마을 산 너머로 병풍바위가 보인다.

ⓒOngjin gun

병풍바위

태양광발전소

울도(蔚島)

- **소재지** : 옹진군 덕적면 울도리 19-15 외
- **길이** : 울도항 서방파제 600여m 외
- **위치 참조** : 〈최신 전국낚시지도〉 126p A1

찾아가는 길

덕적도까지는 인천항연안여객터미널에서 떠나는 코리아나호가 1시간 20분, 대부도 방아머리선착장에서 떠나는 대부고속훼리3호가 1시간 40분 걸린다. 덕적도 진리(도우)선착장에서 떠나는 나래호로 울도까지는 1시간 10분(짝숫날) 또는 1시간 50분(홀숫날) 소요. ☎ 고려고속 코리아나호(1577-2891), 대부해운 대부고속훼리3호(032-886-7813~4), 한림해운 나래호(032-889-8020).

■ 낚시 여건

덕적군도 최남단에 위치한 유인도이다. 숲이 울창한 섬이라 해서 옛날엔 울도(鬱島)로 표기됐으나, 섬 자체의 모양이 울타리처럼 생긴 데다 백아도·선갑도·부도·광대도·벌섬·오섬·바지섬·토끼섬·지도 등등의 크고 작은 유·무인도들이 울타리처럼 둘러싸고 있다 해서 지금은 울도(蔚島)로 표기되고 있다.

한때는 '울도어화(蔚島漁火)'라는 말이 널리 회자될 정도로 민어·우럭·꽃게잡이 어선들이 불야성을 이루던 황금어장이었고, 지금도 어업전진기지로서의 가치가 높아 울도항은 국가어항으로 지정돼 있다. 길이 600여m에 달하는 큰방파제(서방파제)와 전방 해상에 위치한 200여m 길이의 뜬방파제(島堤·공식명칭은 동방파제)가 항구의 정온을 지키지만 평소 드나드는 어선은 거의 없는 편이다. 여객선은 큰방파제 내벽에 축조돼 있는 선착장에 닿지만 간조 시각에는 동북쪽에 위치한 별도의 간이선착장에 닿는다.

덕적도로부터의 거리가 너무 멀어 "울면서 들어왔다가 떠날 땐 현지 풍광과 주민들의 따뜻한 인심이 그리워 또 울고 나온다"는 우스갯말처럼, 울도에서의 낚시 또한 언제나 아쉬움을 남긴다. 하루만, 하루만 더해봤으면 하고…. 민박을 해도 좋지

울도

북바위
덕적면 울도리
주벅여
북쪽선착장 (간조 시 이용)
시루여
퇴골
진이골
서방파제
동방파제
노루여
웃무여
바지섬
작은마을
여객선대합실
울도항
울도교회
보건진료소
북막산
낭개부리
목넘어해변
큰마을
당산 (231m)
울도등대

만 야영을 하며 낚시를 즐기기에도 안성맞춤인 섬이다.

■ 어종과 시즌

니은(ㄴ)자 형태의 섬 해안선 길이가 12.7km에 달하는 울도는 내항 쪽만 개펄 지형일 뿐 나머지는 거의 갯바위 지대인 데다 경관도 아름답다. 낚시하기 좋은 수심 아래엔 크고 작은 수중여가 발달해 시즌에 크게 관계없이 꾸준한 조황을 보인다. 서해의 특성과 인천권 섬낚시 어종이 고루 결집된 곳으로, 우럭을 위시한 광어 · 농어 · 노래미 · 붕장어가 주류를 이루는 가운데 철따라 숭어 · 학공치 · 삼치 · 주꾸미 등이 가세한다.

5월이면 낚시가 활기를 띠기 시작해 우럭 · 노래미 위주의 조황을 보이다가 6월이 되면 광어와 농어가 가세해 단골 출조객들의 마음을 들뜨게 한다. 약방의 감초 격인 붕장어 던질낚시 또한 방파제에서 좋은 조황을 보이는데, 7월에 들어서면 망둥어가 나타나 가을 시즌까지 점점 몸집을 불린다.

편안히 낚시를 즐길 수 있는 방파제 어종으로 반가운 진객도 많다. 8월부터 시작되는 찌낚시 어종으로 학공치 · 숭어가 출몰을 거듭하는가 하면, 가끔씩 감성돔도 선을 보인다. 루어 마니아들이 눈독 들이는 삼치 또한 9월이면 잊지 않고 나타나 10월 말까지 출몰을 거듭한다. 이때는 농어 루어낚시도 병행한다.

■ 포인트 및 참고 사항

두 개의 방파제 모두 외항 쪽으로 테트라포드가 촘촘히 피복돼 있어 고기집을 형성한다. 하지만 해상에 위치한 동방파제는 육지와 연결되지 않은 이안제(離岸堤

주요 연락처(032)

*울도민박(고만식) 832-5565
*지호택민박 831-3467
　덕적면 울도리 56
*글쓴이 상록수(김종권)
　010-5328-6332

↓ 동쪽 상공에서 내려다본 울도 전경. 국가어항으로 지정된 울도항에는 길이 600여m에 달하는 대형 방파제가 축조돼 있다.

낭개부리

웃무여

© Ongjin gun

=島堤)여서 배를 이용하지 않으면 진입할 수 없고, 간조가 되면 개펄 바닥이 거의 드러나 낚시가 마땅치 않다. 이와 달리 서방파제는 외항 쪽과 빨간 등대 주변으로 테트라포드가 촘촘히 피복돼 있어 낚시 발판도 비교적 편할 뿐만 아니라 10월 피크 시즌이면 우럭을 마대자루 가득 잡았다는 무용담이 들리기도 한다. 광어를 비롯한 붕장어·망둥어도 잘 낚이고 가을 주꾸미 역시 입맛을 돋운다.

간조 때에 여객선이 닿고 뜨는 북쪽 간이선착장도 빼놓을 수 없다. 서방파제로부터 1.7km 거리로 그다지 어렵잖게 진입할 수 있는 곳이지만 만조 때에는 작은마을 끝에서부터 길이 차단되기도 한다. 이곳 간이선착장 주변엔 또 일급 갯바위 포

인트가 이어져 수고한 만큼의 보
답이 따른다. 간이선착장 끝에서
도 광어·노래미가 곧잘 잡히지
만 주벅여 주변 콧부리와 좌측 갯
바위가 핵심 포인트로, 씨알 좋은
우럭과 광어·노래미·붕장어 등
다양한 어종이 걸려든다. 조수 간
만에 따라 진입로가 차단되는 점
을 감안하면 1박(비박) 낚시를 고
려해야 하는 포인트이기도 하다.
욕심을 내자면 최북단에 위치한
'북바위'도 찾아볼 만한 1급 갯바

↑ 울도 당산(울도등대)에서 바라본 북망산 전경. 멀리 바지섬과 선갑도가 보인다.

위 포인트이다. 도보 진입이 불가능해 낚싯배를 이용해야 하는데, 조류가 세차게
흐르는 곳이라 조류가 약해지는 물때를 택해야 한다. 우럭·노래미 조황이 탁월한
포인트로 연안 10m 안쪽을 노려야 마릿수 조과를 누릴 수 있다.
울도 단골 낚시인들이 즐겨 찾는 '낭개부리' 포인트는 큰마을 뒤쪽 산길을 따라
30여분 걸어야 하는 곳으로 여름철이면 온통 땀 범벅이 돼야 하는데, 일단 현장에
도착하면 멋진 풍광에 몸과 마음이 이내 서늘해진다. 수중암초 지대에서 굵은 우
럭과 광어가 물고 늘어지는가 하면, 씨알 좋은 개볼락도 섞인다. 농어도 기대되는
곳으로 찌낚시와 원투낚시를 해도 좋지만 루어낚시가 더욱 효과적인 포인트이다.
이 밖에 목넘어해변과 시루여, 노루여 등지도 울도의 대표적인 포인트로 꼽힌다.

↓ 울도항은 간조 시각이면 내항 쪽 바닥이 넓게 드러난다. 사진의 서방파제에서 낚시를 할 때는 방파제가 두 번째 꺾이는 지점부터 빨간 등대 있는 곳까지가 포인트이다.

© Ongjin gun

안산시 풍도항

Section **3**

경기도
시흥시, 안산시, 화성시

시흥~안산 시화방조제

안산 탄도항과 누에섬을 잇는 바닷길

안산 풍도(豊島) 야생화(노루귀와 복수초)

화성 제부도 바닷길

화성 궁평항과 화옹방조제

화성 국화도 매박섬(토끼섬)

시흥 · 안산 시화방조제

안산 대부도 홍성리선착장 / 탄도항방파제 / 풍도(豊島) / 육도(六島)

화성 제부도 방파제 / 궁평항방파제 / 입파도(立波島) / 국화도(菊花島)

시화방조제

- 소재지 : 시흥시 정왕동 2376, 안산시 대부동동 2104 외
- 길이 : 12,676m
- 위치 참조 : 〈최신 전국낚시지도〉 092p A5

찾아가는 길

북쪽에서 대부도 방향으로 남
하할 때는 시흥시 정왕동 서해
안로를 이용하되, 시화방조제
500~600m 전방의 고가도로
에 이르면 차선을 선택해야 한
다. 방조제 도중의 시화나래휴
게소에 주차할 경우는 고가도로
를 이용해 곧장 달려도 되지만
방조제 북쪽 입구인 시화지구개
발사업기념공원(오이도기념공
원)을 찾으려면 고가도로 옆길
로 진입해 대부도입구사거리를
이용해야 한다.
남쪽에서 오이도 방향으로 북상
할 때는 대부도 대부황금로를
이용한다.

■ 낚시 여건

경기도 시흥시 정왕동 오이도(烏耳島) 남단과 안산시 단원구 대부북동의 대부
도(大阜島) 방아머리를 잇는 '시화방조제(始華防潮堤)'는 원래 시흥(始興)과 화
성(華城)의 첫 글자에서 비롯된 이름이다. '시화지구 간척사업계획'을 수립하던
1985년 당시의 이곳 행정구역이 시흥군 군자면과 화성군 대부면이었기 때문이다.
1987년 4월에 착공하여 1994년 1월 24일에 최종 물막이 공사가 완료된 총 연장
12,676m의 시화방조제에는 이후 세계 최대의 조력발전소(潮力發電所)로 꼽히는
'시화호조력발전소'가 준공되었고(2011년 11월), 그 옆엔 또 '시화나래휴게소'(구
티라이트휴게소)가 위치해 상·하행 차량 모두가 드나들 수 있다. 휴게소와 시화
조력문화관 사이엔 75m 높이의 '달전망대'가 설치돼 오가는 관광객들이 엘리베이
터를 타느라 줄을 잇기도 한다.
길이 12.7km에 달하는 시화방조제에서 제대로 낚시를 하기 위해선 진입 방법 및
주차 공간을 잘 알아야 하고, 방조제의 구조도 사전 숙지해 두어야 한다. 이 같은
배경 지식을 갖추지 않은 채 무작정 찾았다간 낭패 보기 십상이다. 초행길일수록
특히 그러하다.

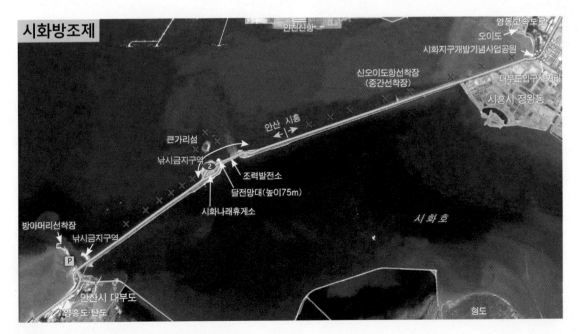

시화방조제

■진입 및 주차 여건 - 왕복4차선 도로가 개설된 시화방조제에서의 낚시는 조력발전소와 휴게소 일대, 그리고 남쪽 수문 지역을 제외한 하행선 방향의 바다 쪽에서 모두 가능하지만 정식 주차 공간이 두 곳으로 제한돼 있어 기나긴 포인트를 섭렵하기엔 불편이 따른다.

정식 주차장 두 곳 가운데 하나는 방조제 북단에 위치한 시화지구개발사업기념공원(오이도기념공원)이다. 고가도로가 위치한 곳이기 때문에 시흥 방면에서 남하하거나 대부도 방면에서 북상할 경우도 고가도로 옆 차선으로 진입해 '대부도입구사거리'를 이용해야 한다. 또 한 곳은 안산시 대부동동 구역의 시화나래휴게소로, 주차공간이 넓은 데다 장시간 주차를 할 수 있고 상·하행선 모두에서 진입하기 편리해 이곳을 이용하는 낚시인들이 많다.

이와 달리 많은 낚시인들이 갓길 주차를 하는 경우가 많은데, 방조제 전체 길이의 절반가량에 해당하는 북쪽 시흥시 구간은 불법이나마 갓길 주차 공간이 있지만 남쪽 안산시 구간은 갓길에 차단봉이 설치돼 있어 도로변 주차가 아예 불가능하다는 점 염두에 두어야 한다.

■시화방조제의 구조 - 바다 쪽 시화방조제는 대략 3단 구조로 축조돼 있다. 도로변에서 이어지는 맨 상단부는 견치석(犬齒石) 또는 시멘트를 입힌 호안(護岸) 경사면으로 축조돼 있고, 그 경사면 아래엔 굵은 사석(捨石)이 3~5m 폭으로 평평하게 깔려 있다. 다시 그 아래로 자잘한 잡석(雜石)이 5~10m 폭으로 평평하게 깔려 있는데, 간조 때는 대개 맨 아래쪽 잡석 위에서 낚시를 하게 되고, 밀물 땐 두 번째 단계의 사석 위에서, 그리고 만조 땐 맨 위쪽 호안 경사면에서 낚시를 하게 된다. 따라서 만조 때 낚시를 할 경우는 수면에 가려진 바닥 구조를 염두에 두어야 한다.

인근 낚시점

＊조이루어파싱031-8041-9755
　시흥시 정왕동 2211
＊리더낚시 032-885-4480
　안산시 대부북동 1855-37
＊가리섬낚시010-2552-2858
　안산시 대부동동 2098

↓ 시화나래휴게소 달전망대(높이 75m)에서 바라본 시화방조제 북쪽 방향(왼쪽 사진)과 남쪽 방향(오른쪽 사진) 모습.

↑ 시화나래휴게소 남쪽 초입부 낚시 구간. 흰색 펜스가 설치된 위쪽은 낚시금지구역이다.

■ 어종과 시즌

준공 초기에 비해 조황이 많이 떨어졌다고는 하나 여전히 다양한 생활낚시 어종과 고급 어종이 고루 들락거린다. 우럭과 망둥어가 거의 사계절 대표어종으로 꼽히며, 철따라 노래미 · 농어 · 광어 · 삼치 · 학공치 · 전어 · 갑오징어 · 주꾸미가 들쭉날쭉한 조황을 보인다.

겨울 망둥어는 가을 시즌에 비해 마릿수는 떨어져도 명태 크기들이 낚여 '명태망둥이'로 불리면서 시화방조제의 터줏대감 노릇을 한다. 우럭은 3월 중순부터 비치기 시작하지만 5월 아카시아 꽃 필 때부터 본격 시즌을 열어 9~10월에 피크를 이루면서 11월까지 입질이 이어진다. 7~8월 밤낚시 조황도 뛰어난 편이다.

본격 시즌은 6~10월, 늦게는 11월까지다. 6월이면 우럭과 함께 농어가 붙어 10월 말 또는 11월까지 중순까지 입질을 하고, 간간이 광어까지 붙어 구미를 당기게 한다. 8월이면 전어와 학공치를 좇는 삼치가 나타나 9~10월에 피크를 이룬다. 가을 삼치 조황이 옛날만 못하다 해도 9월엔 30~40cm, 10월엔 50~60cm짜리도 선보여 손맛을 더한다. 이 무렵의 전어 또한 손바닥 씨알까지로 굵어진다. 가을 손님으로 주꾸미와 갑오징어도 등장하는데, 대개 10월 초순에 나타나 11월 중순까지 쫀득거린다.

■ 포인트 개관

12.7km 길이의 시화방조제 낚시 구간은 크게 두세 구역으로 나눌 수 있다. 중간 선착장을 포함한 북쪽 시흥시 구간과 시화나래휴게소를 기점으로 한 남쪽 안산시 구간이다. 오이도 쪽의 초입부는 수심이 얕고 서남쪽으로 내려올수록 수심이 좋아진다.

■북측 시흥시 구간 - 북쪽에서 방조제가 시작되는 지점의 오이도기념공원 주변은 안전하게 주차를 한 후 마음 편히 낚시를 할 수 있는 곳이지만 맨 하단부 잡석이 끝나는 지점부터는 온통 개펄 바닥인 데다 수심도 얕아 망둥어 위주의 낚시가 이뤄질 뿐이다. 만조 시각 무렵에는 그런대로 괜찮지만 중썰물 시각이 되면 중간선 착장 쪽으로 한참을 이동해야 한다.

▪중간선착장 부근 - 낚시인들이 흔히 '중간선착장' 또는 '시화방조제선착장'이라 부르지만 정식 명칭은 '신오이도항 선착장'이다. 각종 어선들이 닿는 소규모어항으로, 180여m 길이의 선착장 위에선 원칙적으로 낚시가 금지된다. 간조 때에도 어느 정도의 수심이 유지되는 구역으로, 선착장 북동쪽보다는 남서쪽 구간을 많이 찾는다. 선착장 입구를 중심으로 400여m 구간은 갓길 공간이 넓어 그나마 주차하기가 쉬운 탓도 있다.

▪남측 안산시 구간 - 서남쪽 대부도 방향의 호안(護岸)에서 낚시가 이뤄진다. 오이도 방향 또는 대부도 방향에서 진행하는 차량 모두가 진입할 수 있는데, 조력발전소 및 휴게소 주변 일대는 낚시금지구역으로 단속이 철저하다. 휴게소에 안전하게 주차를 한 후 낚시도구를 챙겨 도보로 이동해야 한다. 서남쪽 포인트로 향하는 길목엔 상설 낚시점도 있다. 북쪽 시흥시 구역에 비해 어느 때고 낚시 수심이 형성돼 24시간 낚시가 가능한 편이다. 저조(低潮) 시에는 평균 3~5m, 만조(滿潮) 시에는 최대 15m 수심을 형성하는 곳도 있다. 밤낚시를 즐기는 이들도 많은데 특히 우럭 · 농어 · 붕장어는 밤낚시에 잘 낚인다.

▪큰가리섬 - 시화나래휴게소에서 눈앞에 보이는 작은 섬으로, 지금의 휴게소 자리에 있던 옛 작은가리섬을 합쳐 쌍섬이라 부르던 곳이다. 대부도 방향의 휴게소 출구 쪽에 있는 낚시점(가리섬낚시)에서 낚싯배를 띄워 단골로 찾는 이들이 많다. 방조제에 비해 우럭 · 노래미, 가을 갑오징어 · 주꾸미 조황이 우세할 뿐만 아니라 8~10월 기간엔 잔챙이 씨알이나마 감성돔과 간혹 참돔까지 낚인다. 밤낚시는 금지되며 왕복 도선료는 1만 5천원. 하루 전에 예약을 해야 한다.

▪ 참고 사항

시화방조제에선 찌낚시와 원투 처넣기낚시, 루어낚시가 두루 적용된다. 원투 처넣기낚시를 할 때는 40~50m 이상 최대한 멀리 날려야 한다. 가까운 거리는 바닥에 잡석이 울퉁불퉁 깔려 있어 밑걸림이 심한 때문이다. 물살이 세찬 곳이기 때문에 사리 때를 제외한 만조 2~3시간 전, 초썰물 2~3시간이 피크 타임이다. 결국 만조 전후 4~5시간을 집중 공략하는 것이 좋다.

나래휴게소에 주차를 하고 낚시를 할 때는 잠시 틈을 내어 달전망대에 올라 볼 만하다. 시화조력문화관 앞에 위치한 달전망대는 시화방조제의 랜드마크 역할을 하는 곳으로 10인승 엘리베이터 두 대가 상시 무료로 가동되는데, 순식간에 75m 높이에 오르면 카페도 있어 간단한 음료를 즐기며 방조제 전역을 조망할 수 있다.

끝으로 시화방조제에서 낚시가 금지되는 구간도 숙지해 둬야 한다. 중간선착장을 비롯한 조력발전소와 나래휴게소 주변, 그리고 남쪽 수문 근처 및 방아머리선착장 전역이 이에 해당된다. 방조제 안쪽 시화호 수면 전체도 낚시금지구역이다.

대부도 홍성리선착장

- 소재지 : 안산시 단원구 대부남동 1348 인근
- 길이 : 1100여m
- 위치 참조 : 〈최신 전국낚시지도〉 109p E2

찾아가는 길

시흥 방면에서 시화방조제를 지나 대부도 북동삼거리에 이르면 영흥도·선재도 방면으로 우회전한다. 약 3km 지점의 대부고교교차로에서 우회전하여 약 5km 직진하면 선재대교가 나타나는데, 선재대교 100여m 전방 오른쪽 '레인보우 자연산회' 간판을 보고 진입하면 곧 홍성리선착장이다.

인근 낚시점

*리더낚시 032-885-4480
 안산시 대부북동 1855-37
*조이루어피싱031-8041-9755
 시흥시 정왕동 2211
*레인보우 032-886-5088
 안산시대부남동 1348

■ 낚시 개황

안산시 대부도 서쪽 끝에서 옹진군 영흥면 선재도로 건너는 선재대교 입구 바로 밑에 있는 선착장이다. 시멘트로 축조된 110여m 선착장 외에 왼쪽으로 잡석으로 축조된 50여m 길이의 옛 선착장이 하나 더 있는데, 선재대교가 생기기 전 노를 저어 선재도를 오가던 나룻배가 닿던 곳이다. 선착장 기능을 잃은 지 오래인 데다 만조 시에는 물에 잠겨 잘 보이지도 않지만 낚시터로는 중요한 역할을 한다.

양쪽 선착장에서 낚이는 어종은 우럭·망둥어·노래미·농어를 주축으로 간혹 광어도 섞인다. 단골 꾼들 사이엔 초봄에 숭어 훌치기를 시도하기도 하는데, 아무래도 본격 시즌은 6월부터 11월까지다. 특히 망둥어는 추석 지나 11월까지 씨알도 좋고 마릿수 조황도 가장 뛰어난 편이다.

시멘트 선착장 우측은 모래와 개펄이, 좌측 석축 선착장 사이는 자갈과 모래가 섞인 지형이어서 밑걸림도 덜한 편이다. 특히 좌측 석축 선착장 쪽에선 9월 초~11월 중순 붕장어 밤낚시 조황이 뛰어나고, 물살이 세차게 흐르는 선재대교 교각 쪽으로 최대한 원투를 하면 농어도 나온다.

■ 참고 사항

공식명칭은 홍성항(소규모어항)이지만 어선은 거의 닿지 않고, 선상낚시를 위한 개인 고무보트와 영업용 낚싯배가 자주 뜨는 곳이다. 주차공간도 여유 있는 편이다. 선착장 입구뿐만 아니라 선재대교 밑 길가에도 주차가 가능하기 때문이다. 현장엔 매점(레인보우 자연산회&마린)이 있어 간단한 낚시도구와 미끼를 구입할 수 있고 식사도 해결할 수 있다.

↓ 대부도에서 선재도로 향하는 선재대교 위에서 내려다본 홍성리선착장.

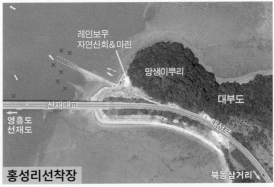

탄도항방파제

- **소재지** : 안산시 단원구 선감동 717-3
- **길이** : 방파제 300여m, 선착장 1200여m
- **위치 참조** : 〈최신 전국낚시지도〉 110p A3

■ 낚시 개황

시화호 물줄기(탄도호)가 유입되는 곳으로, 탄도방조제를 사이에 두고 건너편 전곡항과 이마를 맞대고 있는 형세이다. 똑같은 지방어항으로 지정된 곳이지만 건너편 전곡항은 요트와 레저용 보트를 위한 마리나항으로 이용돼 인근 어선은 거의 이곳 탄도항을 이용하는 편이다.

흰등대가 있는 탄도항방파제는 길이가 불과 30m도 못 돼 낚시 할 공간이 좁은 편이지만, 인근 호안이 계단식으로 축조돼 있고 슬로프(slope) 선착장도 있어 간조 때도 낚시가 가능하다.

망둥어·숭어·깔따구(농어 새끼)가 주어종으로 꼽히고 손님고기로 붕장어·우럭과 함께 간혹 광어가 걸려드는가 하면, 가을엔 삼치와 전어도 낚인다. 초봄(3월) 숭어는 주로 훌치기를 시도하지만 5월로 접어들면 떡밥낚시에 잘 낚이고 11월까지 시즌이 이어진다. 망둥어는 역시 초가을부터 시작돼 10월 중순까지 피크를 이루고, 11월로 접어들면 마릿수가 줄어드는 대신 한겨울까지 비쩍 마른 명태 크기로 늘어난다.

■ 참고 사항

민물과 바닷물이 섞이는 곳으로 숭어·전어 등 기수역(汽水域) 어종이 오르내리는 곳이다. 수문 근처가 그 통로인데, 바다 쪽은 접근이 불가능해 방조제 너머의 민물(탄도호)에서 숭어와 함께 가을 전어를 노리는 단골꾼들이 많다. 썰물 때 낚시가 여의치 않으면 누에섬바닷길을 따라 누에섬으로도 건너볼 만하다. 왕복 2km가 넘는 거리라는 점은 염두에 두어야 한다.

찾아가는 길

북쪽 시흥 방면에서는 시화방조제를 건너 301번지방도로(대부황금로)를 따라 탄도방조제 방면으로 남하하여 탄도교차로에 이르러 우회전하면 된다.
수원·화성 방면에서는 탄도항 또는 전곡항을 목적지로 설정하여 진행하다가 전곡항교차로에서 직진해 탄도방조제를 건너자마자 나타나는 탄도교차로에서 좌회전하면 된다.

인근 낚시점

*파싱캠프낚시 031-356-8668
화성시 서신면 궁평리 654-6
*리더낚시 032-885-4480
안산시 대부동동 1855-37
*대부슈퍼낚시 032-886-7831
안산시 선감동 682

↓ 탄도항선착장에서 초가을 망둥어낚시를 즐기는 가족들.

풍도(豊島)

- **소재지** : 안산시 단원구 풍도동 34-6 외
- **길이** : 북쪽 큰방파제 1800m 외
- **위치 참조** : 〈최신 전국낚시지도〉 108p C5

찾아가는 길

인천항연안여객터미널(인천시 중구 항동 7가 88)과 안산시 대부도 방아머리선착장(안산시 단원구 대부북동 1955)에서 여객선(카페리)이 1일 1회 왕복 운행된다. 인천항에선 2시간 30분(짝수일) 또는 3시간(홀수일)이 소요되고, 대부도에선 1시간 30분 또는 2시간이 소요된다. 연락처 : 한림해운(http://hanlim.haewoon.co.kr)

■ 낚시 여건

인천항을 출발한 여객선이 경유하는 안산시 대부도 방아머리선착장에서 남서쪽 직선거리 26km여 해상에 바람꽃처럼 피어있는 풍도. 옛날 이름은 '단풍나무 섬'이란 뜻의 풍도(楓島)였으나 지금은 뭐든 '풍성한 섬'이란 뜻을 담은 풍도(豊島)로 바뀌었다. 그러나 외딴섬 중턱에 뿌려내려 수백 년 풍상을 견뎌 온 단풍나무와 산자락 곳곳에 지천으로 피어나는 야생화는 여전히 풍도의 상징이 되고 있다.

1.84km² 면적에 둘레 5.5km에 달하는 타원형 해안은 대부분 암석으로 이뤄져 주변 수심이 깊은 편이며 바닷물도 맑은 편이다. 176m 높이의 후망산 자락이 전역에 드리워져 남쪽은 가파른 편이지만 동북쪽과 서북쪽은 약간 완만한 경사를 이룬다. 민가가 몰려 있는 풍도항(지방어항) 주변뿐만 아니라 북쪽 및 서쪽 중간까지 해안도로가 개설돼 있어 도보로 이동하며 낚시할 구간도 많은 편이다. 민박집이 많고, 항구 물양장 주변에 화장실과 수도시설이 갖춰져 있어 야영도 할 수 있다.

■ 어종과 시즌

복수초·노루귀·대극·풍도바람꽃 등 풍도의 야생화를 찾는 출사객들이 3월부

터 찾아들어 4월이면 피크를 이룬다. 이어 풍도의 낚시 시즌이 형성된다. 4월 말 ~5월 초에 우럭·노래미·도다리 입질을 시작으로 5~6월이면 광어·장대가 가세하면서 본격 시즌을 이룬다. 7월로 접어들면 광어 씨알이 잘아지지만 가을이 되면 씨알·마릿수 모두 호황세를 보인다.

철따라 우럭·광어·노래미·장대·붕장어가 고루 낚이는 가운데 포인트에 따라 농어가 설치는 곳이 있는가 하면, 가을이면 나타나는 학공치 떼도 빼놓을 수 없다. 여름 휴가철 밤낚시엔 우럭·붕장어가 여느 곳보다 잘 낚여 방파제·선착장 쪽은 물론 마을 어귀를 돌아 갯바위 포인트를 찾는 이들도 많다.

■ 포인트 및 참고 사항

빨간 등대가 있는 북쪽 방파제와 흰 등대가 있는 남쪽 선착장 주변에선 우럭·광어·노래미가 곧잘 잡힌다. 선박이 드나들지 않는 이른 아침과 일몰 시간이 좋지만 물살이 세차게 흘러 중썰물 이후 간조 물돌이 시각이 피크 타임이다.

방파제·선착장에만 머물러서는 안 된다. 북쪽 콧부리 및 서쪽 갯바위 지역에 우럭·광어·농어를 노리기에 더 좋은 포인트가 형성돼 있다. 마을에서 북쪽 방향의 속여와 등대 밑 테트라포드 구간을 거쳐 구렁배딴목까지 완전한 도로가 개설돼 있는 데다, 채석장을 지나 북배까지도 쉽게 걸어갈 수 있다. 마을에서 쉬엄쉬엄 1시간가량이면 된다. 군데군데 낚시를 하며 북배딴목까지 훑어볼만하다.

속여 주변에선 광어, 테트라포드 구간 앞에선 우럭과 광어, 구렁배딴목~채석장~북배 구간에선 농어가 곁들여지는가 하면, 굵은 노래미도 가세한다. 채석장 끝에서 잠시 산길로 넘을 수 있는 북배딴목은 썰물 때 건널 수 있는 곳이다.

주요 연락처

*조이루어피싱 031-8041-9755
 시흥시 정왕동 2211
*풍도민박 032-831-7637
 안산시 단원구 풍도동 260

↓ 여객선 선착장 쪽에서 바라본 풍도방파제와 도제(島堤·뜬방파제). 여객선선착장은 사진 오른쪽 방향에 위치한다.

육도(六島)

- **소재지** : 안산시 단원구 풍도동 381-23 외
- **길이** : 선착장 1100여m, 방파제 120여m 외
- **위치 참조** : 〈최신 전국낚시지도〉 109p D5

찾아가는 길

인천항연안여객터미널(인천시 중구 항동 7가 88)과 안산시 대부도 방아머리선착장(안산시 단원구 대부북동 1955)에서 여객선이 1일 1회 왕복 운행된다. 인천항에선 2시간 30분(홀수일) 또는 3시간(짝수일)이 소요되고, 대부도에선 1시간 30분 또는 2시간이 소요된다. 연락처 : 한림해운(http://hanlim.haewoon.co.kr)

주요 연락처

∗조이루어피싱 031-8041-9755
  시흥시 정왕동 2211
∗육도민박 032-832-2332
  안산시 단원구 육도길 7-21

↓ 남쪽 여객선선착장 방향에서 바라본 육도 방파제 모습.

■ 낚시 개황

이른바 '풍도·육도'로 불리는 유인도 중의 하나로 인천항여객터미널과 대부도 방아머리선착장에서 떠나는 여객선이 격일제로 풍도에 먼저 닿거나 이곳 육도에 먼저 닿기도 한다. 면적 0.13km²에 둘레 3km가 채 못 되는 규모로 풍도 크기의 3분의 1도 안 되는 작은 섬이다. 20여 가구가 거주하는 외딴섬으로 매점과 식당이 없어 생필품을 제대로 준비해 가야 하는데, 민박집을 이용하면 숙식에 문제는 없다. 동남쪽에 여객선이 닿는 선착장이 있고 그 위쪽에 방파제가 있으나 낚시는 갯바위 쪽을 찾는 게 좋다. 갯바위 포인트는 마을 반대편 서쪽 해변에 형성돼 있는데, 육도복지회관이 있는 마을 뒤쪽 산길을 10분만 걸으면 텐트 치고 놀기 좋은 아담한 몽돌밭이 나오고 그 좌우로 그럴듯한 갯바위가 눈길을 끈다. 우럭·광어·도다리·노래미가 먹고도 남을 만큼 낚이고 가을엔 학공치 떼도 출몰한다. 여객선을 기다리는 시간엔 선착장에서도 우럭·노래미를 뽑아 올릴 수 있다.

■ 참고 사항

가족을 동반한 경우는 함께 해루질 하기도 좋다. 해변가 자갈밭의 돌덩이를 뒤집으면 집게발을 곧추 세우고 쩨려보는 민꽃게(박하지)가 아주 손쉽게 잡힌다. 낙지도 많은 곳이지만 주민들에게 잡는 방법을 익혀야 한다. 남쪽 선착장 인근엔 베란다에서 만조 때 곧장 낚싯대를 드리워 우럭·노래미를 낚을 수 있는 재미난 민박집이 있어 TV에 소개된 적도 있다.

인터넷에서 육도를 검색할 때는 다른 지역에도 같은 이름이 있다는 점에 주의해야 한다. 충남 보령시 오천면, 천수만 입구에도 육도(陸島)가 있기 때문이다.

육도
종육도
주먹끝
이무기바위
방파제
복지회관
양산바위
샘너머
여객선선착장
발전소
종육도

제부도방파제

- **소재지** : 화성시 서신면 제부리 289-14
- **길이** : 방파제 1000m, 피싱 피어 77m
- **위치 참조** : 〈최신 전국낚시지도〉 109p F3

■ 낚시 개황

화성시 서신면 송교리에서 제부도로 진입하는 바닷길 입구(무료 톨게이트)에 이르면 '모세의 기적 - 제부도'라는 안내 간판이 걸려 있다. 조수 간만에 따라 매일 한두 차례 바닷길이 열렸다 닫혔다 하는 때문이다. 이 바닷길을 건너 제부도 북단으로 계속 직진하면 제부항이 나타난다. 주차장으로 진입하면 방파제 끝에 곁가지처럼 축조된 피싱피어(Fishing pier · 잔교 낚시터)가 또 눈길을 끈다. 2009년 2월에 준공된 이곳 제부항 피싱피어(공식명칭은 제부항 바다낚시터)는 화성시가 우리나라 지자체 중에선 최초로 조성한 해상 인공낚시터로서 그 의의가 크다. 길이 77m, 폭 6~12m로 규모는 작아도 인근 궁평항 피싱피어보다 2개월 앞선 것이다.
낚시는 방파제를 포함한 피싱피어에서 주로 이뤄지고, 간조 무렵에는 방파제 거의 끝 지점에 설치돼 있는 계단을 이용해 오른쪽 선착장 끝으로 다가가도 된다. 어종은 숭어 · 망둥어 · 우럭 · 붕장어가 주류를 이루는 가운데 간혹 광어 · 전어도 붙는다. 숭어는 사계절 낚이고 망둥어는 여름부터 입질을 시작해 가을에 호황을 이룬다. 여름 밤낚시에 입질이 잦은 붕장어도 늦가을까지 시즌을 이루고 가을 전어는 해거리를 하는 편이다.

■ 참고 사항

제부도로의 통행은 제한이 따른다. 하루 1~2회, 중썰물~중들물 사이의 7~8시간씩만 통행이 가능한데, 매일 매일 그 시간이 달라지므로 인터넷에서 '제부도 물때표'를 검색하거나 현지 제부바닷길통제소에 통행 가능 시간을 전화로 문의하는 것이 좋다. 문의 : (주간)031-355-1831, (야)031-355-3964.

찾아가는 길

제부도를 목적지로 설정해 화성시 서신면 송교리 '제부교차로'에 이르면 곧 바다가 보이면서 톨게이트 같은 시설물이 나타난다. 통행료를 지불하는 곳이 아닌, 제부바닷길 진출입을 통제하는 곳이다. 통행 시간엔 아무런 제약도 근무자도 없다. 전광판에 나타난 '금일 통행 가능시간'을 잘 확인한 후 약 2.3km 바닷길(낮은 시멘트 도로)을 건너 계속 직진하면 제부항에 닿는다.

인근 낚시점(031)

*피싱캠프낚시 356-8668
화성시 서신면 궁평리 654-6
*영일낚시매점 357-8924
화성시 서신면 제부리 289-7

↓ 제부도바닷길로 진입해 제부항에 이르면 빨간 등대가 있는 방파제 끝 지점 왼쪽으로 피싱피어가 설치돼 있다.

제부도방파제
피싱피어 / 제부리어촌계 체험마을안내소 / 공중 / 영일낚 매점 / 현홍낚시 매점 / 탑재산 / 고도섬 / 해수집수장 / 제부해수욕장 / 돌고래횟집 / 제부도바닷길 / 제부교차로

궁평항방파제

- **소재지** : 화성시 서신면 궁평리 692 외
- **길이** : 북방 6500여m, 남방 4800여m, 피싱피어 193m
- **위치 참조** : 〈최신 전국낚시지도〉 110p A5

찾아가는 길

북쪽에서는 영동고속도로 등을 이용해 평택시흥고속도로에 올라 계속 남하하다가 송산마도IC로 나온다. 톨게이트를 통과해 마도교차로에 이르면 궁평항·화성방조제(화옹방조제) 방면으로 계속 남하하면 된다.
남쪽 방면에서는 어디서건 화옹방조제를 건너면 곧 궁평항이다.

■ 낚시 여건

남·북 두 개의 방파제와 남쪽 방파제 중간에 낚시객을 위한 피싱피어(fishing pier)가 설치돼 있는 궁평항은 경기도에선 보기 드문 대규모 어항(국가어항)이다. 북쪽에는 해송과 석양이 멋진 조화를 이루는 궁평해수욕장이 있고, 남쪽 방파제 쪽으론 화옹호(화성호)의 배수갑문을 통해 민물이 방출된다. 동남쪽 우정읍 매향리 해변으로 이어지는 길이 9.8km의 화옹방조제(화성방조제) 또한 이곳 궁평항에 서부터 시작된다. 이 같은 궁평항은 원래 지금의 화옹방조제 수문 안쪽에 있었으나 화옹방조제가 축조되면서 수문 밖 현재의 위치로 이전된 것이다.

궁평항에서의 낚시는 크게 4개 지역으로 나뉜다. 팔각정(실제는 사각형 정자) 쉼터가 있는 북방파제, 내항 쪽 물양장(계단식 호안), 남방파제, 그리고 남방파제에서 연결된 피싱피어 구간이다. 이 가운데 북쪽 방파제는 사리 간조 시각에 이르면 내항 전역과 함께 대부분 개펄 바닥을 드러내지만 남쪽 방파제 외항 방향과 특히 피싱피어 주변은 거의 상시 낚시가 가능한 수심을 유지한다.

■ 어종과 시즌

궁평리해수욕장 →
전곡항
정자쉼터
계단
갯벌체험장
궁평항
301
궁평항수산물직판장
계단식 호안
궁평어촌
제험마을안내소
여객선매표소
위판장
한국농어촌공사
화성호관리소
피싱피어
수문
출입금지
우정교
화옹호(화성호)
매향리
화옹방조제 →

궁평항방파제

인근 화옹호 배수갑문을 통해 민물이 유입되는 곳이라 다양한 어종이 선보이는 데다 시즌도 길게 형성된다. 망둥어·우럭·숭어·붕장어·전어를 주종으로 농어·광어가 섞이고, 가을엔 삼치와 갑오징어도 출현한다. 초봄 숭어는 훌치기에 의존하는 편이며 5~8월이면 전어가 나타나 늦가을까지 시즌을 형성한다.

여름부터 본격 시즌을 맞이하는 궁평항은 가을 추석 무렵에 피크를 이루고 11월 중순까지 시즌을 이어간다. 한 사람이 100여 수 이상씩 올리는 가을 망둥어 시즌이 되면 가족을 동반한 주말 나들이객들로 붐비고, 우럭·노래미·숭어·광어를 노리는 꾼들로 피싱피어 쪽은 특히 자리다툼까지 벌어진다. 한해 시즌을 거의 마무리하는 11월이면 전어 사냥꾼들이 엉뚱한 곳에서 희한한 풍경을 연출하기도 한다. 남쪽 방파제 입구로부터 화옹호 배수갑문 쪽은 출입금지 구역이라 우정교 난간 위에서 낚시를 드리우는가 하면, 다리 상판 구멍 사이로 카드채비를 내려 줄줄이 전어를 거둬 올린다. 그러나 이곳 우정교 위 일대도 낚시금지 구역이다.

■ 포인트 개관

■북쪽 방파제 - 인근 낚시인들이 '팔각정 방파제'라 부르기도 하는데, 방파제 중간 지점에 '팔각'이 아닌 사각형 지붕의 정자 쉼터가 축조돼 있다. 주변 바닥이 완전한 개펄 지형으로 망둥어·숭어가 주종을 이루고 삼치도 곧잘 들어온다. 초입부 갯벌체험장 입구로부터 첫 번째 꺾어지는 지점까지는 망둥어, 정자 쉼터로부터 두 번째 꺾어지는 지점까지(외항 방향)는 숭어 포인트로 꼽힌다. 이어 두 번째 꺾어지는 지점부터 방파제 끝자락까지는 간조 시에도 일정 수심이 유지되는 구간이다.

■내항 물양장 - 주차장 앞쪽에 계단식으로 축조돼 있는 호안(護岸) 구역을 말한

인근 낚시점(031)

*피싱캠프낚시 356-8668
  화성시 서신면 궁평리 654-6
*조이루어피싱 8041-9755
  시흥시 정왕동 2211

↓ 하늘에서 내려다본 궁평항. 경기도에선 보기 드문 대규모 어항으로 국가어항 등급이다.

다. 썰물이 되면 바닥이 완전히 드러나는 만큼 만조 때에 편안히 앉아 낚시를 할 수 있는 곳으로, 던질낚시에 망둥어가 아주 잘 낚이고 숭어도 걸려든다.

■남쪽 방파제 – 피싱피어를 비롯한 궁평항의 주력 낚시터다. 연중 바닷물이 가장 많이 빠지는 대사리를 제외하고선 외항 쪽에서의 낚시는 어느 때고 가능한 데다, 화옹호로부터 유출되는 민물이 닿는 곳이어서 기수역 어종까지 가세하기 때문이다. 만조 때에는 방파제 위에서 원투를 하고, 간조 때는 경사면 사석(捨石) 아래로 내려가 낚시를 하면 된다.

■피싱피어 – 공식명칭은 '궁평항 바다낚시터'이다. 화성시가 국내 최초로 만든 두 곳의 해상 인공낚시터 가운데 하나로, 지난 2009년 2월의 제부도 피싱피어에 이어 같은 해 4월에 준공한 것이다. 길이 193m, 폭 6~15m, 높이 10m 규모로 양쪽 날개 끝에는 각각 파고라(정자 형태의 쉼터)가 설치돼 있어 따가운 햇볕을 피할 수 있다. 특히 밤낚시를 하기에 좋은 여건이다. 우럭 · 망둥어 · 노래미 · 숭어 · 붕장어 · 광어 등이 고루 낚이고 전어도 인기 어종이다. 5~8월 전어는 씨알이 굵고 이후부터 늦가을까지도 잔챙이 씨알들이 계속 나온다.

■ 참고 사항

궁평항에서는 멀리 충남 당진 방향의 국화도와 입파도로 가는 여객선이 운항된다. 당진 장고항에서 가까운 거리지만 서울 · 경기권에선 육로 거리를 단축할 수 있는 만큼 국화도 · 입파도로의 낚시여행은 이곳 궁평항이 편리할 수도 있다. 국화도 40분, 입파도 1시간 소요. 성수기 1일 4회, 비수기 1일 3회 운항. ☎서해도선 031-356-9387.

↓ 궁평항 남쪽 방파제 외항 쪽으로 축조된 피싱피어는 화성시가 제부항에 이어 국내 두 번째로 축조한 잔교(棧橋) 낚시터이다.

입파도(立波島)

- **소재지** : 화성시 우정읍 국화리 134-1 인근 외
- **길이** : 방파제 1800여m 외
- **위치 참조** : 〈최신 전국낚시지도〉 109p E5

■ 낚시 개황

입파도(立波島)의 위치는 충남 당진시 석문면 왜목항과 가깝지만 경기도 화성시가 행정소재지로, 객선은 전곡항과 궁평항에서 뜬다. 해안선 연장 4.3km, 면적 0.45km²에 민가 10여 채도 안 되는 작은 섬이지만 낚시와 해루질을 즐기기 위한 관광객이 많이 드나들어 지난 2010년부터 객선이 운행되고 있을 정도다.

가벼운 차림으로 당일 코스로 찾을 수도 있지만 1박2일 여정으로 현지 민박을 이용하면 물때 따라 변하는 어종별 조황을 고루 누릴 수 있다. 주어종은 우럭·광어·도다리·노래미·붕장어. 가을엔 학공치도 들어오고 주꾸미와 갑오징어도 낚인다. 서쪽 해변에서 즐기는 해루질 재미도 빼놓을 수 없다. 사리 간조 때면 낙지·해삼도 잡을 수 있고 바지락은 간조 때면 언제든 먹을 만큼 캘 수 있다.

우럭(5~11월)과 붕장어(8~11월)는 야간에 잘 낚이고, 4~7월과 9~11월에 선보이는 도다리는 주간 던질낚시 대상어이다. 숭어는 가을철에 굵은 씨알이 낚인다. 포인트는 방파제와 위쪽 물양장, 남쪽 및 북쪽 갯바위 구간이다. 흰 등주가 있는 방파제는 만조와 간조 때의 모습이 완전히 달라진다. 간조 때의 기역자(ㄱ) 모양 방파제가 만조 시각이 되면 등주가 있는 구간과 중간의 꺾어지는 구간 주변이 모두 물에 잠겨 마치 뜬방파제(島堤)처럼 변하고 만다.

■ 참고 사항

원주민·어부네 등 몇 채의 민박집이 있고 우럭·주꾸미·갑오징어 시즌이 되면 민박집 일부에서 낚싯배를 띄우기도 한다. 화성시 전곡항과 궁평항에서 객선이 운항된다. 문의 : 전곡항 경기도선(357-4556), 궁평항 서해도선(356-9387).

찾아가는 길

경기도 화성시 서신면 전곡리 1077번지의 전곡항을 찾거나 궁평리 692번지의 궁평항을 찾아 객선을 이용해야 한다. 북쪽 전곡항에서는 50~60분, 남쪽 궁평항에선 뱃길이 더 가깝지만 국화도를 먼저 경유하는 까닭에 1시간가량 소요된다.

주요 연락처(031)

*피싱캠프낚시 356-8668
 화성시 서신면 궁평리 654-6
*전곡항낚시슈퍼 356-7288
 화성시 서신면 전곡리 856
*원주민민박 357-8885
*어부네민박 357-8883

↓ 입파도선착장과 연결된 방파제는 조수 간만에 따라 선착장과 연결되기도 하고, 연결 부위가 물에 잠겨 뜬방파제(島堤)가 되기도 한다.

입파도 / 학선여 / 입파도등대 / 입파도선착장 / 국화도 / 입파도등대 / 원주민민박 / 입파도 (화성시 우정읍 국화리)

국화도(菊花島)

- **소재지** : 화성시 우정읍 국화리 136 외
- **길이** : 1800여m 외
- **위치 참조** : 〈최신 전국낚시지도〉 109p E6

찾아가는 길

화성 궁평항에서 도선을 탈 경우는 서해안고속도로 비봉IC를 이용해 마도→송산→서신→궁평항에 도착해 서해도선을 이용하면 국화도까지 40분이 소요된다.
충남 당진시 장고항을 이용할 경우는 서해안고속도로 송악IC로 나와 38번 국도(북부산업로)를 타고 석문방조제를 지나면 곧 장고항에 도착한다. 국화도 도선매표소에서 미리 표를 구입한 후 장고항 선착장에서 국화훼리호를 타면 20분 거리다.

■ 낚시 여건

입파도(立波島) 남쪽에 위치하는 국화도(菊花島) 역시 충남 당진 왜목항과 장고항에서 보다 가까운 거리지만 행정구역은 입파도와 함께 화성시 우정읍 국화리에 속한다. 수도권에서 육로편이 가까운 화성 궁평항에서의 도선은 40분이 소요되고, 육로편 거리가 먼 당진 장고항에서의 소요시간은 20분에 불과해 도선요금이 절반 이상 싸다는 점이 선택 사항이다.

40여 가구의 주민 60~70명이 거주하는 유인도로 관광객이 많아 펜션이 민가보다 눈에 많이 띌 정도다. 0.39km² 면적에 해안선 연장 2.7km에 불과하지만 2개의 부속섬을 합치면 규모는 더 확대된다. 북쪽에 위치한 매박섬(토끼섬)과 남쪽에 위치한 도지섬은 썰물이 지속되면 바닷길이 드러나 본섬과 연결되는데, 이로써 국화도에서의 낚시는 방파제와 선착장이 있는 본섬 낚시터와 매박섬·도지섬으로의 도보 포인트로 나뉜다.

■ 어종과 시즌

우럭·광어·도다리·노래미·붕장어가 주종을 이루는 가운데 간혹 숭어 및 장

대와 보구치도 걸려든다. 4월부터 선보이는 우럭은 5월로 들어서면 확실한 입질을 시작해 광어와 함께 늦가을까지 시즌을 형성하는데, 우럭 씨알은 방류 대상의 잔챙이 씨알이 주류를 이루는 가운데 갯바위 쪽에선 30cm급들도 다수 낚인다. 광어는 40cm 안팎 위주에 50cm 이상도 더러 선보이는데, 광어가 주로 모랫바닥에서 낚이는 데 비해 우럭은 밑걸림이 많은 돌밭 또는 암초지대에서 잘 낚인다. 방파제 주변에서 낚이는 노래미는 평균 씨알이 좋은 편이다.

국화도로의 낚시여행엔 던질낚시 채비는 물론 지그헤드와 웜을 비롯한 우럭·광어 루어 채비 준비도 필수다.

■ 포인트 및 참고 사항

T자 모양의 방파제 주변에선 우럭·광어·도다리·볼락·노래미 등이 고루 낚인다. 방파제 전방은 물살이 세차게 흐르고 밑걸림이 잦다는 점 감안해야 한다. 이른 아침과 해질 무렵이 골든타임이다. 선착장 왼쪽의 짧은 갯바위 구간도 중들물 무렵에 루어를 날려봄직한 곳이다.

매박섬과 바닷길이 연결되는 본섬 ②번 지점은 갯바위 지형에 자갈바닥이 연결되는 곳으로, 만조 전후 시각에 광어·도다리·노래미가 걸려들고 간혹 우럭도 섞인다. 간조 때에 바닷길이 완전히 열리는 ③번 매박섬 일대는 가벼운 루어낚시 장비를 챙겨 반드시 찾아봐야 할 곳이다. 미리 ②번 지점에서 낚시를 하다가 바닷길이 열리는 대로 서둘러 진입할 필요가 있는데, 자갈바닥에 갯바위가 섞인 지형으로 영락없는 루어낚시 포인트이다. 매박섬 동쪽은 광어가, 서쪽은 우럭이 우세한 가운데 두 어종이 고루 섞이고, 노란 등대가 있는 북쪽은 우럭이 잘 낚인다.

주요 연락처(031)

*피싱캠프낚시 356-8668
 화성시 서신면 궁평리 654-6
*해오름펜션 357-7517
 화성시 우정읍 국화길 32
*섬마을하우스 356-6642
 화성시 우정읍 국화길 12-2

↓ 노란 등대와 빨간 등주가 있는 국화도 방파제 겸 선착장(위 사진). 북쪽에 위치한 매박섬(토끼섬은 간조 전후에 바닷길이 열리는 곳으로 국화도의 랜드마크이자 대표적인 갯바위 포인트이다(아래 사진).

태안 모항항

Section 4

충남
당진시, 서산시, 태안군

당진 용무치에서 바라본 장고항 노적봉의 일출

서산 삼길포항

서산 황금산 코끼리바위

태안 마검포항 입구의 네이처월드

태안 곰섬 오토캠핑장과 방파제

태안 드르니와 백사장항을 잇는 인도교

옹진 한진포구선착장 / 안섬방파제 / 성구미방파제 / 성구미 신방파제 / 석문방조제 / 장고항 & 용무치 /

왜목선착장 / 도비도선착장 / 대난지도 & 철도(쇠섬)

서산 삼길포항 방파제 외 / 황금산 갯바위 / 벌말 방파제 외

태안 만대포구 & 유섬 · 삼형제바위 / 학암포방파제 & 분점도 외 / 민어도선착장 / 구름포해수욕장 주변 /

천리포방파제 & 닭섬 / 만리포 방파제 외 / 모항항방파제 / 어은돌방파제 / 통개 방파제 외 /

신진도 & 마도방파제 / 가의도(賈誼島) / 황골방파제 / 연포방파제 / 채석포항방파제 /

몽산포항방파제(몽대포방파제) / 마검포항 방파제 외 / 곰섬방파제 / 드르니 & 백사장항 /

안면대교 일대 / 황도 방파제 외 / 방포항방파제 / 대야도선착장 외 / 구매항선착장 외 / 영목항선착장

서산 서산B지구방조제 / 간월도항방파제 / 서산A지구방조제

한진포구선착장

- **소재지** : 당진시 송악읍 한진리 95-14 외
- **길이** : 100여m 외
- **위치 참조** : 〈최신 전국낚시지도〉 130p C3

찾아가는 길

서해안고속도로 서해대교를 지나 곧 송악IC로 나온다. 톨게이트 통과 후 산업단지 방향으로 3.1km 진행하면 한진교차로가 나온다. 오른쪽 한진포구 이정표를 따라 약 2km만 진행하면 한진포구선착장 앞 공영주차장에 이른다.

인근 낚시점(041)

*송악본전낚시 358-8878
송악읍 한진리 193-30
*송악낚시마트 357-4560
송악읍 복운리 1624-3

■ 낚시 개황

서해안고속도로 당진 방향의 서해대교를 건너다보면 오른쪽으로 멀리 내려다보이는 곳이다. 아산국가산업단지 충남부곡지구와 고대지구 사이에서 미개발 지구로 존치된 한진포구는 옛 삼국시대에는 당나라와 해상 무역을 한 항구였고, 지난 1960년대까지만 해도 인천을 오가는 여객선이 다녔지만 지금은 고기잡이 어선들만 드나드는 작은 포구로 남았다.

간조 땐 선착장 전방 해상엔 거대한 모래톱이 드러날 정도로 수심이 얕은 지역이지만 선착장 북쪽 연안에서부터 남쪽 행담도 방향의 연안은 커다란 물골을 이뤄 온갖 고기들이 들락거린다. 분위기는 어수선하지만 개펄 어종들이 모두 선보여 주말이면 나들이 낚시꾼들로 조용할 날이 없다. 망둥어·우럭·붕장어가 터줏대감이고 농어·숭어가 섞이는가 하면 가을엔 주꾸미도 낚인다. 우럭은 4월~11월 초순, 망둥어는 9월~12월, 주꾸미는 9월~11월 초순이 시즌이다.

■ 참고 사항

100여m 길이의 선착장은 만조 시각이 되면 절반 이상이 물에 잠긴다. 수위 따라 이동하며 낚시를 해야 하는데, 던질낚시로 망둥어·우럭을 노리고 가을에는 주꾸미도 겸한다. 주변 바닥은 모래와 펄이 섞인 지형이지만 밑걸림이 없지는 않다.

선착장 위쪽(북쪽) 갯바위 지역도 포인트다. 우럭·노래미가 낚이고 여름~가을 시즌엔 찌낚시에 숭어도 걸려든다. 그러나 꾼들이 가장 많이 몰리는 곳은 한진포구 남쪽 도로변이다. 인근 발전소에서 유출되는 따뜻한 냉각수가 온갖 고기 떼를 불러 모으기 때문이다. 농어와 살감성돔 등 철 따라 다양한 어종이 낚이는 곳이다.

↓ 남쪽에서 바라본 한진포구 선착장. 망둥어·붕장어·우럭이 곧잘 낚이고 가을엔 주꾸미도 가세한다.

한진포구선착장

안섬방파제

- **소재지** : 당진시 송악읍 고대리 166-44
- **길이** : 동방파제 1100여m, 서방파제 1000여m
- **위치 참조** : 〈최신 전국낚시지도〉 130p B2

■ 낚시 개황

현대제철과 동부제철 공단 사이에서 겨우 옛 모습을 간직하고 있을 뿐, 두 개의 방파제가 축조돼 있는 안섬포구는 평일이면 그저 썰렁한 분위기다. 연결되는 갯바위 지형도 없어 낚시는 방파제 위에서만 이루어진다. 비슷한 크기의 두 곳 방파제 중에서도 빨강등대가 축조돼 있는 왼쪽 방파제에서 주로 낚시를 하는데, 주변 바닥은 거의 자갈과 돌이 섞인 개펄 지형이다.

망둥어와 붕장어가 주 어종으로 특히 붕장어가 잘 낚이는 곳이다. 간간이 걸려드는 우럭은 잔챙이 일색. 주로 던질낚시에 나오는 붕장어·우럭 씨알을 높이기 위해선 등대가 있는 끝 지점에서 가능한 한 장타를 날려야 한다. 만조 땐 등대 못 미친 지점의 외항 방향에 위치한 커다란 간출암 주변을 노려볼 만하다.

방파제 내·외항쪽 경사면이 아주 밋밋해 발판도 좋고 한가롭게 낚시를 즐기기에 큰 불편이 없다. 다만 낚시 구간이 좁은 데다 연계 포인트가 없다는 점은 염두에 두어야 한다.

■ 참고 사항

첫 번째 방파제 전역은 물론 등대가 있는 방파제도 사리 간조 때가 되면 거의 끝까지 바닥이 드러난다. 이때는 소라와 낙지를 잡고 바지락도 캐는 가족 동반 나들이객들이 신바람이 난다.

포구 안쪽 마을을 벗어나면 아무런 편의시설이 없지만 두 곳 방파제 사이엔 비닐하우스 형태의 횟집들이 늘어서 있어 식사는 해결할 수 있다. 자갈로 다져진 주차 공간도 비교적 넉넉한 편이며 허름하나마 간이화장실도 설치돼 있다.

찾아가는 길

서해안고속도로 서해대교를 지나 곧 송악IC로 나온다. 톨게이트 통과 후 산업단지·부곡 방면으로 약 7km 이동한 지점에서 안섬포구 이정표 방향으로 우회전하면 현장까지는 약 1km 거리다.

인근 낚시점(041)

*송악본전낚시 358-8878
송악읍 한진리 193-30
*송악낚시마트 357-4560
송악읍 복운리 1624-3

↓ 입구에서 바라본 안섬포구 방파제. 빨간 등대가 있는 두 번째 방파제에서 낚시가 이뤄진다.

성구미방파제

- **소재지** : 당진시 송산면 가곡리 11-21
- **길이** : 2500여m
- **위치 참조** : 〈최신 전국낚시지도〉 130p B2

찾아가는 길

서해안고속도로 서해대교를 지나 곧 송악IC로 나온다. 톨게이트 통과 후 고대·산업단지 방면으로 향하다가 석문·대산 이정표를 보고 계속 직진하다 보면 가곡교차로에 이른다. 지하차도로 진입하지 말고 오른쪽 석문방조제 방향으로 꺾어 2.1km 직진하면 석문방조제 수문(석문교) 입구 삼거리에 이른다. 오른쪽 길로 진입하면 곧 작은 방파제가 나타나는데, 오른쪽으로 빨간 등대가 보이는 목적지까지는 해변도로로 약 800m 거리다.

▪ 낚시 여건

송악읍내로부터 석문방조제 입구에 이르러 우회전하면 한국농어촌공사 석문호관리소 건물 뒤쪽으로 작은 방파제 하나가 나타나고, 오른쪽으로 빨간 등대가 서 있는 또 하나의 방파제가 보인다. 구분하자면 빨간 등대가 서 있는 큰 방파제가 성구미 구(舊)방파제이고, 입구 쪽의 작은 방파제는 성구미 신(新)방파제라 부른다.

큰 방파제 동쪽에 있던 옛 성구미포구는 오래 전 매립되어 마을 주민 전체가 뿔뿔이 흩어졌다. 이후 인근에 남은 주민들의 어선들만이 이곳 포구로 옮겨와 정박할 뿐 방파제 주변엔 일체의 시설물이 허용되지 않고 있다. 지난 2008년 등대까지 추가로 설치된 방파제는 최신식 구조물인 데 비해 낚시인들을 제외한 방문객들이 거의 없어 호젓한 분위기다. 게다가 다양한 어종이 선보이는 당진권 최고의 낚시터로, 그야말로 낚시인들을 위한 방파제라 부를 만하다. 입구 쪽 작은 신방파제보다 낚시 여건도 좋고 조황도 훨씬 뛰어난 곳이다.

▪ 어종과 시즌

서해 어종은 모두 낚인다 할 수 있다. 우럭·광어·도다리·노래미·붕장어를 위

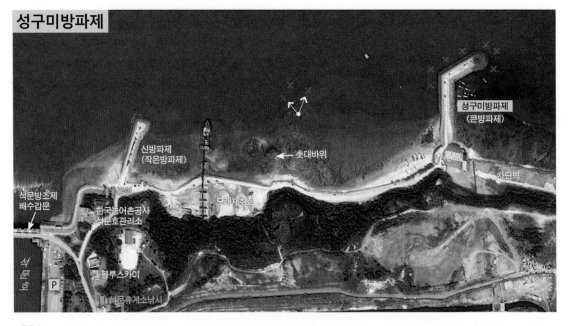

시해 밴댕이 · 전어 · 학공치 · 고등어 · 삼치 · 농어 · 숭어 등 온갖 회유어종이 줄지어 나타나는가 하면, 간혹 감성돔 · 참돔까지 비치고 돌돔 새끼와 간재미(가오리 종류)도 선을 보인다. 가을 시즌의 주꾸미 · 갑오징어도 빼놓을 수 없다. 갯바위 · 선상 · 연안 낚시 어종이 거의 다 선보이는 셈이다.

3월부터 12월까지 시즌 또한 길게 형성된다. 겨울에도 테트라포드 구멍치기에서 낱마리 우럭이 비치고 원투 채비에 간재미가 걸려들기도 한다. 그러나 본격 시즌은 4월 말부터다. 우럭이 먼저고 봄기운이 무르익으면 광어가 가세하는가 하면, 도다리 입질도 봄부터 시작돼 7월까지 이어진다. 여름엔 농어 새끼들이 찾아들고 밤낚시엔 붕장어가 굵게 낚인다. 찌낚시엔 숭어가 걸려들기 시작해 가을로 접어들면 살감성돔도 섞인다.

전어는 일찌감치 나타난다. 6월부터 10월 중순까지 들락날락 입질을 보이는 동안 카드 채비에 밴댕이들이 곁들여지는 등 두 어종이 번갈아 들쭉날쭉한 조황을 보인다. 전어와 밴댕이 중 어느 하나가 잘 잡히다가 갑자기 입질이 뜸해진다면 삼치가 나타났다는 신호일 수도 있다. 7월 말부터 나타나 10월 초까지 들락거리는 삼치는 현장에서 낚은 전어 새끼를 미끼로 찌낚시를 해도 좋고 루어낚시를 해도 좋은데, 아무래도 스푼 루어에 씨알이 굵은 편이다. 주꾸미와 갑오징어는 9월 초부터 날씨가 추워지는 11월 말까지 방파제 외항 방향 전역에서 낚인다.

■ 포인트 및 참고 사항

인근에선 보기 드물게 테트라포드가 피복된 완벽한 방파제 구조인 데다, 주변 수심도 좋아 루어낚시 · 찌낚시 · 던질낚시가 고루 이뤄진다. 당진권 최고의 연안 낚

인근 낚시점(041)

*송악본전낚시 358-8878
　당진시 송악읍 한진리 193-30
*석문휴게소낚시 354-1640
　당진시 송산면 가곡리 38-16

↓ 인근에선 보기 드물게 테트라포드가 피복된 성구미방파제 전경. 당진권에선 손꼽히는 낚시터로, 각종 붙박이성 어종과 회유성 어종이 고루 낚인다.

촛대바위 포인트

성구미 작은방파제

성구미방파제

촛대바위

시터로 꼽히는 데는 그럴 만한 이유가 있다. 외·내항 방향 모두에서 낚시가 이뤄질 뿐만 아니라 테트라포드 주변에서의 구멍치기로 록피시 어종을 노릴 수 있는가 하면, 기역자(ㄱ)로 꺾어진 방파제 외항 방향으로는 본류대가 흘러 회유성 어종을 포함한 다양한 어종이 선보이기 때문이다. 방파제가 꺾어지는 곳 약간 못 미친 지점부터가 핵심 포인트로, 방파제 주변엔 버림돌이 많이 깔려 있고

멀리는 펄과 모래가 섞인 지형이다. 따라서 던질낚시를 할 때는 최소 30~40m 이상 원투하는 것이 좋다.

이곳 방파제 왼쪽, 즉 입구 쪽 신방파제(작은방파제)에서 진입하다 보면 해변 왼쪽으로 보이는 촛대바위 일대도 일급 포인트이다. 썰물 때 드러나는 여밭에 올라 1.5~3인치 웜 채비를 최대한 멀리 캐스팅하면 크고 작은 우럭이 마릿수 조황을 보이고 광어·노래미에 농어도 기대할 수 있다. 단골 루어 꾼들 중에는 방파제 쪽보다 오히려 이곳 촛대바위 부근을 선호하는 이들이 많다.

방파제 입구 왼쪽엔 깨끗한 자갈밭이 형성돼 있어 여름철 가족끼리 텐트 치고 놀기에 좋다. 다만 방파제 입구 주변엔 방치된 컨테이너들이 폐가처럼 다닥다닥 붙어 있을 뿐 간이매점도 없고 화장실조차 없다는 점 염두에 둬야 한다.

↓ 성구미 작은방파제 쪽 진입로에서 바라본 촛대바위와 성구미 큰방파제.

촛대바위

성구미 신방파제

- 소재지 : 당진시 송산면 가곡리 528
- 길이 : 1500여m
- 위치 참조 : 〈최신 전국낚시지도〉 130p B2

■ 낚시 개황

석문방조제 입구의 작은 삼거리에서 오른쪽으로 들어서면 한국농어촌공사 석문호 관리소 건물이 나오고 뒤쪽으로 선착장 형태의 작은 방파제가 나타난다. 오른쪽으로론 빨간 등대가 눈길을 끄는 또 하나의 방파제가 보인다. 오른쪽으로 보이는 큰방파제가 앞서 소개한 성구미 구(舊)방파제이고, 이곳 작은방파제를 따로 구분해 성구미 신(新)방파제라 부른다. 처음엔 경사진 선착장 형태로 축조되었으나 여러 곡절을 거듭한 끝에 지금의 방파제 모습으로 개축되었다.

테트라포드가 피복된 동쪽 큰방파제와는 달리 이곳은 오른쪽 내항이 직벽, 왼쪽 외항이 석축으로 구성된 데다가 가장자리를 따라 축조된 바람막이 옹벽이 의지가 되어 석축 아래로 내려서면 아늑한 분위기가 연출된다. 방파제 외항 쪽 석축 발판도 안정적이고, 왼쪽 석문방조제 배수갑문 근처까지도 시멘트 축대 아래로 평평한 석축이 깔려 있어 던질낚시를 하기에 더 없이 좋은 여건이다. 동쪽 큰방파제보다는 못해도 인근 석문방조제 배수갑문의 영향으로 다양한 어종이 붙는 곳이다.

■ 참고 사항

우럭 · 광어 · 노래미 · 붕장어를 비롯한 삼치 · 농어 · 숭어 등 회유어종이 들어오고 가을 시즌이 되면 주꾸미 · 갑오징어도 붙는 등, 앞서 소개한 큰방파제 쪽에 비해 조황은 떨어져도 어종과 시즌은 비슷한 양상이다. 외항 입구 쪽부터 끝 지점에 이르기까지 빙 둘러 축조된 석축을 따라 이동하면 조수 간만에 따른 포인트를 고루 탐색할 수 있고, 왼쪽 석문방조제 수문 방향으로 연결된 축대 위에서도 편안하게 던질낚시를 즐길 수 있다.

찾아가는 길

서해안고속도로 서해대교를 지나 곧 송악IC로 나온다. 톨게이트 통과 후 고대 · 산업단지 방면으로 향하다가 석문 · 대산 이정표를 보고 계속 직진하다 보면 가곡교차로에 이른다. 지하차도로 진입하지 말고 오른쪽 석문방조제 방향으로 꺾어 2.1km 직진하면 석문방조제 수문(석문교) 입구 삼거리에 이른다. 오른쪽 길로 진입하면 곧 작은방파제가 나타나는데, 오른쪽으로 보면 앞서 소개한 성구미 큰방파제가 보인다.

인근 낚시점(041)

*송악본전낚시 358-8878
 당진시 송악읍 한진리 193-30
*석문휴게소낚시 354-1640
 당진시 송산면 가곡리 38-16

↓ 석문호관리소 건물 뒤쪽에서 바라본 성구미 작은방파제(신방파제). 방파제 주변 석축 위에서 편안하게 낚시를 즐길 수 있다.

성구미 신방파제

석문방조제 배수갑문 / 한국농어촌공사 석문호관리소 / 신방파제 (작은방파제) / 모래채취장 / 촛대바위 / 석문호 / P

석문방조제

- **소재지** : 당진시 송산면 가곡리 527 외
- **길이** : 10.6km
- **위치 참조** : 〈최신 전국낚시지도〉 130p A2

찾아가는 길

서해안고속도로 서해대교를 지나 곧 송악IC로 나온다. 톨게이트 통과 후 고대·산업단지 방면의 왼쪽 길을 택해 석문·대산 이정표를 보고 계속 직진하다 보면 가곡교차로에 이른다. 지하차도로 진입하지 말고 오른쪽 석문방조제 방향으로 꺾어 2.2km 직진하면 석문방조제 배수갑문(석문교)이 나온다.

■ 낚시 여건

동쪽 당진시 송산면 가곡리로부터 서쪽 석문면 장고항리까지에 이르는 기나긴 바닷길이다. 무려 10.6km 거리에 달하는 거대한 방조제로 우리나라에선 새만금방조제와 시화방조제에 이어 3번째 길이를 자랑한다. 석문지구 간척농지 종합개발사업의 일환으로 지난 1995년 12월 완공된 이래, 오랜 세월 가을 삼치낚시는 물론 철따라 다양한 어종이 낚이는 유명 낚시터로의 위상에 변함이 없다.

가을 시즌 주말이면 도로변 제방 언저리에 승용차가 빽빽할 정도로 수많은 낚시인들이 찾는 곳이지만 소문만 믿고 갔다가 허탕 치고 돌아오는 이들도 많다. 석문방조제에서의 낚시는 크게 두 가지 특징을 이해해야 한다. 바다 쪽이 3단 구조로 형성돼 있다는 점, 10km가 넘는 기나긴 방조제 외벽에 1, 2, 3……30번까지의 숫자가 청색 페인트로 표시돼 있다(아래 사진 참조)는 점 등이다.

■ 어종과 시즌

지난 2000년부터 서해 삼치낚시 유행을 주도한 곳 중의 하나다. 가을 주꾸미·갑오징어 낚시터로도 빼놓을 수 없다. 봄부터 가을까지 우럭·광어 조황이 꾸준하고

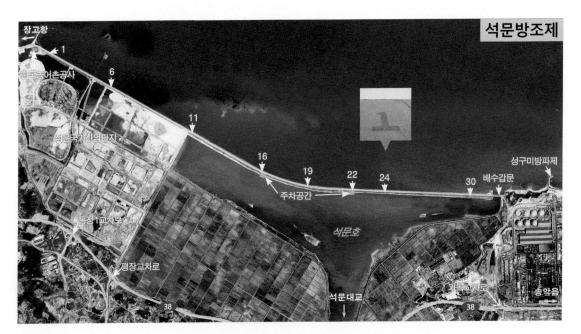

노래미·망둥어·붕장어도 잘 낚인다. 가오리 종류인 간재미가 걸려들어 웃음을 선사하는가 하면 숭어도 떼 지어 회유한다.

이 가운데 인기 어종은 봄~가을의 우럭·광어, 추석 무렵의 삼치, 9~10월의 주꾸미와 갑오징어다. 숭어 찌낚시 조황도 쏠쏠한 곳이다.

인근 낚시점(041)

*송악본전낚시 358-8878
 당진시 송악읍 한진리 193-30
*석문휴게소낚시 354-1640
 당진시 송산면 가곡리 38-16

■ 포인트 및 참고 사항

처음 찾는 이들에겐 다소 까다로운 여건일 수도 있다. 도로변 좁은 인도 위에 '개구리 주차'를 하고서 가파른 경사면을 조심조심 기어올라야 하는데, 약 3m 너비의 둑 위로 올라서기만 하면 온통 시야가 트이고 가슴이 활짝 열린다.

제방 밑 바다 쪽은 3단계 구조로 형성돼 있다. 완만한 시멘트 경사면을 타고 내려가면 굵은 견치석이 폭 3m 정도로 평평하게 깔려 있고, 그 아래로 또 크고 작은 버림돌이 폭넓게 깔려 있는데, 썰물 때 이 버림돌 바닥이 찰랑찰랑 드러나면 이곳에 올라 낚시를 해야 한다. 이 같은 구조물로 인해 만조 때는 낚시가 어렵고 중들물 또는 중썰물 때가 피크 타임이다. 평평한 견치석 아래의 버림돌 구역에 물이 차버리면 던질낚시는 아무리 장타를 날려도 밑걸림을 피할 수 없다. 이때는 찌낚시 채비를 멀리 흘리는 수밖에 없다.

도로변 시멘트 경사면에 표기돼 있는 일련번호도 키포인트다. 동쪽 배수갑문을 조금 지나면 '30' 숫자가 적혀 있고 서쪽 방향으로 29, 28, … 2, 1 역순으로 이어지는데, 19~24번 구간이 광어·우럭이 잘 낚이는 핵심 포인트이다. 또 25번 부근, 17~16번 사이, 10번 지점 근처엔 높은 둑을 쉽게 오를 수 있는 계단이 있다. 22번 및 17~16번 지점 근처엔 안전한 주차공간이 있다는 점도 참고할 일이다.

↓ 석문교차로 방향 상공에서 내려다본 석문방조제 전경. 사진 왼쪽 수면이 석문호, 오른쪽 방향이 바다다.

장고항 & 용무치

- **소재지** : 당진시 석문면 장고항리 625-43 외
- **길이** : 장고항 방파제 300여m 외
- **위치 참조** : 〈최신 전국낚시지도〉 129p F1

찾아가는 길

서해안고속도로 서해대교를 지
나 곧 송악IC로 나온다. 톨게이
트 통과 후 고대·산업단지 방
면으로 향하다가 석문·대산 이
정표를 보고 38번 국도로 계속
직진한다. 석문호 상류의 석문
대교와 평장교차로를 지나 통정
1교차로에 이르면 석문국가산
업단지 방면으로 우회전한 뒤
장고항 이정표를 따라 진행하면
된다. 송악톨게이트로부터 약
30km, 정상적인 도로 상황이
라면 30여분 걸린다.

■ 낚시 여건

송악읍에서 석문방조제를 지나면 장고항과 용무치·왜목 포구 등 눈과 귀에 익은
항·포구들이 차례로 나타난다. 첫 번째 장고항은 가장 규모가 큰 국가어항으로
길이 300여m 방파제 끝에 빨간 등대가 서 있고, 서쪽 가까운 거리에 위치한 용무
치포구엔 길이 400여m에 이르는 키 낮은 선착장이 축조돼 있다.

노적봉과 촛대바위·용천굴 그리고 실치(베도라치의 치어) 축제로 유명한 장고
항은 인근 국화도를 찾는 관광객들과 낚시인들이 뒤섞여 주말이면 혼잡을 이루는
데 비해, 인근 용무치 선착장은 비교적 조용한 편이다. 게다가 유명한 '노적봉 일
출'은 장고항에서 연출되지 않는다. 용무치선착장 끝 지점에서 포착할 수 있는 절
묘한 광경으로, 촛대바위 가늠자 위로 떠오르는 일출은 그야말로 감탄을 자아내게
한다. 입소문 크게 난 왜목항에서 바라보는 일출보다 훨씬 가깝게 느낄 수 있다.
다만 11월~2월, 간조와 일출 시각이 겹쳐야 하고 맑은 날씨에만 기회가 주어진다.
낚시만을 목적으로 한다면 장고항이 단연 우위다. 장고항방파제는 물때에 관계없
이 거의 낚시가 가능한 반면, 용무치선착장은 조수 간만에 따라 선착장 상당 부분
이 물에 잠기거나 드러나 '진퇴 낚시'를 해야 하기 때문이다.

■ 어종과 시즌

장고항방파제의 경우 우럭 · 광어 · 노래미 · 붕장어가 주어종이다. 이에 숭어가 가세하고 가을이면 주꾸미 · 갑오징어가 붙어 활기를 더한다. 실치 축제가 개최되는 4월 초순~5월 초순이면 시즌이 개막되고 9~10월에 피크 시즌을 이뤄 주말이면 방파제 전역이 차량으로 꽉 메어진다.

용무치선착장 어종도 장고항과 비슷한 수준이다. 간조 때 온통 바닥을 드러내는 광경을 목격하면 이런 곳에 무슨 낚시가 될까 싶기도 하지만 모래와 펄, 주먹돌이 박힌 지형이라 광어 · 우럭도 짬짬이 낚이고 던질낚시에 붕장어가 잘 낚인다. 특히 가을 주꾸미 · 갑오징어낚시 재미가 쏠쏠한 곳이다.

■ 포인트 및 참고 사항

장고항방파제 내항 쪽은 사리 간조 때가 되면 자갈 섞인 개펄 바닥이 거의 드러날 정도로 수심이 얕아 낚시가 잘 안 된다. 포인트는 외항 방향이다. 그 중에서도 방파제가 꺾어진 지점 또는 국화도행 선착장을 약간 지난 지점부터 빨간 등대 앞쪽까지다. 외벽 아래로 평평한 견치석이 깔려 있어 낚시 발판도 편하다. 물살이 세차게 흘러 중썰물 이후 중밀물 때까지가 피크 타임이다.

장고항 주변엔 해상좌대 낚시터가 많아 비용 부담만 갖지 않으면 초보자도 푸짐한 조황을 누릴 수 있고, 매일 4~6회 운행되는 도선을 이용해 가까운 국화도에서 1박 여정의 느긋한 낚시를 즐길 수도 있다. 국화도행 도선을 이용하려면 장고항으로 진입하기 전, 장고항교차로 옆 문화마을 주차장에 위치한 매표소에서 미리 승선권을 구입하고 진입해야 한다.

인근 낚시점(041)

*만나낚시 352-9239
 석문면 장고항리 573-1
*용왕낚시 352-4649
 석문면 장고항리 579-7
*한일낚시민박 353-3200
 석문면 장고항리 615-12
*국화도행 매표소
 010-3352-0488
 석문면 장고항리 498 인근

↓ 노적봉 위에서 바라본 장고항방파제. 방파제가 오른쪽 방향으로 꺾어지는 지점부터의 외항 방향이 핵심 포인트이다.

왜목선착장

- **소재지** : 당진시 석문면 교로리 844−53 인근
- **길이** : 2200여m
- **위치 참조** : 〈최신 전국낚시지도〉 129p E1

찾아가는 길

서해안고속도로 서해대교를 지나 곧 송악IC로 나온다. 톨게이트 통과 후 고대·산업단지 방면으로 향하다가 석문·대산 이정표를 보고 38번 국도로 계속 직진한다. 석문호 상류의 석문대교→평장교차로→통정1교차로→삼봉교차로에서 오른쪽 삼봉리 방향으로 빠져 약 1km 지점의 삼봉사거리에서 대호만로 방면으로 좌회전 후 약 4km만 진행하면 왜목마을 입구가 나온다.

인근 낚시점(041)

*송악본전낚시 358−8878
당진시 송악읍 한진리 193−30
*왜목낚시슈퍼 352−3343
당진시 석문면 교로리 840−12
*해돋이낚시마트 353−9199
당진시 석문면 교로리 844−123

↓ 석문산 중턱에서 내려다본 왜목선착장. 만조 땐 선착장 대부분이 물에 잠긴다.

■ 낚시 개황

당진시 북쪽 땅끝마을에 해당하는 왜목마을로 들어서면 곳곳에 설치된 해돋이 조형물이 눈길을 끄는가 하면, 모텔·식당·횟집·슈퍼마켓 이름들도 온통 '해돋이' '해맞이' '일출' 천지여서 서로 분간이 안 될 정도다. '서해안에서는 유일하게(?) 일출과 일몰을 볼 수 있는 곳'으로 널리 소문 나 그야말로 해와 달로 먹고 사는 관광지임을 실감케 한다.

이러다 보니 가족들의 성화에 못 이겨 한 번쯤 찾게 되는 곳이 왜목마을인데, 어떤 연유로 찾든 낚시 애호가라면 낚싯대 한 번 던져보지 않을 수 없다. 뛰어난 조황을 보이는 곳은 아니지만 선착장 일대에서 잔챙이 우럭과 붕장어가 걸려들고, 가을이면 망둑어 낚는 재미도 좋지만 주꾸미·갑오징어에 대한 기대치가 우선이다.

선착장 내항 쪽은 거의 모래밭이고 외항 쪽은 돌밭에 모래가 섞인 지형이므로 채비는 외항 방향으로 드리워야 한다. 또한 선착장 구조가 초입부만 수평 높이를 이루고 나머지 구간은 경사를 이뤄 들물 시각이 되면 선착장이 점점 물에 잠기므로 뒤로 물러나면서 낚시를 해야 한다.

■ 참고 사항

일출은 해변 모래밭에서도 감상할 수 있으나 일몰은 석문산 전망대 위로 올라야 한다. 대부분 일출 광경을 사진에 담는 출사객들이 많이 찾아드는데, 촬영에 비중을 둔다면 이곳 왜목보다는 건너편 용무치 쪽이 훨씬 낫다. 겨울철 이른 아침 간조 시각에 맞춰 용무치선착장 끝으로 나아가면 장고항 노적봉 위로 떠오르는 일출 광경을 더욱 근접 촬영할 수 있고 그 장관이 절대 압권이기 때문이다.

도비도선착장

- **소재지** : 당진시 석문면 난지도리 568-1
- **길이** : 3800여m
- **위치 참조** : 〈최신 전국낚시지도〉 129p D1

■ 낚시 개황

1984년 대호방조제 준공으로 간척지가 조성되면서 육지로 변했지만 여전히 도비도(搗飛島)란 옛 섬 이름이 그대로 사용되고 있다. 인근 대조도와 대·소난지도로 향하는 관문 역할을 하는 곳이자 휴양단지로 조성되어 위락시설까지 고루 갖춰져 있다. 길이 400여m에 달하는 선착장 주위에는 망둥어·노래미·우럭·숭어가 잡히고 가을엔 삼치낚시가 호조를 보인다. 해거리를 할 경우도 있지만 10월 전후로 삼치 무리가 나타나면 우럭과 망둥어는 곁방으로 물러나는 신세가 된다.

선착장만 고수할 필요가 없다. 선착장에서의 낚시는 오히려 불편할 때가 많다. 여객선과 어선이 자주 들락거리고 밀물 땐 경사진 선착장이 빠르게 물에 잠겨 계속 뒤로 물러나야 하는 불편이 따른다. 끝 지점 가까운 구간일수록 바닥이 미끄러워 위험할 때도 있다. 대체 포인트는 크게 두 구역이다. 망둥어를 노리기에는 건너편 '대호암반해수탕' 뒤쪽 석축 밑이 오히려 유리하고, 숭어가 들어왔다 싶을 땐 선착장 입구에서 오른쪽 석축 밑으로 내려가 무지개다리 쪽으로 오가며 채비를 날리는 것이 좋다. 대호방조제 수문(배수갑문) 쪽에서부터 수로 형태를 이룬 곳이라 선착장 쪽에 비해 밑밥도 훨씬 잘 든다.

■ 참고 사항

좁은 면적에 비해 캠핑장과 조각공원, 콘도 식 숙박업소 및 해수목욕탕 등 위락시설이 고루 갖춰져 있다. 난지도 낚시를 오갈 때 여객선 시간에 맞춰 휴식을 취하거나 놀기에 좋고, 대호농어민복지교육센터 앞 갯벌은 바지락이 잘 잡히는 등 가족과 함께 해루질 하기에 더없이 좋다.

찾아가는 길

서해안고속도로 서해대교를 지나 곧 송악IC로 나온다. 톨게이트 통과 후 고대·산업단지 방면으로 향하다가 석문·대산 이정표를 보고 38번 국도로 계속 직진한다. 석문호 상류의 석문대교→평장교차로→통정1교차로→석문교차로에서 오른쪽으로 빠져 왜목항 쪽으로 우회하거나 계속 직진해 대호방조제를 타고 진입하면 된다.

인근 낚시점(041)

*화이팅낚시 352-8155
당진시 석문면 교로리 906-11
*도비도낚시 352-9291
당진시 석문면 난지도리 559
*난지도행 매표소 352-6865
당진시 석문면 난지도리 558

↓ 난지도행 여객선이 출발하는 도비도선착장. 무지개다리 위에서 바라본 모습.

대난지도 & 철도(쇠섬)

- **소재지** : 당진시 석문면 난지도리 4-15 인근 외
- **길이** : 방파제 2100여m 외
- **위치 참조** : 〈최신 전국낚시지도〉 108p D6

찾아가는 길

서해안고속도로 서해대교를 건너 송악IC로 나온다. 톨게이트 통과 후 고대·산업단지 방면으로 향하다가 석문·대산 이정표를 보고 38번 국도로 계속 직진한다. 석문호 상류의 석문대교→평장교차로→통정1교차로→석문교차로에서 오른쪽으로 빠져 왜목항 쪽으로 우회하거나 계속 직진해 대호방조제를 타고 도비도선착장에 도착해 여객선을 타면 대난지도까지 30분 걸린다. 카페리호를 이용해 차량과 함께 오를 수도 있다. ☎청룡해운 041-352-6865

■ 낚시 여건

당진시 소재의 대표적인 섬 낚시터로 동남쪽 직선거리 약 3km 지점의 도비도선착장에서 여객선이 운항된다. 하루 4~5회 운항, 소요시간은 30분이다. 차량 탑재가 가능한 카페리호가 마을 가까운 동쪽 선착장에 닿지만, 같은 선사(청룡해운)의 비너스호는 차량 탑재가 불가능한 대신 낚시 거점이 되는 남서쪽 해수욕장선착장까지 직항한다(1일 1회).

섬 주변이 대부분 개펄 지형인 데다 조수 간만의 차이마저 커 자칫 볼품없어 보일 수도 있으나 크고 작은 간출여가 발달해 생각보다 낚시가 잘 되는 곳이다. 서남쪽에 고운 모래로 뒤덮인 난지도해수욕장이 유명하고, 해수욕장 주변엔 또 해당화가 군락을 이뤄 관광객들이 많이 찾는 곳이기도 하다. 여객선이 닿는 선착장 및 위쪽 방파제에서도 우럭·노래미·광어가 곧잘 낚이는가 하면, 해수욕장 인근에는 도다리와 붕장어·망둥어가 잘 나온다. 게다가 조류 소통이 좋아 회유성 어종인 농어도 루어낚시에 곧잘 반응을 한다. 서쪽에 위치한 철도(쇠섬) 또한 난지도를 대표하는 특급 갯바위 낚시터이다.

대난지도

철도(쇠섬) · 전망대 · 청소년수련원 · 난지도 · 해수욕장선착장 · 난지정(팔각정) · 응개해변 · 국수봉(봉화터) · 대난지도저수지 · 난지1리 · 망치봉(118m) · 난지분교 · 바드레산 · 철탑 · 난지도염전 · 선착장 · 선녀바위 · 대난지도방파제 · 소난지도

■ 어종과 시즌

3~4월부터 서남쪽 해수욕장선착장에서 도다리가 마릿수 조황을 보여 던질낚시를 하는 이들이 많다. 왼쪽(남쪽)으로 이어진 갯바위에선 우럭·노래미·붕장어 등이 잘 낚이고 7~11월엔 광어도 선을 보인다.

동쪽 선착장 지역 또한 찌낚시·원투낚시·루어낚시를 고루 즐길 수 있는 곳으로, 5~6월이 되면 우럭을 비롯한 다양한 어종이 낚인다. 10월 이후엔 씨알 굵은 우럭과 광어가 잘 나오며 루어낚시로 농어와 삼치도 겨냥할 수 있다. 작은 몽돌과 펄이 섞인 기타 지역에서도 각종 잡어들이 선보여 조과는 발품 팔기 나름이다.

■ 포인트 및 참고 사항

여객선이 닿는 선착장과 낚시 거점이 되는 해수욕장과의 거리가 3km 정도로 도보 이동이 불편하다. 특별한 교통수단도 없어 여객선에 자가용 승용차를 싣고 들어오는 경우가 많다. 선착장과 건너편 방파제에서 곧장 낚시를 해도 좋다. 수심도 괜찮고 루어낚시에 우럭이 잘 낚이는가 하면, 원투낚시엔 노래미와 굵은 붕장어, 찌낚시엔 학공치와 숭어가 잘 걸려든다.

해수욕장선착장 남쪽에 형성된 갯바위는 가을로 접어들면 우럭·광어 입질이 활발해 난지도 출조객들이 선호하는 포인트이다. 특히 북서쪽에 따로 떨어진 철도(쇠섬)는 당진권의 1급 갯바위 포인트로, 도비도선착장에서 곧장 종선으로 들어가 캠핑 낚시를 즐기는 곳이다. 작은 섬 전체가 암초와 어초로 형성돼 어자원이 다양한 만큼 여러 장르의 낚시가 이루어진다. 특히 10월을 정점으로 우럭·광어가 피크 시즌을 이루고 농어·삼치 루어낚시 또한 절정을 이룬다.

인근 낚시점(041)

* 도비도낚시 352-9291
  당진시 석문면 난지도리 559
* 난지도행 매표소 352-6865
  당진시 석문면 난지도리 558
* 펜션해변연가 353-3894
  당진시 석문면 난지도리 599-1
* 글쓴이 상록수(김종권)
  010-5328-6332

↓ 대난지도 방파제(사진 왼쪽 방향)와 선착장(오른쪽).
↓↓ 남쪽에서 바라본 대난지도 해수욕장. 왼쪽 바다 위로 보이는 작은 섬이 철도(쇠섬)이다.

삼길포항 방파제 외

- **소재지** : 서산시 대산읍 화곡리 1-35 외
- **길이** : 방파제 300m 외
- **위치 참조** : 〈최신 전국낚시지도〉 129p D2

찾아가는 길

서해안고속도로 서해대교를 건너자마자 송악IC로 나온다. 톨게이트 통과 후 고대·산업단지 방면의 북부산업로(38번 국도)를 따라 가곡교차로를 지나면 곧 석문대교가 나온다. 계속 38번 국도를 따라 석문교차로와 삼봉교차로를 지나면 대호방조제가 나타나고 그 끝에 이르러 우회전하면 삼길포항이다.

■ 낚시 여건

서산시 북단에 위치한 삼길포항은 규모 큰 국가어항이다. 당진 쪽 도비도항(소규모어항) 방향에서 대호방조제를 타고 진입하다 보면 오른쪽으로 수많은 수상좌대가 떠있고 멀리 빨간 등대가 보인다. 입구 쪽 주차장 옆으로 보이는 방조제 배수갑문이 일단 눈길을 끌고, 빨간 등대가 있는 방파제 쪽으로 진입하다 보면 드넓은 주차장 또한 눈길을 끈다. 수상좌대 낚시터를 운영하는 업체와 전문 낚시점들도 여러 곳 있어 낚시인들이 많이 찾는 곳임을 실감케 한다.

방파제는 물론 물양장 일대의 주변 수심이 좋아 어느 때고 낚시가 가능한 데다, 입구 쪽 대호방조제 수문 근처에선 가을 고등어·삼치가 잘 낚여 방파제 쪽보다 더 붐빌 때도 있다. 가을 피크 시즌의 주말이면 입구 쪽 주차장은 물론 방파제 쪽 공영 주차장(6천여 평) 전체가 꽉 들어찰 정도로 낚시인들과 나들이객들이 뒤섞인다. 공영주차장 언저리엔 텐트 설치도 가능하고, 깔끔한 남녀화장실이 가까워 가족과 함께 하룻밤 보내기에 불편함이 없다. 야영을 할 때엔 일찍 자고 일찍 일어나야 한다. 이른 아침, 만조 시각이 겹칠 때가 최고의 입질 타이밍이기 때문이다.

■ 어종과 시즌

봄이면 노래미·우럭·숭어·광어가 차례로 찾아들고 붕장어도 많이 붙는다. 여름 무더위가 한풀 꺾이는 8월 중순 이후부터 반가운 손님이 찾아드는데, 고등어·삼치·전어가 그 주인공들이다. 대략 8월 말부터 9월 말, 늦게는 10월 중순까지 시즌을 이루는 가운데 고등어 조황이 우세를 보이기도 하고 삼치가 더 강세를 보이기도 한다. 8월 말경의 초기 시즌엔 씨알이 잘지만 9월 중순경에 이르면 몸집이 커져 루어낚시에도 곧잘 반응한다. 또한 이 시기엔 학공치도 가세한다.

던질낚시·찌낚시·루어낚시를 고루 시도할 수 있는 곳으로, 고등어·삼치가 들어오는 가을 시즌 땐 특히 찌낚시를 많이 하는 편이다. 빙어 또는 전어 새끼를 미끼로 한 카드채비에 마릿수 조황을 보이기 때문이다. 그때그때의 어종별 채비 및 미끼는 현지 조달이 가능하다.

■ 포인트 및 참고 사항

방파제 내·외항 쪽 모두가 포인트이다. 특히 외항 쪽에서 우럭·노래미·광어가 입질하고, 초입부 수문구(해수 통로) 위에서 최대한 원투를 하면 팔뚝만한 붕장어도 걸려든다. 좌우로 난간이 설치된 방파제 위에서의 낚시는 불편하므로 아래쪽 석축으로 내려가 자리를 잡아야 한다.

가을 삼치와 고등어낚시는 주차장 주변의 옹벽 지역에서 카드 채비를 드리워 마릿수 조황을 올리는데, 노약자들은 경사진 선착장을 택하는 게 안전하다. 입구 쪽 대호방조제 수문 근처는 특히 삼치·고등어낚시를 많이 하는 곳으로, 찌낚시와 루어낚시가 효과적인 데 비해 원투낚시는 밑걸림이 심해 엄두를 못 낸다.

인근 낚시점(041)

＊본전낚시할인마트 358-8878
당진시 송악읍 한진리 193-30
＊바다마트 010-8635-9440
서산시 대산읍 화곡리 2-24
＊대산항낚시 664-3275
서산시 대산읍 화곡리 35-13
＊만석낚시 010-9292-5562
서산시 대산읍 화곡리 2-1

↓ 산중턱 헬기장에서 내려다본 삼길포항 방파제. 가운데 지점의 슬로프 선착장 끝에서도 가을 삼치·고등어낚시가 잘 된다.

황금산 갯바위

· **소재지** : 서산시 대산읍 독곶리 569-78 인근
· **위치 참조** : 〈최신 전국낚시지도〉 128p B2

찾아가는 길

서해안고속도로 송악톨게이트를 나와 산업단지 → 대산 방면으로 계속 진행해 대호방조제를 건너면 삼길포항 입구에 이른다. 여기서 대산석유화학단지 방면으로 2.7km 진행하면 화곡저수지 옆 화곡교차로가 나온다. 오른쪽 독곶리 방향으로 접어들어 계속 직진하다가 황금산 이정표를 따라가면 등산로 입구의 주차장에 이른다.

■ 낚시 여건

서산시 서북단에 위치한 황금산(黃金山)은 서산시가 자랑하는 '서산9경' 중의 하나다. 해발 156m에 불과한 야트막한 산이지만 정상에서 서해를 굽어보는 조망이 뛰어나고, 코끼리바위를 비롯한 서쪽 해식애(海蝕崖)와 파식대(波蝕帶) 해안이 절경을 이뤄 등산객들이 즐겨 찾는 곳이다. 일반 낚시인들에게는 낯선 이름일 수도 있으나 전문 낚시인들, 특히 수도권 루어 전문 낚시인들이 한 번쯤 이력을 쌓는 낚시터이기도 하다. 하지만 황금산 갯바위를 찾은 낚시인들의 후기엔 희비가 섞인다. '고난의 행군이 따로 없다' '못 낚으면 억울하고 많이 낚아도 걱정' 등등…. 황금산 갯바위낚시는 휴대품이 간편해야 하고, 마릿수 조과에 욕심 부리지 말아야 하는 이유를 일컫는 표현들이다. 밤낚시 또한 금지되는 곳이다.

■ 어종과 시즌

잡어를 노리는 나들이낚시 코스가 아니다. 힘든 등산 코스를 마다 않는 이유는 고급어종이 보답을 해주기 때문이다. 우럭·광어·쥐노래미 등 록피시 어종이 주류를 이루고, 씨알이 굵게 낚이는 데다 포인트 차이도 심하지 않은 편이다. 전체적으

끝골

황금산 갯바위

해식창문

굴금

헬기장

삼성종합화학

코끼리바위

황금산(156m)

끝골 포인트
코끼리바위 포인트

코끼리바위

P
황금산댓길이
P

가로림만 | 분줄만 ↙

삼길포 →

로 조류 소통이 좋아 농어가 자주 붙는가 하면, 가을에는 삼치 떼가 붙기도 해 루어 꾼들을 더욱 신바람 나게 한다.

5월 중순 이후부터 11월까지 본격 시즌을 형성하되, 우럭·광어 입질이 꾸준하고 농어 입질마저 화끈한 여름철은 산길 왕복에 비지땀 쏟을 각오가 따라야 한다. 따라서 황금산 갯바위낚시는 발걸음 가벼운 가을이 황금시즌이다.

■ 포인트 및 참고 사항

서해 조기 어장의 주도권을 놓고 연평도의 청룡과 이곳 황금산 앞바다의 황룡이 일전을 벌였다는 전설이 전해질 만큼 황금산의 위치는 황금어장으로서의 지리적 조건을 갖춘 것으로 보인다. 동쪽 삼길포항에서부터 서쪽으로 길게 뻗은 지형이 반도(半島)를 이뤘고, 그 서쪽 해안에 위치한 황금산은 남북으로 형성된 가로림만(灣)의 입구이자 동서로 형성된 분줄만(灣)의 입구이기도 하다. 산란과 성장을 위해 양갈래 내만 지역을 드나드는 각종 물고기들의 나들목이 되는 셈이다.

포인트는 크게 세 곳으로 대별된다. 황금산의 랜드마크인 코끼리바위와 굴금 그리고 끝골이다. 짧게는 20~30분, 멀리는 50~60분 도보 거리다. 입구에서 주차를 한 후 등산로를 따라 오르면 진입로는 어렵지 않다. 주요 갈림길에 표지판이 설치돼 있기 때문이다. 그러나 포인트로 내려가기 위해선 밧줄을 이용해야 하는 급경사 구간도 있는 만큼 안전에 유의해야 한다.

썰물 포인트가 많아 조금 때보다는 사리 때가 유리하다. 우럭·광어 모두 중썰물에서 중들물 사이에 입질이 집중된다. 구체적으론 중썰물에서 중들물 사이엔 광어 입질이, 초들물 이후부터는 우럭 입질이 잦은 편이다.

인근 낚시점(041)

*송악낚시마트 357-4560
 당진시 송악읍 복운리 1624-3
*새서울낚시백화점 357-5805
 당진시 송악읍 한진리 193-19
*본전낚시할인마트 358-8878
 당진시 송악읍 한진리 193-30

↓ 황금산 북단 '끝골' 앞 간출여 포인트(왼쪽 사진)와 서쪽 '코끼리바위' 전경(오른쪽 사진).

벌말 방파제 외

- 소재지 : 서산시 대산읍 오지리 338-45 인근 외
- 길이 : 방파제 겸 선착장 1400여m 외
- 위치 참조 : 〈최신 전국낚시지도〉 128p B3

찾아가는 길

벌말선착장 또는 벌천포해수욕장을 목적지로 입력해 서해안고속도로 송악IC 또는 당진IC를 이용하면 된다.

▪ 낚시 여건

동쪽 서산시와 서쪽 태안군 사이로 깊숙이 후미진 바다가 가로림만(加露林灣)이다. 총 해역면적 112.57km²에 달하는 호리병 모양의 가로림만은 남북 길이가 22.4km인 데 비해, 동·서 방향 입구는 그 폭이 아주 좁아 3.2km에 불과하다. 벌말 방파제는 이 가로림만 동쪽 입구에 위치하며 벌천포해수욕장과 오배산을 머리에 이고 있다. 북쪽 황금산(黃金山) 사이로는 또 분줄만(灣)이 깊숙이 형성돼 있다.

인근에 마땅한 낚시터가 없어 이곳 오지리는 그야말로 오지(奧地)일 수도 있다. 그러나 벌말방파제와 벌천포해수욕장 인근 갯바위를 연계하는 단골 꾼들도 있고, 인근 삼길포항이나 황금산 갯바위를 찾는 낚시인들이 배후 출조지로 선택하는 경우도 많다. 우럭·도다리·광어·붕장어·망둥어 등이 잘 낚이기 때문이다.

▪ 어종과 시즌

우럭과 광어, 붕장어와 망둥어를 대상어로 루어낚시와 던질낚시를 두루 즐길 수 있다. 4월은 우럭 새끼와 애기 손바닥 씨알의 볼락(황해볼락)에 비쩍 마른 망둥어 정도다. 본격 시즌은 5월 중순부터다. 노래미와 20cm 안팎 씨알의 우럭 입질이 활

벌말(벌천포)

만대항
해경출장소
선창민박
P
슬로프 선착장

촛대바위
오배산 (45.8m)
분줄만
오토캠핑장
가로림만
벌천포
가로림펜션
염전
원수당산 (58.7m)
벌말 방파제
대산읍

발해지고 도다리(문치가자미)와 함께 광어도 선을 보이기 시작한다.

여름밤이면 던질낚시에 굵은 붕장어가 잘 낚이는 곳으로 유명하고, 9월부터는 슬로프 선착장 주변에서 망둥어가 지천으로 낚이는 것을 신호로 본격 가을 시즌을 맞이한다. 우럭·광어·도다리·붕장어가 11월까지 고루 잘 낚이고, 주꾸미와 갑오징어도 선을 보인다. 10월엔 어쩌다 삼치가 붙기도 한다.

▪ 포인트 및 참고 사항

낚시터는 크게 두 구역으로 나뉜다. 슬로프 선착장이 나란히 붙은 벌말방파제 일대와 벌천포해수욕장 북쪽 오배산 갯바위 지역이다. 가로림만 입구에 위치한 방파제는 물론, 가로림만과 분줄만 입구에 위치한 오배산 갯바위 지역 모두 조류 소통이 활발해 물때와 관계없이 조황이 꾸준한 편인데, 밀물보다는 썰물 시각에 보다 입질이 활발한 편이다.

방파제에 서면 건너편 10시 방향으로 만대항(태안군 이원면 내리)이 바라보인다. 방파제가 꺾어지는 지점부터의 외항 방향이 포인트로 굵은 자갈과 돌이 섞인 바다에서 우럭·광어가 입질하고 펄이 섞인 바다에선 도다리와 붕장어가 선을 보인다. 슬로프 선착장 끝으로 다가가 7~8시 방향으로 원투하면 낮에도 붕장어가 곧잘 선을 보이고, 내항 방향에선 가지바늘 채비에 망둥어가 줄줄이 걸려든다.

벌천포해수욕장 북쪽 오배산 자락은 승용차를 캠핑장 인근에 세워두고 산길로 진입하거나 썰물 땐 해안을 따라 진입해도 된다. 크고 작은 바위가 산재해 우럭 자원이 풍성한 곳으로, 가벼운 지그헤드를 부착한 웜 채비가 위력을 발휘한다. 포인트에 따라 우럭 못지않게 광어도 곧잘 나온다.

인근 낚시점

*장원수산,낚시010-2547-6633
대산읍 오지리 338-32
*본전낚시 041-352-7878
당진시 채운동 481

↓ 들물 시각의 벌말방파제. 초입부는 내·외항 방향 모두가 옹벽 형태이지만 왼쪽으로 꺾어지는 지점부터는 석축으로 축조돼 있다.

만대포구 &
유섬(여섬) · 삼형제바위

- **소재지** : 태안군 이원면 내리 41-10 외
- **길이** : 선착장 190여m 외
- **위치 참조** : 〈최신 전국낚시지도〉 128p A3

찾아가는 길

서해안고속도로 서산돌게이트를 나와 서산·태안 방면으로 진행한다. 서산시 예천사거리에서 태안 방면으로 좌회전 후, 32번 국도(서해로)를 따라 약 19km 계속 직진하면 만리포와 이원 방면으로 나뉘는 두야교차로가 나온다. 오른쪽으로 꺾어 이원 방면으로 31km 가량 계속 북상하면 '만대솔향기염전'이 나온다. 유섬은 이곳 염전 부근 공터에 주차를 하고 왼쪽 야산을 넘어야 하고, 삼형제바위는 만대포구 방면으로 1.2km 더 북상한 만대기지입구 정류소에서 왼쪽으로 진입하면 된다.

■ 낚시 여건

태안반도 최북단에 위치한 곳으로 여러 곳의 낚시터와 둘레길(솔향기길) 코스가 있는 내리(內里) 일대를 태안군에서는 '땅끝마을'이란 이름으로 널리 홍보한다. 낚시터는 크게 세 곳이다. 만대포구 약 1.6km 못 미친 지점의 솔향기염전 왼쪽(서쪽) 산자락 너머에 있는 유섬(여섬)이 그 첫 번째요, 만대포구 선착장에서 북쪽으로 보이는 삼형제바위가 그 두 번째요, 세 번째가 190여m 길이의 선착장이 축조돼 있는 만대포구이다.

밀물이 되면 점점 물이 들어차 만조가 되면 거의 형체만 남는 만대선착장은 이것저것 잡는 잡어 낚시터이고, 유섬과 삼형제바위는 우럭·노래미·광어·농어 포인트로 루어 전문 낚시인들이 즐겨 찾는 곳이다.

■ 어종과 시즌

5월부터 시즌이 시작되는 만대선착장의 주어종은 도다리와 노래미·우럭이다. 가끔 광어도 선보이고 가을이면 망둥어가 마릿수로 낚인다. 찌낚시 채비엔 또 어른 손바닥 크기의 학공치가 주렁주렁 매달려 12월까지 들쭉날쭉한 조황을 보인다.

만대포구 & 유섬·삼형제바위

붉은양뗑이
큰구매수동
강원도수산
삼형제바위
근육골해변
칼바위
모째골정류소
솔향기길염전
만대편의점 낚시
P
만대선착장
유섬
태안

북쪽 삼형제바위는 이곳 만대선착장 입구에서 '솔향기길' 걷기코스를 따라 도보로 이동할 수도 있지만 승용차로 쉽게 접근할 수 있는 곳으로, 우럭·노래미·광어를 노리는 루어 꾼들이 많이 찾지만 찌낚시도 잘 되는 편이다. 솔향기염전 서쪽 산자락 너머에 위치한 유섬에선 노래미·우럭·광어와 함께 농어도 곧잘 걸려든다.

인근 낚시점(041)

*만대편의점,슈퍼 675-3048
 태안군 이원면 내리 39-2
*백마슈퍼,낚시 675-7006
 태안군 이원면 내리 632

■ 포인트 및 참고 사항

만대선착장은 초입부 물양장에 주차를 한 후 경사진 선착장으로 나아가 낚시를 하면 된다. 물양장 끝에서 2시 방향으로 길게 축조된 선착장 주변은 주로 개펄 지형이라는 점, 밀물이 시작되면 빠르게 선착장이 물에 잠긴다는 점 참고해야 한다.
동북쪽 삼형제바위 역시 썰물 때 드러나는 돌밭을 밟고 들어가 서둘러 낚시를 하고 빠져나와야 하는 곳으로, 만조가 되면 세 개의 봉우리만 수면 위로 남는데, 보는 위치에 따라 세 개 또는 두 개의 봉우리로 보이기도 한다. 만대포구 500m 전방, 내2리(만대기지 입구) 버스정류소에서 솔향기길 이정표를 따라 북쪽으로 460여m 직진하면 산마루 고갯길이 두 갈래로 나뉘는데, 왼쪽 만대기지 쪽으로 가지 말고 오른쪽으로 올라가 산마루 끝에 주차를 하고 내려가면 된다. 끝까지 내려가 간월도수산 근처 공터에 주차를 하고 진입해도 된다
현지민들이 주로 여섬이라 부르는 유섬 또한 중썰물 이후에 건너가 낚시를 하다가 중들물이 되면 후퇴해야 한다. 우럭이 마릿수 조황을 보이고 물때만 잘 맞추면 농어도 기대할 수 있다. 밑걸림이 많은 곳으로 광어 채비는 다운샷보다 지그헤드로 살짝살짝 펌핑을 하는 것이 좋다. 솔향기염전 주변에 잘 주차하고서 나오리생태예술원 쪽 야산을 넘어야 한다.

↓ 만대선착장에서 바라본 만조 시각의 삼형제바위. 간조 때에 바닷길이 열리고 중들물이 되면 닫히기 시작한다.

삼형제바위

학암포방파제 & 분점도 외

- **소재지** : 태안군 원북면 방갈리 515-172 외
- **길이** : 2000여m 외
- **위치 참조** : 〈최신 전국낚시지도〉 127p E5

찾아가는 길

서해안고속도로 서산톨게이트를 나와 서산·태안 방면으로 진행한다. 서산시 예천사거리에서 태안 방면으로 좌회전 후, 32번 국도(서해로)를 따라 13.8km 지점의 평천교차로에 이르면 원북 방면으로 우회전한다. 계속 북상하다가 원북면 소재지 입구의 반계교차로에서 학암포 이정표를 보고 왼쪽 9시 방향으로 진행하면 목적지까지 거리는 약 12km다.

■ 낚시 여건

태안반도 서북단에 위치한 학암포는 해수욕장으로 유명한 곳이지만 낚시인들에게도 각별한 이름이다. 학암포방파제를 비롯한 분점도와 소분점도가 빼어난 낚시터이기 때문이다. 1km 길이의 밋밋한 백사장이 썰물 시각이 되면 한없이 늘어나 그 면적이 40ha에 달하고, 전방에 위치한 소분점도(小盆店島)가 조수 간만에 따라 섬이 되었다 육지가 되었다 한다. 북쪽 방향의 대분점도(분점도) 역시 옛날엔 썰물 때만 건널 수 있는 섬이었으나 지금의 방파제가 축조되면서 도로로 연결되었다. 조선시대엔 중국 상인들에게 질그릇을 수출하던 무역항 역할을 해 분점포(盆店浦)로 불렸으나 대분점도(大盆店島)에 학(鶴)처럼 생긴 바위가 있어 지금의 학암포(鶴岩浦)로 이름이 바뀌었다고 한다.

방파제와 갯바위 포인트를 통틀어 우럭·광어·도다리·노래미·붕장어·학공치·숭어·살감성돔·참돔 새끼 등등이 낚여 루어낚시를 비롯한 찌낚시·원투낚시 등 다양한 기법을 구사할 수 있다.

■ 어종과 시즌

학암포방파제 외

대분점도

위판장

공중
해경출장소

수산물직판장

소분점도

동쪽 갯바위 포인트

학암포 관광안내소

학암연가, 마트

학암포

학암포입구

한겨울에도 갯바위 및 방파제에서 던질낚시를 하면 노래미·우럭·살감성돔이 얼굴을 내밀고, 2월부터 드문드문 선보이는 도다리는 3~4월이면 제 시즌을 형성한다. 방파제 주변에서 갯지렁이 미끼를 달아 날리는 던질낚시 대상어다.

4월이면 또 방파제와 대분점도·소분점도 갯바위에서 우럭·노래미 입질이 활발해지고, 5월부터는 씨알도 차츰 굵어져 루어낚시가 활기를 띤다. 적정 수온이 형성되는 6~7월에 이르면 광어가 나타나기 시작해 늦게는 11월까지 계속 시즌을 이어나간다.

가을이 되면 붕장어 씨알도 더욱 굵어져 10월을 기점으로 피크 시즌을 이루는데, 방파제 외항 방향의 원투낚시에 마릿수 조과를 보인다. 이 시기엔 대부분 어종의 활성도가 좋아질 뿐만 아니라, 찌낚시에 학공치와 숭어가 잘 낚여 학암포 일대를 찾는 낚시인들의 발길이 바빠진다.

■ 포인트 및 참고 사항

200여m 길이의 방파제는 내·외항 방향 모두 시멘트 옹벽 아래로 석축이 밋밋하게 이어지는데, 군데군데 계단이 있어 어렵잖게 석축으로 내려 설 수 있다. 주변 바닥이 모래와 펄로 이뤄져 루어낚시엔 우럭과 광어가 잘 나오는 편이고 찌낚시엔 숭어·학공치, 원투낚시엔 붕장어와 도다리가 걸려든다. 가을철 원투낚시엔 참돔 새끼들이 걸려 예쁜 자태를 뽐낸다.

방파제가 위치한 대분점도는 섬 전체가 암초와 갯바위가 고루 발달된 지형이라 모든 장르의 낚시가 가능하다. 만조 땐 산등성이를 힘들게 넘어야 하지만 썰물이 시작돼 2~3시간이 경과하면 약 1km 둘레의 섬 전역을 돌아다닐 수 있어 저마다의

주요 연락처(041)

＊충현마트, 낚시 674-7000
   태안군 원북면 방갈리 515-2
＊대어낚시, 슈퍼 674-5424
   태안군 원북면 방갈리 573-5
＊글쓴이 상록수(김종권)
   010-5328-6332

↓ 학암포관광안내소 옥상에서 내려다본 학암포항. 선창 너머 쪽이 방파제이다.

단골 포인트로 찾아든다. 조류 소통이 원활한 데다 크고 작은 암초와 해조류가 고루 형성돼 특히 10월 전후에 씨알 굵은 광어 조황이 돋보이고, 중썰물 이후 시각을 잘 공략하면 우럭과 농어 손맛도 즐길 수 있다.

해수욕장 앞으로 보이는 소분점도는 썰물이 되면 모랫바닥이 드러나 도보 진입이 가능해진다. 이곳 주변 또한 암반과 수중암초가 발달해 뛰어난 낚시 여건을 선사한다. 낚이는 어종은 대분점도와 비슷한데, 밀물이 진행되면 퇴로가 차단된다는 점 염두에 둬야 한다. 가족동반 나들이객들이 소라와 해삼을 줍고 바지락 캐느라 시간 가는 줄 모르는 곳이기도 하다.

방파제에서 전방을 바라보면 거대한 굴뚝 위로 하얀 연기가 피어오르는 곳이 있다. 태안항과 태안발전본부가 있는 곳으로 일반인들의 출입이 금지되지만 옆쪽 산자락 밑에선 낚시를 즐길 수 있다. 자동차로 산자락 입구까지 진입할 수도 있지만 동쪽 방향 백사장을 따라 걸으면 1km 남짓한 거리다. 갯바위 초입부에선 원투낚시에 우럭·도다리가 곧잘 나오고, 오른쪽 전역에는 크고 작은 암초가 발달해 간혹 농어가 설치는가 하면, 우럭·광어가 잘 낚이는 1급 포인트이다. 멀리 던질 필요 없이 20m 거리 안쪽을 공략하는 게 좋다.

↓ 학암포해수욕장에서 썰물 때 진입할 수 있는 소분점도.
↓↓ 학암포관광안내소 옥상에서 바라본 학암포항 동쪽 갯바위 포인트 전경.

학암포항 동쪽 갯바위

농원

태안발전본부

학암포항

민어도선착장 외

- **소재지** : 태안군 원북면 방갈리 10-2 외
- **길이** : 선착장 2400여m 외
- **위치 참조** : 〈최신 전국낚시지도〉 127p F4

■ 낚시 개황

태안 학암포항 동북단, 정확하게는 이원방조제 서북단에 위치한 포구다. 인근에 화력발전소가 있어 마을도 없고 가옥이라곤 달랑 '민어도펜션' 한 곳이 전부다. 화력발전소로 인해 고립된 지역임에도 선착장 길이는 무려 240여m에 달하고, 폭 또한 3차선도로보다 넓어 주차하고 회차하기에 더없이 편리하다.

그런데도 이곳 선착장을 이용하는 어선은 드물기만 하다. 물론 찾는 낚시인들도 드물다. 내세울 만한 어종이 마땅찮은 탓도 있겠지만 위치가 너무 외진 데다 인근에 대체 출조지가 없는 탓도 크다. 대신 호젓한 분위기의 나들이낚시를 즐기는 데는 안성맞춤일 수도 있다. 드넓은 선착장에서 놀기도 좋고, 건너다보이는 똥섬 주변에서의 한낮 해루질 재미도 쏠쏠하다.

여름철부터 살 오른 망둥어가 잘 걸려들고 보구치 새끼도 선을 보인다. 가을이 가장 적합한 시기로 망둥어·우럭·숭어와 함께 주꾸미를 겨냥할 수 있다.

■ 참고 사항

민어가 많이 잡혀 이름 붙여졌다는 민어도는 옛날엔 섬이었으나 이원방조제가 축조되면서 육지가 되었다. 이곳 민어도로부터 따로 떨어진 똥섬은 썰물 때 길이 열리고 밀물 땐 퇴로가 차단된다. 바닥이 드러날 때 소라·낙지·박하지(민꽃게) 잡는 재미가 좋은데, 선착장에서 낚시를 하다가 길이 열릴 때 서둘러 진입하면 된다. 물때는 조수 간만의 차이가 많은 사리 때가 좋다. 간조 때는 선착장 일대의 바닥이 거의 드러나지만 만조 때보다는 중썰물 이후라야 입질이 따른다. 북쪽 갯바위 지역은 차량 출입이 통제되어 선착장 쪽에서 해변 따라 걸어 들어가야 한다.

찾아가는 길

서해안고속도로 서산IC로 나와 서산 → 태안을 경유한다. 태안 입구 평천교차로에서 오른쪽 원북 방면으로 빠져 계속 북상한다. 원북면 소재지와 이원면 소재지를 지나 만대항 방향으로 북상하다가 희망벽화·이원방조제 표지판을 보고 좌회전하면 된다. 이원방조제 서쪽 끝에 이르러 오른쪽으로 돌기만 하면 곧 민어도포구다.

인근 낚시점(041)

*OK낚시할인마트 672-5616
 태안군 태안읍 남문리 403-6
*일번지낚시 664-5598
 서산시 운산면 갈산리 721-13

↓ 민어도선착장(위 사진)과 민어도선착장에서 바라본 똥섬(아래 사진).

구름포해수욕장 주변

- **소재지** : 태안군 소원면 의항리 150-2 인근 외
- **위치 참조** : 〈최신 전국낚시지도〉 127p D6

찾아가는 길

서해안고속도로 서신톨게이트를 나와 서산·태안 방면으로 진행한다. 태안읍을 지나 서쪽 만리포 방면의 서해로로 계속 진행하다가 송의교차로 또는 송현삼거리에 이르면 오른쪽 의항리 방면으로 북상하면 된다. 의항해수욕장이 나타나면 왼쪽 해변 길을 따라 800여m만 진입하면 얕은 고갯마루에 '구름포해변' 안내판이 반긴다.

■ 낚시 여건

태안반도 서북단 지역이다. 태안 방면에서 서북쪽 해변을 따라 올라가면 만리포·천리포·백리포·의항·구름포 순으로 이어지고 최북단 끝머리에 태배전망대가 위치한다. 의항해수욕장을 끝으로 이곳 구름포와 태배 주변엔 민가가 전혀 없어 인적이 드문 곳이지만 '태안 해변길' 걷기코스(태배길)가 조성돼 있어 트래킹 동호인들이 많이 찾는다. 태배길 트래킹 코스는 또 소형 차량이 진입할 수 있어 구름포 북쪽 갯바위를 찾는 낚시인들에게도 많은 도움을 준다.

구름포해수욕장에는 오토캠핑장 시설과 민박집 두세 곳이 있어 시즌 땐 다소 붐비지만 겨울이면 인적이 뚝 끊긴다. 낚시는 백사장 끝머리에서의 원투낚시와 좌우 갯바위 지역에서 이뤄진다. 방파제도 선착장도 없는 곳이라 찾는 낚시인들이 많지 않지만 단골 꾼들 사이엔 인지도가 꽤 높은 편이다. 가르미끝산을 포함한 태배전망대 북단 갯바위 포인트들이 계속 연결되기 때문이다.

■ 어종과 시즌

노래미·우럭·광어·도다리·농어·학공치·감성돔이 대표 어종으로 꼽힌다.

우럭·노래미는 겨울에도 간간이 낚이지만 4월 중순경부터 슬슬 입질이 잦아지고, 도다리에 이어 광어가 가세하는 5월 중순부터 본격 시즌을 이룬다.

피서객들이 물러난 8월 말경이면 갯바위 지역에서 살감성돔이 낚이기 시작해 10월경이면 30cm 안팎 씨알도 더러 붙는다. 이 무렵에 떼 지어 돌아다니는 학공치도 구름포에서 빼놓을 수 없는 어종이다.

■ 포인트 및 참고 사항

백사장에서의 던질낚시는 왼쪽(남쪽) 구리미산 자락의 돌밭이 시작되는 경계 지점이 포인트다. 도다리가 곧잘 걸려들고 우럭도 섞인다.

우럭·광어·노래미가 주류를 이루는 갯바위 포인트는 해수욕장 좌우 구간이다. 백사장 왼쪽 구루미산 주변과 오른쪽 콧부리는 산길을 이용할 수도 있지만 수풀이 우거지면 걷기가 힘들어 썰물 때 쉬엄쉬엄 걸어 들어가 낚시를 하다가 들물 때 되돌아 나와야 한다. 간조 때부터 입질이 잦아지기 시작해 초들물 때에 가장 활발한 입질을 보인다. 따라서 만조 전후 시각엔 백사장 끝에서 던질낚시를 하다가 썰물이 시작되면 갯바위로 진입하면 된다.

북쪽 가르미끝산과 태배전망대 북단 갯바위가 더 뛰어난 포인트이다. 구름포해수욕장 입구 고갯마루에서 '태안 해변길 2코스 바라길(태배길)' 안내판을 따라 오른쪽으로 들어가면 되는데, 포인트 현장까지의 진입에 큰 어려움이 없고 우럭·광어 입질이 잦은 데다 농어도 곁들여지는 곳이다. 특히 태배전망대는 서해 일출 조망이 아주 뛰어난 곳으로, 전망대 바로 밑에 썰물 때 드러나는 간출암 및 돌밭 포인트가 있다.

주요연락처(041)

*구름슈퍼민박 675-7096
 태안군 소원면 의항리 157
*솔밭민박 675-7578
 태안군 소원면 의항리 160-2
*태안73낚시 675-0308
 태안군 태안읍 장산리 593-5
*일번지낚시 664-5598
 서산시 운산면 갈산리 721-13

↓ 구름포 해변에서 바라본 서쪽 구리미산 갯바위(왼쪽 사진)와 태배전망대 밑에 형성된 갯바위 포인트(오른쪽 사진).

천리포방파제 & 닭섬

- **소재지** : 태안군 소원면 의항리 978-82 외
- **길이** : 방파제 2200여m 외
- **위치 참조** : 〈최신 전국낚시지도〉 147p E1

찾아가는 길

서해안고속도로 서신IC로 나와 서산 → 태안 방면으로 진행해 태안읍을 지나면 만리포 방면으로 계속 직진한다. 만리포해수욕장 입구 주차장 앞에 이르러 우측 천리포 방면으로 2.5km 진행하면 곧 천리포해수욕장이 나타나고 닭섬과 방파제가 보인다.

■ 낚시 여건

태안반도 서북단의 구름포로부터 의항 · 백리포 · 천리포로 이어지는 기라성 같은 해수욕장들이 남쪽 만리포 · 어은돌 · 파도리로 계속된다. 천리포는 곧 백리포와 만리포 사이에서 아주 크지도 작지도 않은 아담한 규모로 숱한 피서객을 불러 모은다. 그러나 낚시객에게 천리포는 눈부신 백사장도 웅장한 방파제도 아닌, 봉황 같은 존재가 따로 있다. 하루 두 차례 길을 열어주는 '닭섬'이 그 주인공이다.

만조 때에는 방파제에서 시간 때우기 낚시를 하거나, 아예 썰물 시각에 맞춰 닭섬으로 곧장 진입하면 우럭 · 광어를 기본으로 각종 횟거리를 장만할 수 있다. 굳이 낚싯배를 이용하지 않고도 섬낚시를 즐길 수 있고, 어린 아이만 아니라면 가족과 함께하기에도 좋다. 썰물 때 드러나는 길목에서 조개 캐고 고둥 줍는 재미가 좋고, 닭섬 주변에서 다시마 · 톳 채취하며 해삼 줍는 재미 역시 쏠쏠하기 때문이다. 낚시는 굳이 닭섬이 아니어도 좋다. 가을 고등어와 학공치가 반짝거리는 방파제 역시 가족 동반 나들이에 손색없는 낚시터이다.

■ 어종과 시즌

천리포방파제 & 닭섬

방파제와 닭섬을 통틀어 서해 어종이 모두 선보인다. 우럭·노래미·광어·도다리·붕장어·농어·감성돔·숭어·고등어·학공치 등이다. 한겨울에도 우럭·노래미가 간간이 낚이지만 본격 시즌은 4월 말~5월 초순부터 시작이다. 우럭·광어·노래미 등 록피시 종류는 닭섬이 우위지만 가을 고등어·학공치를 줄줄이 올리는 잔재미는 방파제 쪽이 한결 편하다.

어른 손바닥 크기의 고등어가 낚이기 시작하는 시기는 빠르면 7월부터다. 가을로 접어들면 점점 커가는 씨알들이 10월 말까지 낚이는데. 이 시기엔 또 학공치가 붙기도 해 크릴 미끼와 밑밥을 챙겨야 한다. 가을이면 닭섬 쪽에서 살감성돔과 함께 35cm 안팎의 준수한 씨알의 감성돔도 선보인다는 점 참고할 일이다.

■ 포인트 및 참고 사항

넓은 주차장과 공중화장실, 수산물판매장이 있는 물양장을 포함한 방파제에선 던질낚시로 붕장어와 도다리를 주로 노린다. 수산물판매장 앞에선 들물 때 도다리·붕장어를 노릴 수 있고, 대형 테트라포드가 피복된 방파제에선 우럭·노래미도 겸할 수 있지만, 가을 고등어·학공치 시즌 때 더욱 진가를 발휘한다. 방파제 오른쪽 갯바위 지역도 진입하기 쉬운 찌낚시 포인트이다.

우럭·광어·농어 조황이 뛰어난 닭섬은 사리 물때 간조 전후 시각을 택해야 한다. 조금 때 들어가면 낚시 시간이 길어야 2시간이지만, 사리 때(음력 15일 전후 및 말일 전후)에는 3시간 30분~4시간 정도 낚시를 즐길 수 있기 때문이다. 둘레 1.5km 전역을 훑기엔 시간이 턱없이 부족하므로 포인트를 미리 생각해 두고, 철수 시간도 미리 계산해 두는 게 좋다. 너무 미련 두면 퇴로를 차단당한다.

인근 낚시점(041)

*선창슈퍼낚시 672-9167
 태안군 소원면 의항리 978-58
*태안73낚시 675-0308
 태안군 태안읍 장산리 593-5
*일번지낚시 664-5598
 서산시 운산면 갈산리 721-13

↓ 외항 쪽으로 테트라포드가 피복돼 있는 천리포방파제. 건너편 닭섬은 사진 왼쪽 방향에서 썰물 때 바닷길이 드러난다.

만리포 방파제 외

- **소재지** : 태안군 소원면 모항리 1326 외
- **길이** : 방파제 1400여m 외
- **위치 참조** : 〈최신 전국낚시지도〉 147p E2

찾아가는 길

서해안고속도로 서산IC로 나와 서산 → 태안 방면으로 진행해 태안읍을 지나면 만리포 방면으로 계속 직진한다. 만리포해수욕장 입구 주차장을 왼쪽으로 끼고 그대로 직진하면 광활한 백사장이 펼쳐진다. '똑딱선 기적소리 젊은꿈을 싣고서…' 하는 만리포사랑 노래비(碑)를 끼고 왼쪽으로 진입하면 방파제까지는 1.3km 거리다.

■ 낚시 여건

대천·변산과 함께 서해안 3대 해수욕장으로 꼽히는 만리포 입구로 들어서면 좌우로 드넓은 백사장이 가물가물 펼쳐진다. 그 길이가 무려 2.3km에 달해 오른쪽으로 갈까 왼쪽으로 갈까 잠시 망설여진다. 오른쪽(북쪽)으로 진입해도 갯바위 지역이 있지만 방파제와 갯바위가 연이어진 왼쪽으로 향하는 게 우선순위다.

백사장이 끝나는 지점에 이르면 해상 데크 산책로가 반기고, 방파제로 진입하다 보면 뒤쪽 갯바위 지역이 또 눈길을 붙든다. 결국 낚시터는 크게 세 구역이다. 빨간 등대가 있는 방파제와 뒤쪽(남쪽) 갯바위 그리고 방파제에서 멀리 건너다보이는 북쪽 갯바위 구간이다. 물때 따라 세 구역을 두루 탐색할 수 있지만 남쪽 지역이 방파제와 갯바위를 함께 섭렵하기 좋은 여건이다.

■ 어종과 시즌

모래와 자갈, 암반 지대를 통틀어 다양한 어종이 서식하고 철따라 맛있는 회유어종도 들락거린다. 봄철부터 늦가을까지는 붕장어·노래미·우럭·광어·장대·숭어·농어가 들쭉날쭉한 조황을 보이고, 밤낚시에 붕장어·우럭 입질이 활발한

만리포

사리 간조 때 연결

너울횟집

P

해경출장소

공중

데크 산책로

서울여대
임해수련장

국민대
임해연수원

만리포

P

태안

모항항

여름철이면 살감성돔이 선을 보이기 시작해 가을엔 제법 굵은 씨알도 낚인다. 만리포 역시 가을이면 색다른 어종이 찾아든다. 숭어 · 학공치 · 고등어가 방파제는 물론 갯바위 주변을 배회하고 삼치와 전어가 나타나기도 한다. 따라서 만리포해수욕장으로 출조할 때는 시즌에 따라 원투낚시와 찌낚시 · 루어낚시 채비가 필요해지는데, 세 가지 장비 · 채비를 모두 준비하면 좋겠지만 포인트를 두루 섭렵하기는 루어낚시 준비가 최우선이다.

■ 포인트 및 참고 사항

방파제에서 원투낚시를 할 경우 내항 방향은 문제없지만 외항 쪽은 밑걸림이 잦은 편이다. 사리 간조 시각이면 주변 바닥이 모두 드러나 그 이유를 목격하게 되는데, 선착장이 연결돼 있는 내항 쪽은 거의 모래바닥이지만 방파제 끝 지역과 외항 방향은 굵은 돌과 암반이 울퉁불퉁 뒤섞인 지형이다. 따라서 방파제에서의 낚시는 만조 전후가 적격으로, 붕장어 · 우럭 · 노래미 위주에 가을 학공치 · 고등어 조황이 쏠쏠한 편이다. 그러나 중썰물 시각에 이르러 인근 갯바위 자락이 넓게 드러나면 서둘러 자리를 옮기는 게 좋다.

썰물 포인트로 꼽히는 남쪽 갯바위 지역은 목적하는 포인트에 따라 방파제 입구에서 곧장 걸어 들어가도 되고, 해상 데크 산책로 입구의 공중화장실 옆으로 진입해도 된다. 모항항 방향 갯바위는 서울여대 임해수련원 쪽 오솔길을 넘으면 된다. 우럭 · 광어 · 노래미 · 붕장어가 섞이고 가을엔 학공치 · 고등어가 붙는다.

천리포와 연결되는 북쪽 갯바위는 인근 공터에 주차를 한 후 해변 또는 산길 따라 포인트에 진입할 수 있는데 록피시 계열을 주종으로 가을엔 삼치도 나온다.

인근 낚시점(041)

*선창슈퍼낚시 672-9161
 태안군 소원면 모항리 1324-32
*태안73낚시 675-0308
 태안군 태안읍 장산리 593-5
*일번지낚시 664-5598
 서산시 운산면 갈산리 721-13

↓ 국민대학교 임해연수원 쪽에서 바라본 만리포 방파제. 외항 쪽 전역에 테트라포드가 피복돼 있다.

모항항방파제

- **소재지** : 태안군 소원면 모항리 1336 외
- **길이** : 북방파제 500여m, 남방파제 360여m
- **위치 참조** : 〈최신 전국낚시지도〉 147p E2

찾아가는 길

서해안고속도로 서산톨게이트를 나와 서산·태안 방면으로 진행한다. 서산시 예천사거리에서 태안 방면으로 좌회전 후, 32번 국도(서해로)를 따라 약 31km 계속 직진하면 모항항과 만리포로 나뉘는 가락굴삼거리가 나온다. 왼쪽 모항항 방향으로 진입하면 목적지까지는 약 1km 거리다.

■ 낚시 여건

태안반도 서쪽 중간 지점에 위치한 국가어항이다. 유명한 만리포해수욕장 남쪽 오솔길로부터 직선거리 200여m로, 북쪽 만리포방파제도 단걸음에 찾을 수 있다.

흰등대가 있는 북쪽 방파제와 빨간 등대가 있는 남쪽 방파제가 서로 껴안듯 항구를 감싸는 형상으로, 길이 500여m에 달하는 북쪽 큰 방파제는 계절풍을 막아주고 360여m 길이의 남쪽 작은 방파제는 외해로 트여 있어 북서풍의 영향을 많이 받는다. 두 방파제 간의 거리는 1.5km. 승용차로 금방 이동할 수 있지만 남방파제의 경우 수심이 깊지 않은 개펄 지형으로 원투낚시에 주로 붕장어와 망둥어가 낚이는데 비해, 북방파제는 주변 수심도 좋고 다양한 어종이 낚인다.

모항항을 찾는 낚시인들 대부분이 북방파제로 쏠려 원투낚시를 비롯한 찌낚시·루어낚시 등 다양한 장르를 즐긴다. 3월 들어서면서부터 원투낚시에 도다리가 선보이는가 하면, 5월이 되면 많은 출조객들로 이미 붐비기 시작한다. 2014년 3월 한때 원투낚시에 많은 양의 대구가 선보여 화제를 불러일으킨 곳이기도 하다.

■ 어종과 시즌

서해안 대표 어종인 우럭이 대표적으로 잘 낚이는 곳이다. 방파제와 더불어 갯바위 포인트도 연결돼 있어 전문 꾼들은 물론 생활낚시를 즐기는 가족 동반 출조객들도 많다. 2~4월 수온이 4℃ 정도로 유지되면 원투낚시에 대구가 간간이 선보이는가 하면 흰 등대 주변에서 도다리가 나온다. 본격 시즌은 5월부터지만 가장 안정적인 조황은 6월부터이다. 북방파제 주변에서 우럭·노래미가 찌낚시와 루어낚시에 호조를 보이고 7월로 접어들면서 광어가 낚이기 시작한다.

피크 시즌은 9~10월이다. 학공치와 고등어 새끼가 민장대 채비에 주렁주렁 매달리고, 우럭·광어는 11월까지 시즌이 지속된다. 이 시기의 우럭은 야간에, 광어는 주간 루어낚시에 좋은 조황을 안긴다. 가을 시즌엔 또 스푼과 메탈지그를 이용한 루어낚시에 삼치가 호조를 보이고 주꾸미·갑오징어 에깅도 성황을 이룬다.

■ 포인트 및 참고 사항

북방파제와 오른쪽 갯바위 일대가 핵심 낚시터다. 방파제 외항 쪽으론 테트라포드가 피복돼 있고, 내항 쪽은 시멘트 옹벽 아래로 견칫돌이 비스듬히 축조돼 있어 항상 안전에 유의해야 한다. 흰등대가 있는 끝 지점은 조류가 세차게 흐르는 곳으로 루어낚시에 씨알 좋은 우럭과 광어가 잘 낚인다. 나머지 전역에서도 낚시가 고루 이뤄지는데 바람이 많이 불 때는 내항 쪽 석축에서 찌낚시를 하면 된다.

북방파제 초입부에 위치한 돌섬은 우럭·광어 등 다양한 어종이 낚이는 곳으로 특히 루어낚시 동호인들이 선호하는 포인트다. 중썰물 이후 만리포 방향(12~1시 방향)으로 공략하는 게 효과적인데, 10m 안쪽에 브레이크라인이 형성된다는 점, 만조 시엔 진입부가 물에 잠긴다는 점 참고 바란다.

주요 연락처

*등대슈퍼낚시010-6752-1118
 소원면 모항항길 106-74
*갈매기마트낚시041-672-9542
 소원면 모항항길 122-1
*글쓴이 상록수(김종권)
 010-5328-6332

↓ 동쪽 상공에서 내려다본 모항. 흰 등대가 있는 오른쪽 (북쪽) 방파제와 초입부 바위섬이 핵심 포인트이다.

바위섬

어은돌방파제

- **소재지** : 태안군 소원면 모항리 1097-12
- **길이** : 370여m
- **위치 참조** : 〈최신 전국낚시지도〉 147p E3

찾아가는 길

서해안고속도로 서산톨게이트
를 나와 서산·태안 방면으로
진행한다. 서산시 예천사거리
에서 태안 방면으로 좌회전 후,
32번 국도(서해로)를 따라 약
31km 계속 직진하면 모항항·
만리포와 파도리로 나뉘는 송원
삼거리가 나온다. 왼쪽 파도리
방향으로 꺾어 3.4km 남하하
면 어은돌해수욕장 입구 삼거리
에 이른다. 오른쪽으로 1km만
진입하면 어은돌방파제가 보인
다.

■ 낚시 여건

'모항과 파도리 사이를 이어주는 들'이라는 뜻으로 '이은들' '여은돌' 등으로 불리
다가 '물고기가 숨을 만한 돌이 많은 곳'이라는 한자식 표기에 따라 오늘의 '어은
돌(魚隱乭)'이 됐다는 지명 유래처럼, 어은돌항은 만조 때와 간조 때의 모습이 전
혀 딴판이다. 만조 땐 반달 모양의 백사장이 아늑하기 이를 데 없는데, 간조가 되
면 백사장 폭 몇 갑절에 달하는 돌밭이 온통 드러나 바닥 난 저수지를 연상케 한
다.

방파제와 선착장도 특이한 구조다. 길이 370여m에 달하는 방파제와 나란히 이어
지는 선착장 진입로가 입구에서부터 서로 분리되는데, 내항 쪽으로 이어지는 선착
장과 외항 쪽 방파제의 상부 높이 차이가 커 내항 쪽 낚시는 선착장에서만 가능하
고 외항 쪽 낚시는 방파제 위에서만 가능한 특이한 여건이다. 물론 선착장과 방파
제를 오르내릴 수 있는 두 곳의 계단이 있어 왕래 자체가 불가능한 것은 아니다.

■ 어종과 시즌

우럭·노래미·도다리·광어·붕장어가 주종을 이룬다. 자갈과 돌, 암반이 넓게

어은돌방파제

형성된 곳이라 광어는 굵은 씨알들이 낚이는 데 비해 우럭 씨알은 대체로 자잘한 편이다. 외항 쪽은 굵은 돌과 암반이 넓게 깔린 지형이라 밑걸림이 심한 데 비해, 모래와 자갈이 섞인 내항 쪽은 원투낚시를 하기도 좋고 굵은 붕장어가 잘 낚인다. 8월 말경이 되면 고등어가 붙어 가을 나들이 가족들을 즐겁게 해주는데, 방파제·선착장 쪽에도 붙긴 하지만 갯바위 쪽 조황이 월등한 편이다.

■ 포인트 및 참고 사항

외항 쪽 방파제에서의 낚시는 테트라포드 위로 올라야 하는데, 주변 일대의 수심이 얕아 등대가 있는 방파제 끝 쪽에 자리하는 것이 좋다. 사리 때보다는 11물~3물때가 좋고, 간조 때보다는 만조 시각에 맞춰 최대한 장타를 날리는 것이 좋다.

방파제에 비해 내항 쪽 선착장 구간은 바람의 영향을 받지 않아 아늑한 분위기에서 낚시를 즐길 수 있다. 붕장어·도다리·광어가 고루 낚이고 포인트는 선착장 끝 쪽, 경사진 구간이다. 이곳 또한 썰물이 되면 바닥이 드러나므로 중들물 이후 만조 전후 시각에 승부를 걸어야 한다.

방파제 입구에서 곧장 진입할 수 있는 갯바위 구간도 포인트이지만 북쪽 산 너머에 더 좋은 포인트가 있다. 방파제로 진입하기 직전의 모항4리복지회관 뒤쪽 길로 600여m만 진입하면 원진수산(소원면 모항리 1040)이 나온다. 앞쪽엔 적당한 면적의 공터가 있어 주차는 물론 텐트 설치하기가 좋고, 그 밑으론 아담한 자갈밭과 갯바위가 형성돼 있어 가족과 함께 놀며 낚시하기에 아주 그만이다. 경치 좋은 갯바위 지역에서 8월 말경부터 9월, 늦게는 10월 초순까지 고등어가 바글바글해 카드채비를 준비하면 마릿수 재미를 누릴 수 있다.

주요 연락처(041)

*자연낚시슈퍼 672-9305
 태안군 소원면 모항리 798
*태안73낚시 675-0308
 태안군 태안읍 장산리 593-5
*일번지낚시 664-5598
 서산시 운산면 갈산리 721-13

↓ 어은돌(모항4리) 입구에서 바라본 어은돌방파제(위 사진). 입구에서부터 외항 쪽 방파제와 내항 쪽 선착장 진입로가 서로 나뉜다(아래 사진).

통개방파제 외

- **소재지** : 태안군 소원면 파도리 130-66 외
- **길이** : 큰방파제 1600여m, 작은방파제 600여m
- **위치 참조** : 〈최신 전국낚시지도〉 147p E3

찾아가는 길

서해안고속도로 서산톨게이트를 나와 서산 · 태안 방면으로 진행한다. 서산시 예천사거리에서 태안 방면으로 좌회전 후, 32번 국도(서해로)를 따라 약 31km 계속 직진하면 모항항 · 만리포와 파도리로 나뉘는 송원삼거리가 나온다. 왼쪽 파도리 방향으로 꺾어 3.4km 남하하면 어은돌해수욕장 입구 삼거리에 이른다. 계속 직진해 통개항 · 통개항길 이정표를 보고 진행하면 된다.

■ 낚시 여건

만리포 · 모항 방면에서 파도리 쪽으로 남하해 통개항으로 신입하다 보면 작은 방파제 하나가 먼저 나타나고, 동시에 오른쪽 바다 위로 두 개의 삼각바위가 솟아 있는 광경을 접하거나(만조 때), 마치 보물섬으로 향하는 듯한 신비한 바닷길을 목격하게 된다(간조 때). 마음 설레게 하는 보물섬 너머 오른쪽으로는 또 하나의 방파제가 보인다.

입구 쪽 첫 번째 작은 방파제는 오래 전에 세워진 구(舊)방파제이고, 해변 길 끝 지점에 위치한 큰 방파제가 신(新)방파제이다. 신 · 구 방파제 중간 바다에 뿌리를 내린 두 개의 삼각바위는 봉우리에 키 작은 소나무가 자랄 만큼 어떤 대사리 만조 시에도 물에 잠기지 않는다. 이곳 돌섬과 해변 사이엔 펄과 자갈이 구릉을 이뤄 썰물 땐 바닷길이 열리는 데다, 둔덕 부분에 시멘트 포장을 해 운동화 차림으로도 왕래를 할 수 있다. 현지 주민들은 이곳을 일컬어 '제비랭이'라 한다. 통개항 낚시 코스에서 빼놓을 수 없는 랜드마크다.

■ 어종과 시즌

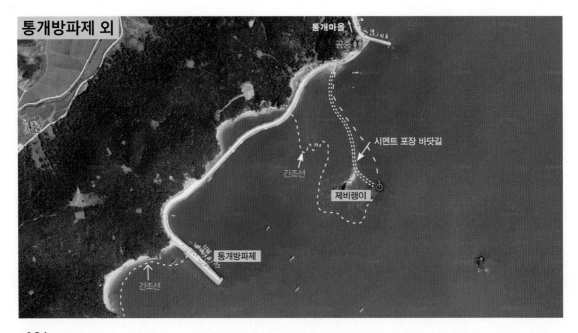

통개방파제 외

통개마을
공중
시멘트 포장 바닷길
간조선
제비랭이
통개방파제
간조선

인근 어은돌 · 모항 · 만리포 · 천리포와는 달리 반대편 동쪽 바다에 자리한 통개항은 남쪽으론 안흥 · 신진도를 내려다보는 위치다. 현지 낚시인들은 '신진도 어종은 통개에서도 다 잡힌다'지만 내만 깊숙한 곳에 위치해 굵은 씨알은 드문 편이다. 망둥어 · 우럭 · 노래미 · 도다리 · 붕장어 · 감성돔 · 학공치 · 고등어로 나열되는 어종 가운데 대표어종은 봄~가을 우럭 · 노래미 · 붕장어가 꼽히고, 가을 학공치 · 고등어가 대미를 장식한다. 우럭 · 노래미는 주로 잔챙이지만 망둥어 · 붕장어는 굵게 낚이고 갯바위 쪽에선 감성돔도 비친다.

조과가 가장 확실한 시기는 9~10월이다. 학공치와 고등어 둘 중 하나가 바글거릴 때가 많은가 하면, 붕장어 · 망둥어가 굵게 낚이고 주꾸미도 나오기 때문이다.

■ 포인트 및 참고 사항

입구 쪽 작은 방파제는 주변이 온통 개펄 바닥이라 중들물 시각에 망둥어는 잘 낚이지만 다른 어종은 기대하기 어렵다. 갯바위가 인접한 큰 방파제가 주된 낚시터다. 던질낚시에 붕장어가 심심찮게 걸려들고 자잘한 우럭 · 노래미도 섞인다. 가을 학공치 재미도 좋고, 늦가을 11월엔 동태 씨알의 망둥어가 세찬 입질을 한다. 잔교 선착장 위로 올라가 가을 주꾸미를 노리거나 오른쪽 갯바위에 올라 학공치 또는 감성돔을 겨냥해도 좋다.

썰물 때 진입할 수 있는 '제비랭이'는 주변 수심이 얕고 모랫바닥이 많아 생각만큼 낚시가 잘 되진 않지만 잔챙이 우럭과 노래미 입질로 허탕은 없는 곳이다. 녹색 등주가 있는 선착장 구조물 위에서 편안히 낚시를 할 수 있는 데다, 해삼 · 낙지 · 주꾸미 잡는 해루질도 재밌는 곳이다.

주요 연락처(041)

*중앙낚시슈퍼 672-9244
 태안군 소원면 파도리 289
*태안낚시건어물 672-8930
 태안군 소원면 파도리 986-2

↓ 민가에서 멀리 떨어진 곳에 위치한 통개방파제. 입구 오른쪽에 연결된 갯바위 구간(작은 사진)은 썰물 시각에 맞춰 공략해 봄직한 포인트다.

신진도 & 마도방파제

- **소재지** : 태안군 근흥면 신진도리 75-11 외
- **길이** : 신진도방파제 560m, 마도방파제 173m
- **위치 참조** : 〈최신 전국낚시지도〉 147p E5

찾아가는 길

서해안고속도로 서산톨게이드를 나와 서산·태안 방면으로 진행한다. 서산시 예천사거리에서 태안 방면으로 좌회전 후, 32번 국도(서해로)를 따라 약 19km 진행하면 만리포와 신진도리(안흥) 갈림길인 두야교차로가 나온다. 좌회전 후 계속 직진해 안흥입구교차로가 나오면 그냥 신진도 방향으로 직진하면 된다. 신진도방파제 내비주소는 태안군 근흥면 신진도리 75-11, 마도방파제는 신진도리 234-1.

■ 낚시 여건

서해안 3대 어항이자 충남의 대표 어항이다. 낚시터로서의 비중은 이보다 더 높다. 본격 감성돔 낚시터로 꼽히는 방파제이자 우럭·노래미·숭어·고등어·학공치가 잘 낚이는 유명 낚시터이다. 게다가 한겨울에도 우럭 입질이 꾸준해 사계절 방파제 낚시터로 명성이 자자한 곳이다.

그러나 이곳 두 방파제는 새로운 변화를 겪고 있다. 안흥외항 남방파제에 해당하는 신진도방파제는 위치에 관계없이 몸집을 크게 불렸고, 북방파제에 해당하는 마도방파제는 그 길이가 3분의 1 정도 잘려 나가는 대신, 서쪽 해상에 260m 길이의 도제[島堤·일명 뜬방파제]가 새로 들어서고 있다. 2016년 현재 확장 공사가 거의 마무리 된 신진도방파제는 입구로부터 240여m 구간의 내항 쪽 폭이 30여m로 확장되어 '휴식부두' 역할을 하게 되는 반면, 기존 방파제 높이가 2m 정도로 높아져 전체적으로 낚시하기가 매우 불편해진 상태다.

마도방파제 또한 지금까지의 낚시와는 다른 양상을 보일 전망이다. 원래 173m 길이의 방파제가 110여m로 줄어드는 데다 주변 사석 및 테트라포드 또한 변화를 보이기 때문이다.

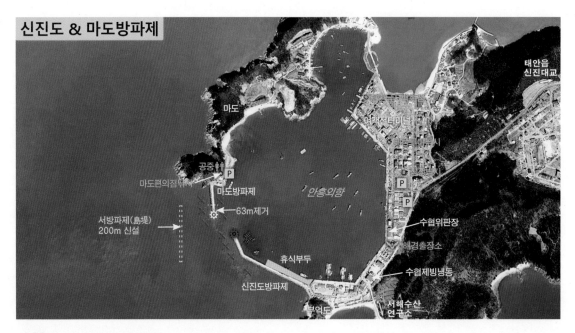

신진도 & 마도방파제

■ 어종과 시즌

우럭 · 노래미 · 광어 · 도다리 · 붕장어 · 숭어 · 농어 · 고등어 · 학공치 · 삼치 · 감성돔 · 간재미(가오리 종류) 등이 철 따라 낚인다. 이 중에서도 대표 어종은 우럭 · 도다리 · 붕장어 · 고등어 · 학공치 등으로, 특히 마도방파제의 우럭은 겨울에도 입질이 끊이지 않는 것으로 유명하다. 물론 예년 호황엔 미치지 못한다 해도 겨울 우럭이 낚이는 방파제로 여전히 희소가치가 드높은 곳이다.

숭어는 이른 초봄부터 입질을 시작하지만 4월 중순경부터 찌낚시에 활발한 입질을 보인다. 노래미에 이어 우럭은 4월 중순~말경이면 본격 시즌에 접어든다. 여름 밤낚시엔 붕장어 입질이 화끈하고, 이 무렵 8월 말경이면 매년 고등어 무리가 몰려드는 데다 학공치까지 가세해 이곳 낚시의 절정을 이룬다. 카드 채비로 누구나 손쉽게 잡을 수 있는 가을 고등어 · 학공치 시즌이 되면 특히 마도방파제 쪽엔 가족 동반 낚시객들이 몰려 만원사례를 이룬다. 빠르면 8월 초순부터 나타나는 고등어는 9월까지 피크를 이루고, 9월 들어 선보이는 학공치는 11월까지 들락거린다. 씨알 굵은 감성돔은 겨울에 낱마리 소식을 전하다가 5월 산란기에 반짝 조황을 보인다. 잔챙이 살감성돔 시즌은 9~11월, 이보다 앞선 8~9월엔 삼치가 선보이기도 한다.

■ 포인트 및 참고 사항

■신진도방파제 - 안흥외항을 대표하는 낚시터다. 하지만 방파제 상판이 옛날보다 2m 가량 높아져 외항 쪽 테트라포드는 물론 내항 쪽 석축으로 내려서기 어려워지거나 아예 불가능해진 구간도 생겼다.

주요 연락처(041)

*태풍투어낚시 674-7936
　근흥면 신진부두길 92
*태안낚시백화점 675-7707
　근흥면 신진부두길 126
*마도낚시 010-5435-6902
　근흥면 마도길 278-1

↓ 서쪽 상공에서 내려다본 안흥외항. 개축 공사 이전의 모습으로, 사진 오른쪽이 신진도방파제이고 왼쪽이 마도방파제이다.

외항 쪽에서의 낚시를 위해선 입구에서부터 테트라포드를 타고 한참을 진입하거나 중간 또는 끝 지점 적당한 곳에서 위험한 곡예를 펼쳐야 한다. 방파제 상판과 테트라포드 사이의 옹벽이 너무 높아진 때문이다. 내항 석축 자리 또한 '휴식부두' 구간을 지난 지점부터는 그야말로 절벽 낭떠러지 아래라는 점 염두에 두되, 향후 테트라포드 보강 작업으로 방파제 상판과의 높이를 낮추거나 별도의 계단 공사가 시행될 경우 테트라포드로의 진입 불편이 해소될 수도 있다는 점 참고 바란다.

신진도방파제 포인트는 예나 지금이나 외항 쪽 테트라포드가 꺾어지는 지점을 중심으로 양쪽 100m 구간에서 가장 조황이 뛰어난 편이다.

■**마도방파제** – 건너편 신진도방파제에 비해 내·외항 방향 모두 낚시하기가 편한 여건이다. 방파제 상판과 외항 쪽 테트라포드 높이가 거의 비슷해 진입이 쉬울 뿐만 아니라 내항 쪽 석축 자리 또한 방파제가 바람막이 역할을 해 아늑한 분위기에서 낚시를 즐길 수 있기 때문이다. 게다가 방파제 입구에 무료 주차장 및 텐트 설치 공간도 확보돼 있고 공중화장실과 간이 낚시점도 있어 여러모로 낚시에 편리한 여건이다. 그래서 가을 고등어·학공치 시즌 땐 가족 동반 낚시객들이 특히 많이 찾아들어 주말이면 혼잡을 이루기도 한다.

신진도방파제에 비해 규모는 작아도 사계절 낚시터로 더욱 인기가 높은 편인데, 이곳 마도방파제 또한 향후 변화의 귀추가 주목된다. 방파제 폭이 확장되는 것과는 별개로, 기존 방파제 길이가 3분의 2로 줄어드는 만큼 포인트 축소에 따른 조황 저하가 예상된다는 점이다. 그러나 개축 공사에 따른 새로운 사석 투입과 함께 테트라포드 이동으로 인한 새로운 고기집이 형성된다는 점에서 조황 상승이 예상되는 등 기대 반, 우려 반 전망이 교차되고 있다.

↓ 입구 주차장 쪽에서 바라본 마도방파제. 오른쪽 해상의 서방파제(일명 뜬방파제) 신축 공사로 인해 이곳 마도방파제의 규모가 축소된다.

↑↓ 마도방파제의 고등어낚시 풍경. 대략 8월 말부터 시작해 9월 한 달 피크 시즌을 이루고, 길게는 10월 초·중순까지 들락거리는 고등어 무리는
마도방파제의 최고 인기 스타다. 매년 조황의 차이는 있지만 마도방파제에 고등어가 붙었다 하면 가족 동반 낚시객들이 몰려 일대 성황을 이룬다.
고등어 입질은 주로 내항 쪽에서 이뤄진다.

가의도(賈誼島)

- **소재지** : 태안군 근흥면 가의도길 44-68 인근 외
- **길이** : 남쪽선착장 1000여m, 북쪽선착장 400여m 외
- **위치 참조** : 〈최신 전국낚시지도〉 146p D5

찾아가는 길

서해안고속도로 서산톨게이트를 나와 서산·태안 방면으로 진행한다. 서산시 예천사거리에서 태안 방면으로 좌회전 후, 32번 국도(서해로)를 따라 약 19km 진행하면 만리포와 신진도리(안흥) 갈림길인 두야교 차로가 나온다. 좌회전 후 계속 직진해 안흥입구교차로가 나오면 그냥 신진도 방향으로 직진해 여객선터미널을 찾으면 가의도행 배를 탈 수 있다. 여객선터미널 내비게이션 주소는 태안군 근흥면 신진부두길 109.

■ 낚시 여건

안흥외항 신진도방파제에서 서쪽으로 건너 보이는 가의도(賈誼島)는 위치 그대로, 신진도에서 볼 때 '서쪽 가의 섬'이라 해서 붙여진 이름이라 하고, 옛 중국의 가의(賈誼)라는 사람이 이 섬에 피신해 살았다 해서 붙여진 이름이란 설도 있다.

신진도항(안흥외항)에서 1일 3회 운행하는 여객선이 물때와 날씨에 따라 북쪽 선착장 또는 남쪽 선착장에 닿는데(30분 소요), 이름이 선착장일 뿐 두 곳 모두 테트라포드가 피복된 방파제 형태이다. 당연히 붙박이 어종이 많고 낚시도 잘 된다.

기암절벽과 멋진 풍광을 자랑하는 독립문바위·돛대바위 등이 구경거리로 관광객들도 많이 찾아 민박도 발달해 있다. 낚시 여건은 섬 전체에 암초와 해조류가 발달해 다양한 어종이 서식하고 포인트도 다양하다. 그러나 일부 갯바위 포인트는 도보 진입이 불가능하거나 양식장으로 인해 출입이 통제되기도 한다. 욕심 부릴 거 없이 남·북 선착장과 인근 갯바위만 해도 섭섭잖은 조과를 올릴 수 있다.

■ 어종과 시즌

섬 주변 수심이 깊어 낚시 시즌이 길게 형성된다. 이른 4월부터 우럭이 나오고

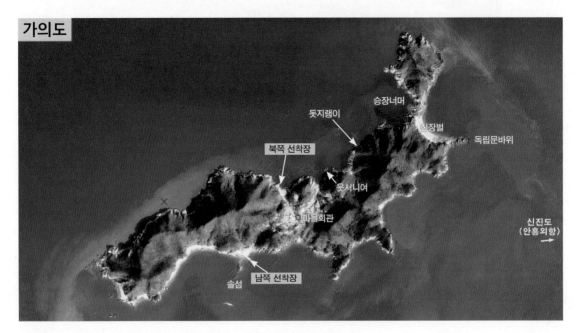

가의도

6~7월이 되면 농어와 광어가 낚이기 시작한다. 뻘물 유입이 적어 8월부터는 원투에 붕장어·망둥어가 걸려들고 찌낚시엔 학공치도 붙지만, 아무래도 이 시기엔 야간 우럭 루어낚시가 제격이다. 낮에는 농어·광어가 주종이다.

결과적으로 이곳 가의도 낚시 시즌 역시 서해안 여타 지역과 비슷한 양상인데, 늦가을 10~11월에 특히 굵은 씨알들이 선보여 단골 출조객들을 불러 모은다.

■ 포인트 및 참고 사항

남쪽 선착장(정확히는 방파제) 주변엔 갯바위가 발달해 있어 루어낚시에 우럭·광어가 잘 걸려든다. 썰물이 시작되면 방파제와 이어지는 솔섬이 1급 포인트로 떠오른다. 썰물 때에 도보 진입이 가능한 곳으로, 11~1시 방향 30m 거리에 적정 수심이 형성되므로 되도록 멀리 캐스팅하는 게 좋다. 씨알 굵은 우럭과 광어가 낚이는 곳으로 찌낚시와 원투낚시도 무난하지만 루어낚시가 보다 유리한 여건이다.

북쪽 선착장 일대엔 포인트가 보다 넓게 전개된다. 특히 서쪽으로 연결된 갯바위 지대가 1급 포인트로, 선착장을 기점으로 도보 20분 이내에 진입이 가능하다. 발판이 좋은 데다 물때에 관계없이 진입이 수월해 처음 찾는 이들에게 특히 추천할 만한 곳이다. 루어낚시를 비롯해 원투낚시나 찌낚시를 즐기는 이들이 고루 찾는 곳으로 우럭과 광어가 잘 낚이는 명당이다. 선착장을 겸한 방파제 또한 가족 단위의 나들이객들이 낚시를 즐기기에 적합하다. 갯바위 가까이로는 5~10m 수심에 암초와 몰(모자반)이 고루 발달해 있고, 20여m 너머로는 사질이 섞여 있어 그 경계 지점을 공략하면 유독 광어가 잘 낚인다.

기타 독립문바위·사자바위·돛대바위 등 유명 포인트는 종선을 이용해야 한다.

주요 연락처(041)

*여객선터미널 675-1033
　근흥면 신진부두길 109
*태풍투어낚시 674-7936
　근흥면 신진부두길 92
*가의도어촌민박 674-1467
　근흥면 가의도리 472
*해덕민박 675-1300
　근흥면 가의도리 483
*글쓴이 상록수(김종권)
　010-5328-6332

↓ 물때와 날씨 따라 여객선이 남쪽 선착장 또는 북쪽 선착장에 닿는데, 두 곳 선착장 모두 테트라포드가 피복된 방파제 형태이다.

북쪽 선착장 포인트
북쪽선착장
해덕민박
한일민박

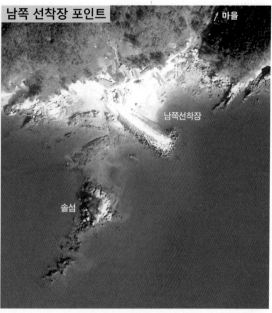

남쪽 선착장 포인트
↗ 마을
남쪽선착장
솔섬

황골방파제

- **소재지** : 태안군 근흥면 도황리 산350 인근
- **길이** : 1000여m
- **위치 참조** : 〈최신 전국낚시지도〉 147p F4

찾아가는 길

서해안고속도로 서산톨게이트를 나와 서산·태안 방면으로 진행한다. 서산시 예천사거리에서 태안 방면으로 좌회전 후, 32번 국도(서해로)를 따라 19km 계속 직진하면 만리포와 신진도(안흥)로 나뉘는 두야교차로로 나온다. 왼쪽 안흥·연포 방면으로 진행하다가 9.3km 지점의 연포삼거리에서 왼쪽으로 접어들었다가 잠시 후 오른쪽 도황길 → 황골길을 따라 들어가면 된다.

인근 낚시점(041)

*태안73낚시 675-0308
  태안군 태안읍 장산리 593-5
*서해왕낚시 673-7876
  태안군 근흥면 용신리 467-1

↓ 민가에서 멀리 떨어진 산기슭 끝에 위치한 황골방파제. 매우 한적한 분위기다.

▪ 낚시 개황

도황2리 남쪽 아랫황골 해변에 위치한다. 민가라곤 한 채도 없는 산마루 끝에 슬로프 선착장과 석축 방파제가 나란히 뻗어 있다. 시설물이라곤 가로등과 빨간 등주가 축조돼 있을 뿐 고즈넉하다 못해 다소 을씨년스러운 분위기다. 그러나 방파제 중간 두 곳과 끝 지점에 계단이 설치돼 있어 낚시하기는 편안한 여건이다.

안흥과 신진도항을 오가는 낚시인들이 아름아름 찾아들어 '짬낚시'를 즐기는 곳으로 특별히 내세울 만한 어종은 없다. 우럭·노래미·광어·붕장어가 간간이 입질을 하고 여름엔 백조기(보구치)가, 가을엔 주꾸미가 반짝 조황을 보인다. 한때는 우럭보다 광어가 잘 낚여 이를 노리는 단골 꾼들이 많았으나 갈수록 자원이 줄어드는 추세다.

간조 땐 선착장을 포함한 주변 전역이 바닥을 드러내지만 방파제 끝 지점, 특히 외항 방향은 그나마 일정 수심을 유지한다. 방파제 끝 지점에서 2시 방향으로 장타를 날리면 간혹 광어가 걸려들고 밤에는 붕장어가 몸을 비튼다. 7월 중순 무렵이면 보구치를 기대할 수도 있고, 방파제 외항 쪽에선 찌낚시로 가을 살감성돔을 노리기도 한다. 가을 주꾸미는 슬로프 선착장 끝에서 편안히 즐길 수 있고, 방파제 끝 부분에서 내항 방향을 노려도 된다.

▪ 참고 사항

방파제 우측 갯바위도 포인트다. 방파제 입구에서 곧장 진입할 수도 있지만, 방파제로 진입하기 전 오른쪽 산길을 오르면(왼쪽 지도 화살표 방향) 물때와 관계없이 갯바위 포인트를 섭렵할 수 있다.

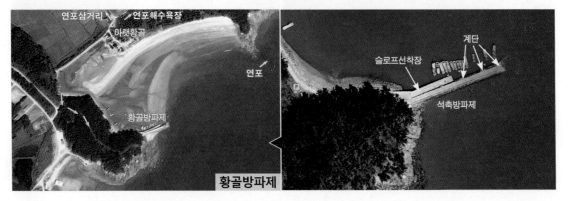

연포삼거리 / 연포해수욕장 / 아랫황골 / 연포 / 황골방파제 / 계단 / 슬로프선착장 / 석축방파제 / P / 황골방파제

연포방파제

- **소재지** : 태안군 근흥면 도황리 1525-222 외
- **길이** : 큰방파제 110여m, 작은방파제 40여m
- **위치 참조** : 〈최신 전국낚시지도〉 147p F4

■ 낚시 개황

해수욕장으로 널리 알려진 곳이다. 연포(戀浦)라는 지명 그대로 가족과 함께 찾아 연인처럼 놀다 오기 좋은 분위기다. 백사장 경사가 완만한 데다 오토캠핑장이 있는 송림에서 바라보는 바다 풍경이 그윽하다. 길이 1.6km, 폭 200여m에 달하는 눈부신 백사장 너머론 작은 섬 하나가 떠 있어 운치를 더한다. 궁금증을 자아내는 작은 섬 이름은 솔섬이다. 신년 해맞이 축제의 배경이 되는 곳이다.

수온이 따뜻해 다른 해수욕장에 비해 개장 시기가 길다지만 낚시 어종은 특이할 게 없다. 잔챙이 우럭·노래미·붕장어가 주종을 이루는 가운데 해수욕철의 밤손님은 붕장어가 최우선이고, 우럭·노래미는 10월이 돼야 씨알이 굵어진다. 가을엔 또 학공치와 고등어가 붙어 활기를 불러일으키고, 예전만 못해도 가을 주꾸미 조황 역시 무시할 수 없다.

■ 참고 사항

해수욕장 남쪽에 두 개의 방파제가 위치한다. 입구 쪽 작은 방파제는 주변 수심이 얕아 낚시가 안 되고, 남쪽 큰 방파제와 연접한 갯바위 구간에서 낚시가 이뤄진다. 갯바위 및 방파제 테트라포드 구간에선 우럭·노래미를 겨냥할 수 있고, 경사진 선착장 끝에선 가을 주꾸미를 겨냥하기 좋은 여건이다.

방파제 주변엔 위판장 건물 하나가 있을 뿐, 먹거리를 해결할 수 있는 식당도 편의점도 없다는 점 참고 바란다. 조황이 신통찮을 땐 인근 채석포방파제나 황골방파제를 찾아볼 만하다. 이곳 연포방파제를 중심으로 동·서 방향 각각 2.6km 거리로 10여 분이면 이동할 수 있다.

찾아가는 길

서해안고속도로 서산톨게이트를 나와 서산·태안 방면으로 진행한다. 서산시 예천사거리에서 태안 방면으로 좌회전 후, 32번 국도(서해로)를 따라 19km 계속 직진하면 만리포와 신진도(안흥)로 나뉘는 두 아교차로가 나온다. 왼쪽 안흥·연포 방면으로 진행하다가 9.3km 지점의 연포삼거리에서 왼쪽으로 접어들면 현장까지는 약 2km 거리다.

인근 낚시점(041)

＊태안73낚시 675-0308
　태안군 태안읍 장산리 593-5
＊서해왕낚시 673-7876
　태안군 근흥면 용신리 467-1

↓ 슬로프 선착장과 석축 방파제가 나란히 뻗어 있어 물때 따라 양쪽에서 낚시를 즐길 수 있다.

연포방파제

채석포항방파제

- **소재지** : 태안군 근흥면 도황리 8-26
- **길이** : 3800m
- **위치 참조** : 〈최신 전국낚시지도〉 147p F4

찾아가는 길

서해안고속도로 서산톨게이트를 나와 서산·태안 방면으로 진행한다. 서산시 예천사거리에서 태안 방면으로 좌회전 후, 32번 국도(서해로)를 따라 19km 계속 직진하면 만리포와 신진도(안흥)로 나뉘는 두 야교차로가 나온다. 왼쪽 안흥·연포 방면으로 진행하다가 6.5km 지점의 용신삼거리에서 왼쪽 채석포 방향으로 접어들면 현장까지는 2.7km 거리다.

인근 낚시점(041)

*태안73낚시 675-0308
 태안군 태안읍 장산리 593-5
*서해왕낚시 673-7876
 태안군 근흥면 용신리 467-1

↓ 외항 쪽으로 테트라포드가 피복돼 있고, 내항 쪽으로 선착장 겸 물양장이 축조돼 있다.

■ 낚시 개황

옛날에 금을 캐던 광산이 있어 채석포(採石浦)란 이름이 붙여졌다는데, 안흥 신진도·마도 쪽에서 재미를 보지 못한 낚시인들이 철수 길에 이곳을 찾아 허기진 조과를 캐기도 한다. 간조 때면 주변 바닥이 넓게 드러나는 곳이라 우럭·노래미는 씨알이 잘고, 시즌 또한 봄철보다는 가을로 접어들어야 한다.

7, 8월이면 학공치 새끼가 붙어 점차 씨알이 커지는 가운데 고등어까지 붙어 서로 세력 다툼을 하는가 하면, 방파제와 인근 갯바위를 찾는 낚시인들로 하여금 자리 다툼까지 벌이게 만든다. 9월부터가 그 시기다. 뿐만 아니다. 9월이면 밴댕이 떼가 붙어 가족동반 낚시객들의 환호성을 유발하고, 숭어·붕장어를 노리는 전문 꾼들도 이 무렵의 채석포항을 즐겨 찾는다. 10월로 접어들면 우럭 씨알도 굵게 낚여 대상어종이 한층 다양해진다.

■ 참고 사항

안흥 신진도·마도 지역과는 달리 봄 시즌엔 특별한 대상어도 조황도 없는 편이다. 가을 학공치·고등어·밴댕이 낚시 재미가 좋은 곳으로, 카드 채비만 준비하면 초등학생도 손쉽게 올릴 수 있는 고등어와 밴댕이는 특히 가족동반 나들이객들에게 권할 만하다. 밑밥 사용 여부에 따라 조과 차이가 나게 마련이므로 카드 채비를 준비할 때는 크릴 밑밥 한 장 정도도 챙겨야 한다.

방파제가 꺾어지는 지점에 축조돼 있는 슬로프 선착장은 방파제가 바람막이가 되어 아늑한 분위기에서 가족과 함께 하기 좋다. 방파제 입구에서 오른쪽(서쪽) 산마루를 넘으면 연포해수욕장이 나타난다.

몽산포항방파제

- **소재지** : 태안군 남면 몽산리 686-25
- **길이** : 4800여m
- **위치 참조** : 〈최신 전국낚시지도〉 148p A5

■ 낚시 개황

일명 몽대포구로도 불리는 곳으로 동쪽에 인접한 몽산포해수욕장과 헷갈려선 안 된다. 길이 480여m에 달하는 큰 방파제와 150여m 길이의 이안제(離岸堤=島堤)가 있는 몽산포항은 본격 낚시터로서의 가치는 미흡하다. 감성돔 갯바위낚시 포인트로 꼽히는 안목섬과 덕바위(간출암)가 인접해 있을 뿐 방파제와 선착장에서의 낚시는 망둥어가 대표 어종이라 생각하면 된다.

도다리·망둥어·우럭·붕장어·숭어와 주꾸미·갑오징어가 선보이는 곳으로, 봄이면 도다리와 우럭이 간간이 낚이고 여름밤 붕장어에 이어 9월이면 씨알 괜찮은 망둥어 입질이 잦아지면서 본격 시즌을 이룬다. 9~10월에는 주꾸미와 갑오징어도 입질을 하는데 개체수는 주꾸미가 많은 편이다.

■ 참고 사항

방파제에서의 가장 손쉬운 낚시는 우럭 구멍치기다. 그러나 봄~여름에는 너무 씨알이 잘고 가을 시즌이어야 손바닥만 해진다. 던질낚시를 하려면 방파제가 꺾이는 지점 전후에서 외항 쪽을 노려야 하는데, 특히 석축 구간이 끝나고 테트라포드가 시작되는 지점은 우럭 구멍치기가 잘 되는 곳이다.

망둥어낚시는 방파제보다 주변 선착장이 오히려 편하다. 해경몽산포출장소 앞 선착장과 방파제 내항 쪽으로 경사진 선착장이 곧 포인트이다.

사리 간조 땐 방파제 거의 전역과 건너편 안목섬 일대까지 바닥이 드러나는 곳으로 낚시는 중들물 이후부터라 생각해야 한다. 인근 몽산포해수욕장의 오토캠핑장에서 야영을 즐기고 이곳으로 이동해 낚시를 해도 된다.

찾아가는 길

서해안고속도로 서산톨게이트를 나와 서산·태안 방면으로 진행한다. 서산시 예천사거리에서 좌회전 후 32번 국도(서해로)를 따라 태안읍내에 이르면 안면대로(77번 국도)로 남하한다. 남문교차로에서 고남·안면 방면 12km 지점의 평화과수원삼거리에 이르면 우측 몽산포항 이정표를 보고 약 5km만 진행하면 된다.

인근 낚시점(041)

*망미24시편의점 672-2127
　남면 몽산리 686-11
*몽난길수산물,낚시672-1838
　남면 몽산리 686-19

↓ 몽산포방파제 끝 지점에서 바라본 건너편 '뜬방파제'와 안목섬.

마검포항 방파제 외

- **소재지** : 태안군 남면 신온리 1-1 외
- **길이** : 290여m 외
- **위치 참조** : 〈최신 전국낚시지도〉 148p A6

찾아가는 길

서해안고속도로 홍성IC로 나와 안면도 방향으로 진행한다. 서산A, B지구방조제를 차례로 건너 안면도 원청사거리에 이르면 고남·안면 방향으로 좌회전한다. 남쪽 1.9km 지점의 곰섬 삼거리에서 오른쪽 곰섬 방면으로 접어든 후 마검포항 이정표를 따라가면 현장까지는 5km 거리 미만이다.

■ 낚시 여건

지명과 지형 모두가 범상치 않다. 우선 지명 유래부터가 재미있고도 그럴싸하다. 옛날 상인들이 마(麻)를 거래하던 중심지여서 마근포(麻斤浦)라 명명한 것이 그 유래라 하기도 하고, 천연방파제(해상 퇴적물)가 풍랑을 막아주는 포구라 마금포(막음포의 발음 표기), 또는 옛날 원청리 일대의 도적 무리들이 관군의 토벌에 대비해 군사훈련을 하며 바닷물에 칼을 갈고 닦았다 하여 마검포(磨劍浦)로 부르게 되었다는 등 여러 가지 설이 흥미롭다.

지형은 더 특이하다. 마검포해수욕장 북쪽 기슭을 지나 멀리 보이는 마검포항으로 진입하노라면 마치 무슨 방조제 길을 들어서는 듯한데, 시멘트 포장도로는 인공으로 조성한 것이지만 바탕은 그게 아니다. 오랜 세월 모래와 자갈·패각 등의 퇴적물이 쌓여 형성된 구릉(丘陵) 위에 도로를 개설한 것이다. 자연의 신비로 인한 사주(沙洲)가 연안으로부터 지금의 육계도(陸繫島)를 연결하였고, 인간이 그 바탕 위에 새로이 포장을 한 셈이다.

원래의 이곳 육계사주(陸繫砂洲·tombolo)는 1960년대 이전까지만 해도 그 폭이 넓게는 50m에 달할 정도였는데, 이후 그 목이 급격히 침식되기 시작해 70년대 후

마검포항

반 들어 붕괴 직전에 이르게 되었고, 급기야 80년대 들어 지금의 콘크리트 처방을 하게 된 것으로 알려진다. 마검포항의 연육 과정을 이렇듯 장황하게 전달하는 이유는 낚시인이 아니면 쉬 목격할 수 없는 현장인 데다, 가족과 함께 나눌 수 있는 소중한 자연 학습장이라는 생각에서다.

낚시터로도 나무랄 데 없는 마검포항은 원래 실치회로 유명한 곳이다. 나뭇가지를 물에 띄워놓은 듯한 천연 선착장 입구를 지나면 식당마다 실치회 간판이 눈길을 끌고, 종착지 방파제에 도착하면 드넓은 주차장이 우선 마음 넉넉하게 만든다. 이어 방파제로 들어서면 간조 때에도 낚시 수심이 유지되는 데다, 폭 넓은 슬로프 선착장 또한 방파제를 바람막이로 아늑한 낚시를 즐길 수 있는 분위기다. 방파제 외항 쪽으로 보이는 흰 등대 주변의 돌밭 지형도 눈길을 끄는데, 분명 눈길 따라 발길을 옮겨볼 만한 유망 포인트이다.

■ 어종과 시즌

빨간 등주가 있는 방파제 왼쪽으로 보이는 흰 등대 주변 갯바위 일대는 감성돔·농어 포인트로 손꼽히는 곳이자, 방파제와 함께 우럭·광어 루어낚시 포인트로 명성을 날리는 안면도의 대표적인 낚시터이기도 하다.

모래와 자갈 바닥이 주를 이루고 부분적으로 굵은 돌이 깔린 마검포항 일대의 어종은 우럭·광어·숭어·붕장어·고등어·삼치·주꾸미·갑오징어 등으로 나열된다. 4월 말경 안면도꽃박람회 소식이 들릴 무렵이면 오가는 길에 꼭 들러봄직한 데, 우럭·광어는 5월 중순부터 시작되는 것으로 봐야 한다. 여름 해수욕철에는 밤손님으로 붕장어 왕래가 잦고, 던질낚시엔 조기 사촌 백조기(보구치)가 심심찮게

인근 낚시점(041)

*정원낚시 674-0671
태안군 남면 신온리 168-46
*안면대물낚시 674-6797
태안군 남면 당암리 51
*홍성낚시 632-1222
홍성군 갈산면 상촌리 380-2
*소나무낚시 631-6345
홍성군 서부면 궁리 301-1

↓ 수협위판장 옥상에서 내려다 본 마검포항. 석축 방파제와 슬로프 선착장이 나란히 뻗어 있다.

낚여 바짝 구미를 당기게 한다.

더위가 물러나는 9월로 접어들면 고등어·삼치가 나타나는가 하면, 늦가을엔 주꾸미와 갑오징어까지 덤벼 마검포항의 낚시를 더욱 풍성하게 한다.

■ 포인트 및 참고 사항

낚시터는 크게 세 구역이다. 개펄과 굵은 자갈 바닥 위에 낮게 축조된 옛날 선착장, 어느 때고 거의 낚시 수심이 형성되는 방파제 구간, 그리고 흰 등대가 있는 갯바위 지역이다.

방파제의 경우 내·외항 쪽 모두 낚시하기 아주 편한 여건이다. 비스듬한 석축 위에 자리하되, 방파제가 꺾어지는 지점 외항 쪽을 보면 석축이 더 두터워지면서 평평한 폭을 이루는 곳이 있다. 이곳부터 빨간 등주가 있는 끝 지점까지가 돋보이는 포인트로, 내항 쪽에는 또 네 군데 계단이 축조돼 있어 걸터앉기에 아주 편하다.

방파제 왼쪽으로 보이는 흰 등대 주변은 썰물 포인트이다. 썰물 때 굵은 돌밭이 드러나는데, 대표적인 우럭·광어 포인트로 작은 지그헤드를 사용해 밑걸림을 잘 피해야 한다. 원투 채비에 농어가 걸려들고 가을엔 주꾸미·갑오징어도 나오는 곳이지만, 주꾸미를 노리려면 방파제 못 미친 지점의 옛날 선착장을 찾는 게 좋다.

넓은 주차장과 방파제 적당한 곳에 텐트를 설치하고 야영을 할 수도 있지만 낚시인들이 붐빌 땐 민폐가 되므로 가까운 마검포해수욕장을 이용하는 게 마음 편하다. 마검포항 입구에 해당하는 마검포해수욕장 북쪽 송림 지대는 '텐트 캠핑장'으로 오토 캠핑장에 비해 이용료도 싼 편이다.

인근 네이처월드에서 연중무휴(17시~21시까지)로 펼치는 야간 빛축제를 감상할 수 있어 가족동반 나들이 낚시에 특히 안성맞춤이다.

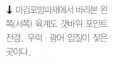
↓ 마검포방파제에서 바라본 왼쪽(서쪽) 육계도 갯바위 포인트 전경. 우럭·광어 입질이 잦은 곳이다.

곰섬방파제

- **소재지** : 태안군 남면 신온리 900-1 인근
- **길이** : 1900여m
- **위치 참조** : 〈최신 전국낚시지도〉 166p A1

■ 낚시 개황

섬 모양이 곰을 닮아 곰섬[熊島]이란 지명이 유래했지만 오래 전 간척사업으로 인해 육지가 되면서 원래의 모습을 가늠하기 어렵게 되었다. 안곰섬[內熊島]과 바깥곰섬[外熊島] 가운데 방파제가 위치한 곳은 바깥곰섬 마을 쪽이다. 그러나 민가는 거의 없고 송림 속 오토캠핑장을 찾는 관광객들을 위한 관리소와 펜션 몇 채가 있을 뿐이다.

군이 낚시만을 위해 이곳을 찾는 경우는 드물다. 아늑한 규모의 솔밭에서 야영을 하며 수영과 해루질도 겸하는 가족 나들이객들이 즐겨 찾을 뿐이다. 솔밭에서 바라보는 일몰 풍경이 그윽한 방파제는 길이가 200여m에 달하고, 빨간 등주(燈住)가 더하여 운치를 발하지만 간조 땐 주변 바닥이 몽땅 드러나는가 하면, 만조가 되면 또 방파제 전역이 찰랑찰랑 물에 잠긴다.

■ 참고 사항

방파제 초입부는 물론 끝 지점 외항 방향은 암반이 넓게 깔려 밑걸림이 심하다. 빨간 등주가 있는 끝 지점에서 전방 가의도 방향으로 원투를 하면 봄철에 간간이 도다리가 걸려들고 초여름부터는 보리멸이 걸려든다. 피서객들이 물러나는 가을부터 주꾸미가 잘 낚이는 곳으로, 곰섬방파제에서의 낚시는 6~7월 보리멸과 9~10월 주꾸미로 대별할 수 있다. 던질낚시 그물채비로 꽂게 낚는 재미도 좋다.

간조 땐 주변 바닥이 넓게 드러나고 만조 땐 방파제 전역이 물에 잠긴다는 점 감안해 시간 안배를 해야 한다. 간조 땐 가족과 함께 바지락 캐고 소라 줍는 재미도 쏠쏠하다.

찾아가는 길

서해안고속도로 홍성톨게이트를 나와 갈산교차로와 상촌교차로에서 각각 해미·안면도 방향으로 좌회전해 천수만로를 따라 계속 직진하면 된다. 안면도 원청사거리에 이르러 안면·고남 방면으로 좌회전해 1.9km 지점의 곰섬삼거리에서 곰섬 방면으로 우회전하면 약 5km 거리다.

주요 연락처

*곰섬캠핑장슈퍼010-3438-0909
 태안군 남면 신온리 903-89
*소나무낚시 041-631-6345
 홍성군 서부면 궁리 301-1

↓ 오토캠핑장 솔밭에서 바라본 곰섬방파제. 만조 땐 방파제 전역이 물에 살짝 잠긴다.

곰섬방파제

곰섬슈퍼
가이
오토캠핑장
어번테이블카페
곰섬삼거리

드르니 & 백사장항

- **소재지** : 태안군 남면 신온리 802-5 외
- **길이** : 2000여m 외
- **위치 참조** : 〈최신 전국낚시지도〉 166p B1

찾아가는 길

서해안고속도로 홍성톨게이트를 나와 갈산교차로와 상촌교차로에서 각각 해미·안면도 방향으로 좌회전해 천수만로를 따라 계속 직진한다. 안면도 원청사거리에 이르러 안면·고남 방면으로 좌회전해 2.7km 지점의 신온삼거리에서 드르니항 이정표를 보고 오른쪽으로 진입하면 목적지까지는 약 2km 거리다.

■ 낚시 여건

태안 마검포 방면에서 남쪽 안면도로 진입하려면 안면대교를 건너야 한다. 그러나 먼저 들러봐야 할 곳이 있다. 안면대교 서남쪽에 위치한 드르니항으로, 그 이름 또한 예사롭지 않다. 신온2리 드르니마을 이름 자체가 '들르다'라는 순우리말에서 파생된 때문인데, 변방의 작은 포구에 지나지 않던 이곳이 일약 관광명소로 떠오른 것은 건너편 백사장항을 잇는 해상 인도교가 생기면서부터다. 지난 2013년 11월 '꽃게랑 대하랑'이란 이름의 길이 250m짜리 다리가 개통되면서 안면대교를 건너지 않고도 두 곳 항·포구를 번갈아 거닐 수 있게 된 것이다.

낚시 또한 마찬가지다. 드르니에서 건너편 백사장항을 찾기 위해선 육로 5km를 돌아야하지만 지금은 드르니항 일대와 백사장항 서쪽 자갈밭 포인트를 동시에 섭렵할 수 있어 가을 주꾸미낚시 시즌이면 양쪽 해변을 마주보고 늘어선 낚시인들끼리 마치 삿대질을 해대는 풍경이 연출된다.

■ 어종과 시즌

대표 어종은 가을 주꾸미이고, 핵심 포인트는 건너편 백사장항 서쪽 자갈밭이다.

드르니 & 백사장항

그러나 드르니항 쪽에선 다른 어종도 노릴 수 있다. 5월부터 우럭·노래미가 낚이기 시작해 11월까지 시즌을 형성하는 가운데, 9월이면 안면도 여느 지역과 마찬가지로 주꾸미가 나타나 11월 중순까지 본격 시즌을 형성한다. 드르니선착장 쪽에선 또 가을 망둥어와 함께 15~25cm 씨알의 비돔(살감성돔)이 선보여 잔재미를 선사한다. 그러나 드르니항 일대는 썰물 땐 온통 바닥이 드러나 시간에 따른 어종 선택과 포인트 이동이 수반되어야 한다는 점 염두에 둬야 한다.

■ 포인트 및 참고 사항

가을 시즌의 경우, 중들물 이후 중썰물 직전까지는 드르니선착장에서 잡어 사냥을 하거나 다리 밑 석축 구간에서 우럭·노래미·도다리를 노리다가 중썰물이 지나면 건너편 백사장항 쪽으로 넘어가 주꾸미를 노리면 된다. 인도교 건너 우측으로 이동하면 굵은 자갈밭이 광범위하게 드러나 포인트가 폭넓게 형성되는데, 간조 1~2시간 전부터 초들물 1~2시간까지가 피크 타임이다. 바닥 경사가 밋밋하므로 물속으로 들어가 최대한 장타를 날리면 갑오징어도 심심찮게 걸려든다. 가을철 주꾸미만을 목적으로 한다면 드르니 쪽에서 인도교를 건너는 것보다, 넓은 주차 공간이 마련돼 있는 백사장항 쪽을 곧장 찾는 게 편할 수도 있다. [내비게이션 주소 : 충남 태안군 안면읍 창기리 1269-187]

그러나 드르니항 쪽에서도 주꾸미낚시가 가능하다. 썰물 때 바닥이 드러나는 드르니항 앞쪽엔 물골이 형성돼 있어 주꾸미낚시에 최적 여건이다. 모래와 자갈이 섞인 바닥으로 나아가 물골을 향해 캐스팅을 하면 밑걸림도 덜한 데다 주꾸미 입질이 잦은 편이다. 간조 후 1시간까지 뒤로 물러나면서 낚시를 해야 한다.

인근 낚시점(041)

*일출봉낚시, 마트 674-6503
  태안군 남면 신온리 799-1
*해신낚시 010-4352-5230
  태안군 안면읍 창기리 2194-1
*연육교낚시 673-8100
  태안군 안면읍 창기리 277-56

↓ 드르니와 백사장항을 잇는 인도교(대하랑꽃게랑) 위에서 내려다본 간조 무렵의 드르니선착장(왼쪽 사진)과 백사장항 서북쪽 해변(오른쪽 사진).

안면대교 일대

- **소재지** : 태안군 안면읍 창기리 277-56 인근
- **위치 참조** : 〈최신 전국낚시지도〉 166p B1

찾아가는 길

서해안고속도로 홍성톨게이트를 나와 갈산교차로와 상촌교차로에서 각각 해미·안면도 방향으로 좌회전해 천수만로를 따라 계속 직진하면 된다. 안면도 원청사거리에 이르러 안면·고남 방면으로 좌회전해 2.7km 직진하면 신온삼거리가 나오는데, 이곳에서 안면대교와 안면연육교 방향의 길이 나누어진다.

■ 낚시 여건

태안반도 남쪽과 안면도(安眠島)를 연결하는 안면연육교 일대는 예로부터 감성돔·농어 낚시터로 유명한 곳이다. 1970년에 준공된 첫 연륙교(안면연육교)가 노후화되면서 1997년 두 번째 연륙교인 안면대교를 추가 개통함으로써 그 이전보다 포인트 진입도 편리해졌다.

낚시터는 서쪽 안면연육교와 동쪽 안면대교 밑 석축지대로, 발판은 비교적 안전한 편이지만 물살이 세차게 흐르는 곳임을 감안해야 한다. 서남쪽 드르니·백사장항 방향의 서해 한바다와 동북쪽 천수만으로 이어지는 좁은 물길이 마치 강물을 연상케 하는데, 이런 입지 조건으로 인해 철따라 다양한 어종이 회유한다.

■ 어종과 시즌

예전만 못하다 해도 감성돔·농어가 주력을 이루는 가운데, 우럭·노래미·숭어·붕장어와 고등어·학공치·주꾸미 등 여러 가지 어종이 붙어 다양한 장르의 낚시가 이루어진다. 40~50cm 씨알의 감성돔은 4월 중순부터 6월까지 시즌을 이루고 가을엔 살감성돔이 마릿수 조황을 보인다. 40~70cm 씨알의 농어는 5월부터

안면대교 일대

10월까지 긴 시즌을 형성하고, 4월부터 시작되는 노래미·우럭·붕장어는 초여름 밤낚시에 피크를 이뤄 역시 10월까지 입질을 이어간다. 아침·저녁 찬바람이 불기 시작하는 9월이면 또 주꾸미·고등어·학공치가 나타나 가을 시즌을 장식한다. 안면대교 일대의 낚시 시즌을 요약하면 5~6월 봄 감성돔 대첩과 9~10월 학공치·고등어·주꾸미 사냥이다. 씨알 당찬 봄 감성돔은 전문 꾼들이 즐겨 노리되, 가을 학공치·고등어·주꾸미는 초보자들도 마릿수 재미를 누릴 수 있다.

■ 포인트 및 참고 사항

두 개의 다리를 축으로 남북 방향 좌우로 포인트가 크게 구분된다. 대부분 포인트가 석축 지대로 물살이 세차게 부딪치거나 살짝 비켜 흐르는 곳에선 감성돔·농어가, 약간 밋밋한 지형이거나 후미진 곳에선 고등어·학공치·주꾸미가 붙는다. 지도 속에 표기된 '감·농·고·학·주'는 이들 어종의 약칭임을 참고 바란다.

지도의 ⓐ포인트는 안면대교 북쪽 약 300m 지점에서 동쪽으로 진입하면 주차공간이 있고, ⓑ포인트는 안면연육교 북단 인근에 주차를 한 후 약간 걸어야 하는 곳으로 가을 학공치·고등어가 곧잘 낚인다. ⓒ번 포인트는 안면연육교 북단에서 도보로 진입하거나 북쪽 아이리스펜션 앞 삼거리에서 빠져 드르니오션리조트 쪽으로 최대한 진입하면 된다. 남쪽 ⓓ포인트는 연육교삼거리에서 동쪽으로 우회하면 되고, ⓕ포인트는 반대편 SK주유소 옆으로 진입하면 된다. ⓔ포인트는 연육교낚시 옆에 주차 후 안면대교 옆으로 다가가면 쉽게 내려갈 수 있는 계단이 있다. 전체적으로 남쪽 포인트는 만조 전후 1~2시간이 피크 타임이고, 북쪽 포인트는 중썰물 이후부터 중들물까지가 피크 타임이다.

인근 낚시점(041)

*연육교낚시 673-8100
 태안군 안면읍 창기리 277-56
*소나무낚시 631-6345
 홍성군 서부면 궁리 301-1
*리더낚시 631-1153
 홍성군 갈산면 상촌리 394

↓ 안면연육교 위에서 바라본 〈지도〉 ⓕ지점 포인트 전경. 농어·감성돔을 노리는 곳이다.

황도 방파제 외

- **소재지** : 태안군 안면읍 황도리 26-6 외
- **길이** : 2100여m 외
- **위치 참조** : 〈최신 전국낚시지도〉 166p C1

찾아가는 길

서해안고속도로 홍성톨게이트를 나와 갈산교차로와 상촌교차로에서 각각 해미·안면도 방향으로 좌회전해 천수만로를 따라 계속 직진하면 된다. 안면도 원청사거리에 이르러 안면·고남 방면으로 좌회전해 안면대교 넘어 연육교삼거리를 지나자마자 오른쪽 흑석동길로 빠져 1.1km 진행하면 황도 갈림길 표지판이 나온다. 왼쪽 길로 진입해 황도 이정표를 따라가면 곧 황도교가 나타난다.

▪ 낚시 개황

섬이라 해도 산지보다 평지가 많아 보리누름 때면 온통 섬 전역이 누런빛으로 물들어 황도(黃島)라 부르게 되었다 한다. 지금의 사장교(斜張橋)가 아닌, 옛 축제식 도로 시절 때부터 황도는 안면도 일대의 유명 감성돔 낚시터로 이름을 날렸다. 황도 북단에 위치한 외섬(외도)이 대표적인 포인트로, 조황이 옛날만 못하다 해도 한방을 노리는 전문 꾼들 사이엔 여전한 기대주로 꼽힌다.

그러나 황도 낚시를 외섬 감성돔으로 국한시킬 필요는 없다. 힘들게 진입해 헛수고로 끝나느니 제철 어종을 잘 선택해 그에 맞는 포인트를 찾는 게 합리적이다. 감성돔 외에도 우럭·노래미·망둥어·숭어·살감성돔·주꾸미·갑오징어 등, 철 따라 낚이는 어종에 맞춰 편안히 즐길 수 있는 곳들이 있기 때문이다.

▪ 참고 사항

2011년 말 지금의 사장교가 개통되어 황도 입구는 산뜻한 분위기를 자아낸다. 첫번째 ①번 포인트는 곧 다리 밑이다. 황도교를 건너자마자 오른쪽으로 유턴하면 옛 석축 진입로를 잘라낸 자리에 옹벽 형태의 선착장이 축조돼 있다. 머리 위 황도

황도(黃島)

서산B지구방조제 방향

⑤ 외섬(외도)
④ 북쪽선착장
쇠시랑
황도
바다절경펜션
③ 황도방파제
보건진료소
마르캐슬
안면대교
②
①
황도교
황도펜션
휴먼빌리
솔섬

교가 그늘막이가 되어 따가운 햇볕을 피할 수 있다. 여름부터 망둥어가 낚이고 가을엔 살감성돔과 숭어를 노릴 수 있다. 중썰물 시각이면 바닥이 드러나는 곳이므로 이때부터는 건너편 산기슭 밑으로 진입하는 게 좋다. 다리 밑 주차 공간에서 곧장 걸어 들어갈 수 있는 ②지점은 썰물 때 사니질 바닥이 넓게 드러나는 곳으로, 가을철 주꾸미·갑오징어가 잘 낚이고, 전방에 수상좌대낚시터가 밀집돼 있어 숭어·살감성돔이 줄지어 다닐 때가 많다. 썰물 따라 바닷물 가장자리로 바짝 다가가거나 물속으로 들어가 캐스팅하는 게 좋은데, 경사가 완만하고 바닥도 평탄해 북쪽 방향까지 폭넓게 탐색할 수 있다.

마을 북쪽 황도방파제(지도 ③지점)는 썰물 때 주변 바닥이 몽땅 드러나는 곳으로 중들물 때부터 낚시가 이뤄진다. 여름철부터 망둥어가 잘 낚이고 가을엔 숭어가 몰려들어 분탕질할 때도 있다. 이곳 방파제 입구의 언덕길을 올라 '바다절경 펜션'을 지나면 또 하나의 방파제가 나타나는데(지도 ④지점), 주차 공간이 마련돼 있는 데다 ③번 방파제보다 낚시 여건도 좋은 편이다.

⑤번 포인트가 바로 황도 감성돔낚시를 대표하는 외섬이다. 썰물 때만 진입할 수 있는 곳으로 산란기 5월부터 11월까지 40~50cm 씨알이 꾸준히 배출돼 단골 꾼들이 많은 편이다. 적기는 9~11물때. 서산B지구방조제를 바라보는 쪽에서 주변 수중여 너머를 노리되 중썰물부터 중들물까지 낚시를 하고서 퇴로가 차단되기 전에 후퇴해야 하는 점을 염두에 두어야 한다. 힘든 도보 진입도 감수해야 한다. 마을 안쪽으로 접어들어 '황도리보건진료소' 입구(황도일마레 펜션 앞)에서 오른쪽 자갈길을 따라 최대한 진입한 후 적당한 공터에 주차를 하고서 외섬 현장까지는 꼭 필요한 장비만 챙겨 들고 4,5백m 걸어 들어가야 한다.

인근 낚시점(041)

*진성마트 672-6722
　태안군 안면읍 창기리 209-80
*연육교낚시 673-8100
　태안군 안면읍 창기리 277-56
*천수만낚시 633-6346
　홍성군 서부면 궁리 666-1

↓ 입구에서 바라본 황도방파제. 간조 땐 주변 바닥이 드넓게 드러나는 곳으로, 가을 망둥어와 숭어 놀이터이다.

방포항방파제

- **소재지** : 태안군 안면읍 승언리 1317-15
- **길이** : 360여m
- **위치 참조** : 〈최신 전국낚시지도〉 166p B3

찾아가는 길

서해안고속도로 홍성톨게이트를 나와 갈산교차로와 상촌교차로에서 각각 해미·안면도 방향으로 좌회전해 천수만로를 따라 계속 직진하면 된다. 안면도 원청사거리에 이르러 안면·고남 방면으로 좌회전해 14.7km 직진하면 방포사거리가 나오고, 여기서 방포해수욕장 방면으로 우회전해 방포항 이정표를 따라 계속 진입하면 된다.

■ 낚시 여건

국가지정 명승 69호로 숱한 관광객을 불러 모으는 할미바위와 할아비바위가 있는 곳이다. 북쪽 방파제와 남쪽 할미·할아비바위가 마치 방포항을 지키는 수문장 같은 형국이다. 흰 등주가 있는 방파제 끝단으로부터 가까운 할아비바위까지의 거리가 150여m에 불과하기 때문이다.

전장에 나가 돌아오지 않는 지아비를 기다리던 아내가 끝내 해후를 못한 채 바닷가 망부석이 되고 말았다는 토속 설화와 애끓는 서해 일몰 경관이 조화를 이뤄 사철 관광객이 끊이지 않는 할미·할아비바위로 인해 이곳 방포항은 가족 동반 낚시객들이 유난히 많다. 방파제가 낚시하기 편한 여건이란 점도 크게 작용한다. 여느 방파제보다 폭이 넓어 차량 진입이 수월할 뿐만 아니라, 방파제 끝 지점에서 오른쪽으로 뻗은 슬로프 선착장 입구는 특히 그 공간이 넓어 회차는 물론 현장 주차도 아주 편리한 여건이다.

■ 어종과 시즌

우럭·노래미·도다리·광어·장대·숭어·살감성돔·학공치·주꾸미 등이 철

방포항방파제

전망대
항구수산횟집
방포서해낚시
P
꽃다리슈퍼
선착장
방포수산
꽃다리
계단
할아비바위
P
꽃지해안공원주차장
할미바위
꽃지해수욕장

따라 선보이지만 딱히 대표어종을 선발하긴 어렵다. 4월 중순부터 선보이는 우럭이 늦가을까지 입질을 이어가지만 씨알은 기대치 이하다. 붕장어 입질도 꾸준한 편인데, 가을철 숭어·학공치 조황이 화끈해 선착장 일대가 만원사례를 이루기도 한다.

■ 포인트 및 참고 사항

방파제 내·외항 거의 전역이 석축으로 축조돼 있는 데다 간조 땐 바닥이 광범위하게 드러나 낚시는 주로 끝단에서 이뤄진다. 흰 등주가 있는 방파제 끝 지점 둘레엔 테트라포드가 피복돼 있고, 오른쪽으론 드넓은 슬로프 선착장이 연결돼 있어 십중팔구는 이곳에 주차를 하고서 편안히 낚시를 즐긴다. 선착장 반대편, 즉 내항 쪽으론 또 널따란 계단이 설치돼 있어 어린이를 동반한 가족들이 즐겨 걸터앉는데, 오른쪽 테트라포드 언저리를 노리면 잔챙이 우럭이 잘 낚인다.

방파제 쪽에서 낚시를 하다가 중썰물 시각이 되면 주변 바닥이 드러나 어차피 낚시가 어려워지므로 한두 시간 쯤을 낼만도 하다. 중썰물 때부터 바닷길이 열리는 할미·할아비바위는 방파제 쪽에선 진입할 수 없고, 건너편 꽃지해변에서 진입할 수 있다. 내항 쪽까지 승용차로 잠시 이동해 '꽃다리'를 건너면 금방이다.

인근 낚시점(041)

*방포서해낚시 673-4244
 태안군 안면읍 승언리 1317-8
*안면도낚시 673-8114
 태안군 안면읍 승언리 750
*연육교낚시 673-8100
 태안군 안면읍 창기리 277-56

← 국가지정 명승 69호로 수많은 관광객을 불러 모으는 방포항 할미바위의 일몰 광경.

↓ 방포항방파제 끝 오른쪽에는 폭넓은 선착장이 연결돼 있어 현장 주차 후 즉석 낚시가 가능한 여건이다.

할미바위

할아비바위

대야도선착장 외

- **소재지** : 태안군 안면읍 중장리 1440-4 외
- **길이** : 60여m 외
- **위치 참조** : 〈최신 전국낚시지도〉 166p C4

찾아가는 길

서해안고속도로 홍성톨게이트를 나와 갈산교차로와 상촌교차로에서 각각 해미·안면도 방향으로 좌회전해 천수만로를 따라 계속 직진하면 된다. 안면도 원청사거리에 이르러 안면·고남 방면으로 좌회전해 24.4km 남하하면 누동삼거리가 나오고, 여기서 왼쪽 대야도 방면으로 꺾어 약 3.5km 이동하면 된다.

■ 낚시 여건

1970년대의 대단위 간척사업으로 안면도와 연결돼 육지로 탈바꿈한 대야도(大也島)는 1930년대 일제 강점기 시절, 우리나라 최초의 김양식이 시작된 곳으로 알려진다. 천수만(淺水灣)을 낀 개펄 지형에 수심 얕은 갯골이 길게 형성된 입지조건 때문이었을 게다. 대야도 선착장 건너편 3개의 섬 가운데 뒷섬 바로 위쪽에 위치한 토끼섬은 지금도 썰물 때에 사니질 바닥길이 열려 이곳 주민들의 소득원이 될 뿐만 아니라 낚시터로도 좋은 역할을 한다.

선착장 또한 규모가 왜소하고 썰물 땐 온통 주변 바닥이 다 드러나지만 전방의 갯골을 타고 오르내리는 숭어 떼가 끊이질 않고, 가을엔 학공치 무리와 함께 살감성돔도 가세한다. 선착장은 물론 남쪽 산자락 아래로 넓게 드러나는 돌 섞인 자갈밭에선 가을 주꾸미·갑오징어가 이곳 대야도 낚시의 대세를 이룬다.

■ 어종과 시즌

숭어·학공치·살감성돔·주꾸미·갑오징어로 주력 어종은 단순한 편이지만 낚시 장르별 선호도를 만족시키는 데는 부족함이 없다. 본격 시즌이 형성되기 전,

150

2~3월의 선착장에서 숭어가 먼저 분탕질을 한다. 미처 지검(脂瞼)이 벗겨지지 않아 반 맹목 상태인 숭어 떼가 천방지축 몰려드는 날이면 훌치기낚시로 마대자루 조황을 누리기도 하는데, 이는 현지민들의 사냥거리로 넘기고 순수 낚시인들은 찌낚시에 제대로 반응하는 가을 숭어를 기대하는 게 좋다.

결국 대야도 낚시는 가을 시즌이다. 숭어는 물론 학공치와 살감성돔이 찌낚시 대상으로 부상해 마릿수 재미를 충족시키고, 주꾸미와 갑오징어가 또 갯골을 들락거리며 루어 낚시인들의 구미를 한껏 돋운다. 학공치·살감성돔은 대략 8월부터 시작해 10월, 주꾸미·갑오징어는 9월부터 시작해 11월까지 피크를 이룬다.

▪ 포인트 및 참고 사항

선착장에선 봄부터 가을 늦게까지 숭어가 꾸준히 붙고, 7~8월부터 가을 한철 학공치와 살감성돔이 들락거린다. 그러나 선착장 일대는 썰물이 진행되면 주변 바닥이 넓게 드러나 중들물부터 만조 이후 초썰물까지가 낚시 타이밍이다.

9~11월의 주꾸미낚시는 선착장에서도 가능하지만 남쪽 산자락 일대를 찾는 게 좋다. 선착장 입구 주차장이나 아일랜드낚시 근처에 주차를 한 후 쉽게 진입할 수 있는 곳으로, 썰물이 되면 개펄과 자갈이 섞인 돌밭이 광범위하게 드러나 주꾸미와 함께 갑오징어도 잘 낚인다. 중썰물부터 낚시를 시작하되 간조선 부근의 갯골 언저리로 점점 다가가면서 낚시를 해야 한다. 밀물이 시작되면 입질이 뜸해진다.

선착장 북쪽 350여m 지점에서 중썰물 때에 들어가 중들물 때까지 낚시를 할 수 있는 토끼섬은 인근에 가두리양식장이 밀집해 있어 숭어·학공치 떼가 많이 붙는다. 도보 진입은 물론 성급한 꾼들은 지프차를 몰고 들어가기도 한다.

인근 낚시점(041)

*아일랜드낚시, 슈퍼 672-3106
태안군 안면읍 중장리 1470-7
*전망대마트, 낚시 673-6947
태안군 안면읍 중장리 1433-5
*대야낚시 673-6823
태안군 안면읍 중장리 1452

↓ 천수만 서남쪽 기슭에 위치한 대야도마을(안면읍 중장5리) 앞바다는 수심 얕은 갯골 지역으로, 사철 숭어가 오르내리고 가을 주꾸미·갑오징어가 성황을 이룬다.

구매항 선착장 외

- **소재지** : 태안군 고남면 고남리 26-6 외
- **길이** : 1100여m 외
- **위치 참조** : 〈최신 전국낚시지도〉 166p C5

찾아가는 길

서해안고속도로 홍성톨게이트를 나와 갈산교차로와 상촌교차로에서 각각 해미·안면도 방향으로 좌회전해 천수만로를 따라 계속 직진하면 된다. 서산A,B지구방조제를 차례로 지나 안면도 원청사거리에 이르러 안면·고남 방면으로 좌회전해 28.6km 직진, 남하하면 왼쪽으로 '구매마을' 입구 표지판이 보인다. 시멘트 포장길을 따라 들어가면 구매선착장까지는 약 2.2km 거리다.

■ 낚시 여건

천수만 서쪽 입구에 위치한다. 남쪽 영목항과 거리가 가까워 가을철 영목항이 붐빌 때 이곳을 찾는 낚시인들이 많다. 선착장 바로 코앞에는 해상좌대낚시터가 오히려 영목항보다 더 많아 이곳을 찾는 이들은 거의가 좌대낚시를 즐기는 편이다. 시즌 및 어종 또한 영목항과 같은 가을 고등어·주꾸미·갑오징어가 대표적이다. 그러나 구매항 낚시를 해상좌대낚시로 국한시킬 필요는 없다. 슬로프 선착장 주변과 남쪽 갯바위에서도 가을 주꾸미·갑오징어가 생각보다 잘 낚이기 때문이다. 연안 도보 낚시를 좋아한다면 남쪽 영목항 선착장보다는 한적한 이곳 워킹 포인트가 더 나을 수도 있다. 슬로프 선착장과 남쪽 갯바위 가운데 포인트 비중을 남쪽 갯바위에 두고서 미리 물때를 계산하고 찾는 것이 좋다. 만조 전후까지는 선착장에서 워밍업을 하다가 초썰물이 시작되면 슬슬 갯바위 쪽으로 움직이는 것이다. 영목항에 비해 편의시설이 부족한 곳이지만 좌대낚시 출조객들을 상대로 하는 간이 낚시점을 겸한 편의점이 있고, 주차 공간도 마련돼 있어 큰 불편은 없다.

■ 어종과 시즌

해상좌대낚시터에선 서해안 대표 어종들을 거의 다 만날 수 있지만 선착장과 갯바위 구간에선 어종은 물론 시즌도 제한적이다. 4월부터 11월까지 지속되는 이곳 좌대낚시와 선상낚시와는 달리 연안 도보 낚시는 9~11월, 가을 한철이 피크시즌이다. 주꾸미·갑오징어가 가장 대표적이며, 인근 가두리 양식장에서 투입되는 사료에 현혹된 숭어·고등어 무리가 선착장 주변에 닿기도 하고, 남쪽 갯바위 쪽에서 우럭이 걸려들기도 한다.

인근 낚시점(041)

*바다이야기낚시 673-1145
　태안군 고남면 고남리 26
*구매항낚시 673-5890
　태안군 고남면 고남리 26-5
*연육교낚시슈퍼 673-8100
　태안군 안면읍 창기리 277-56

■ 포인트 및 참고 사항

포털 사이트 지도에 '구매항'으로 표기돼 있어 흔히 구매항으로 부르지만 소규모 어항에도 못 미치는 작은 포구에 불과하다. 고남5리 구매마을에 널따란 선착장이 설치돼 있고, 목소리가 들릴 정도의 가까운 거리에 해상좌대낚시터가 즐비하다.

한창 시즌의 주말 선착장은 이른 아침부터 선상낚시를 나가거나 좌대낚시터를 찾는 배들로 분주한 분위기다. 이들이 빠져나간 100여m 길이의 선착장은 그 폭이 아주 넓어 운동장 같은 느낌이 들 정도다. 가족을 동반한 경우는 이곳에서 낚시를 즐기는 게 좋은데, 조황은 썩 좋지 못해도 큰 밑걸림 없는 좌우측 돌밭에서 주꾸미와 갑오징어가 다문다문 낚인다.

선착장 남쪽으로 끝까지 진입해 주차를 한 후 약간만 걸어 들어가면 되는 갯바위 구간은 간조 때 바닥이 폭넓게 드러난다. 입구 쪽에서 낚시를 하지 말고 평탄한 돌밭에 자갈이 깔린 곳까지 진입해 에기를 날리면 씨알 굵은 주꾸미와 갑오징어가 걸려든다. 중썰물부터 간조까지 입질이 활발하고 초들물 시각이 지나면 입질이 끊기는 데다 이후 퇴로도 차단될 수 있으므로 시간 조절을 잘 해야 한다.

↓ 안면도 동남쪽에 위치한 구매마을(태안군 고남면 고남5리) 선착장. 주꾸미·갑오징어가 잘 낚이는 곳으로, 핵심 포인트는 선착장 남쪽 산기슭이다.

영목항선착장

- **소재지** : 태안군 고남면 고남리 334-66 인근
- **길이** : 600여m 외
- **위치 참조** : 〈최신 전국낚시지도〉 166p C6

찾아가는 길

서해안고속도로 홍성IC로 나와 안면도 방향으로 진행한다. 서산A, B지구방조제를 차례로 건너 안면도 원청사거리에 이르면 고남·안면 방향으로 좌회전한다. 여기서부터 안면대로를 따라 곧장 30.8km만 남하하면 영목항이다.

■ 낚시 여건

동쪽의 천수만을 끼고 남쪽으로 길게 뻗어 내린 태안반도 끝자락이다. 인근 도서 지역과 오천·대천항을 잇는 해상교통에서 새로운 육상교통 요지로 더욱 각광받기 시작한 곳이 영목항이다. 선착장 서쪽 약 400여m 지점에서 원산도를 연결하는 1.7km 길이의 연육교(솔빛대교)가 2017년 말 준공 예정이고, 원산도로부터 대천항까지는 또 약 7km 길이의 해저터널 계획이 수립돼 있어 그 귀추가 주목된다.

일찍부터 관광객이 많이 찾는 곳이자 낚시인들도 많이 드나드는 곳이다. 인근에 발달한 해상좌대낚시터를 찾는 이들이 많은 데다 효자도·원산도로 향하는 원정 꾼들도 많고, 현지 선착장에서 가볍게 낚시를 즐기는 경우도 많다. 개펄 지형에 수중여가 발달해 있어 주꾸미와 갑오징어가 즐겨 모여들고 숭어·붕장어·우럭도 곧잘 낚이기 때문이다. 소라·바지락·민꽃게 등이 풍부한 곳이기도 하다.

■ 어종과 시즌

루어낚시 어종으로 주꾸미와 갑오징어가 영목항을 대변하고 던질낚시에 붕장어가, 찌낚시엔 숭어·학공치가 붙는다. 8월로 접어들면 선착장 주변으로 쭈꾸미·

영목항

갑오징어가 선을 보이지만 아직 씨알이 잘고 조황도 날마리다. 이들을 노리는 본격 에깅 시즌은 10월. 씨알도 굵게 낚일 뿐만 아니라 낙지도 간간이 섞인다.

가을 시즌엔 찌낚시로 학공치·숭어를 노리는 이들도 늘어나고, 특히 선상 에깅을 즐기는 나들이객들이 많아 주말 아침이면 선착장 주변이 붐비기도 한다.

■ 포인트 및 참고 사항

여객선이 닿는 선착장과 어선이 닿는 선착장이 있고, 물양장과 주차장 축대 구간이 길게 이어져 포인트 범위는 넓은 편이다. 가을 시즌이면 평일에도 주변을 어슬렁거리는 낚시인들이 많은데, 단골 꾼들은 여객선이 닿는 선착장 왼쪽에서 주로 낚시를 한다. 특히 여객선터미널 뒤쪽은 계단이 길게 축조돼 있어 낚시하기가 아주 편하다. 조류 소통이 원활한 데다 만조 때는 7~8m 수심을 보여 원투낚시 채비를 던지면 붕장어가 잘 낚이고 찌낚시엔 학공치·숭어도 나오지만, 역시 으뜸은 가을 주꾸미와 갑오징어다. 이들을 겨냥해 에깅을 시도할 때는 합사 1호 정도의 가는 원줄을 사용하는 것이 좋고, 특히 밤낚시를 할 때는 가로등 불빛 근처를 찾는 게 좋다. 지그헤드 채비엔 우럭도 걸려들지만 큰 씨알은 기대하기 어렵고, 사리 물 때에는 물색이 탁해져 낚시에 어려움을 겪기도 한다.

어선들이 주로 닿는 남쪽 선착장에선 갑오징어보다는 주꾸미가 잘 낚이고, 낚시 초보자들이 찾기에 적합한 여건이다.

영목항 주변엔 횟집과 식당·편의점들이 고루 구색을 갖추고 있고, 간이 낚시점에서 간단한 장비 및 채비·미끼를 조달할 수 있어 아무런 불편이 없다. 선상낚시에 비해 비용이 저렴한 해상좌대낚시터에서도 풍성한 조과를 올릴 수 있다.

주요 연락처(041)

* 형제낚시 673-7150
  태안군 고남면 고남리 325-4
* 온달낚시 010-6472-0204
  태안군 고남면 고남리 334-54
* 여객선터미널 673-9887
  태안군 고남면 고남리 334-65
* 갤러리펜션 010-4089-5743
  태안군 고남면 고남리 1770
* 글쓴이 상록수(김종권)
  010-5328-6332

↓ 영목항 여객선터미널 옥상에서 내려다본 물양장. 건너편으로 추도(抽島)가 보인다.

서산B지구방조제

- **소재지** : 서산시 부석면 창리 338 외
- **길이** : 1,228m
- **위치 참조** : 〈최신 전국낚시지도〉 148p B6

찾아가는 길

서해안고속도로 홍성톨게이트를 나와 갈산교차로와 상촌교차로에서 각각 해미·안면도 방향으로 좌회전해 천수만로를 따라 계속 직진하면 된다. 서산A지구방조제가 먼저 나타나고 그 다음 서산B지구방조제가 나타나는데, 창리교차로를 지나 방조제 입구(현대서산농장 입구)에서 좌회전하면 안전한 주차공간이 있다.

■ 서산A,B지구 방조제 탄생의 신화

세월이 흘러 더러는 잊히고 누군가에겐 아예 생소할 수도 있지만 서산A,B지구방조제 건설은 숱한 화제를 남겼다. 서쪽 태안반도와 동쪽 서산시 부석면·고북면 일대의 천수만(淺水灣) 북쪽 지역을 매립한 이 간척사업은 1980년 5월에 착공, 15년 세월이 흐른 1995년 8월 완공에 이르기까지 온갖 우려와 기대를 불러일으켰다. 전체적인 공과(功過)에 대한 평가는 서로 이견이 있겠으나 방조제 물막이 공사에 얽힌 비화만큼은 두고두고 기억할 만하다.

간척사업의 1단계 주요 공사 구간으로, 태안군 남면 당암리와 서산시 부석면 창리를 잇는 이곳 서산B지구방조제는 1982년 10월 26일에 순조롭게 마무리되었다. 이후 2단계 구간인 서산시 부석면 창리와 홍성군 서부면 궁리를 잇는 A지구방조제의 최종 물막이 공사가 난제로 떠올랐다. 양쪽에서 뻗어나가던 둑이 합쳐지기 전 260m 구간의 물살이 급기야 초속 8.2m에 이르렀고, 10톤 넘는 크기의 바윗덩이를 아무리 쏟아 부어도 낙엽처럼 떠밀려 더 이상 진척이 이뤄지지 않았다. 이때 공사를 맡고 있던 현대건설 정주영 회장이 또 하나의 성공 신화를 탄생시켰다. 고철로 사용하기 위해 스웨덴으로부터 30억 원에 사들여 울산에 보관 중이던 폐 유조선

(워터베이호 - 폭 45m, 높이 27m, 길이 322m, 총 23만 톤급)을 끌고 와 이곳 방조제 구간의 마지막 물줄기를 가로막은 후 유류탱크에 바닷물을 집어넣고서 서서히 가라앉힌 것이다.

1984년 2월 25일, 기상천외한 이 장면은 우리나라 TV방송에 생중계되어 지켜보는 온 국민들로 하여금 탄성을 자아내게 했고, 뉴스위크지와 타임지에까지 소개되어 세계적 화제를 불러일으키기도 했다. 세계 어느 나라 토목공학 사례에도 없던 이 공법은 이름 하여 '정주영 공법' '유조선 공법'으로 지금도 국내외 학계에 회자되고 있다. 이후 간척사업이 순조롭게 진행되고 현대서산농장이 들어선 후 정주영 신화는 또 '소떼 방북' 화제로 이어진다. 요약컨대 서산간척지구는 우리나라 국토개발의 명암이 교차하는 현장이기도 하다.

■ 낚시 여건

1980년대 초반, 서해안 최대 감성돔 산란지로 각광 받던 천수만이 매립되기 시작하면서 낚시인들에게도 이해득실이 갈렸다. 감성돔 봄낚시 어장이 망가진 대신, 15.62km² 면적의 부남호(B지구)와 27.33km² 면적의 간월호(A지구) 민물낚시터가 생겼고, 온갖 바다 어종이 찾아드는 서산A,B지구방조제 낚시터가 생긴 것이다. 이곳 서산B지구방조제의 경우 서쪽 절반은 태안군 남면 당암리이고 동쪽 절반 구간이 서산시 부석면 창리 338번지에 해당한다. 따라서 서산·태안 방면에서도 찾기 쉽지만, 수도권 낚시인들은 서해안고속도로 홍성IC를 이용하는 게 빨라 인근 홍성·태안 방면 낚시터까지 섭렵하기 좋은 위치다.

안산 시화방조제와 당진 석문방조제와는 달리 인근 서산A지구방조제를 비롯한 이

인근 낚시점(041)

*창리낚시 665-3002
서산시 부석면 창리 286-97
*소나무낚시 631-6345
홍성군 서부면 궁리 301-1
*대원낚시 010-2033-7471
태안군 남면 당암리 1-20

↓ 동쪽 배수갑문 쪽에서 바라본 서산B지구방조제 모습. 바다 쪽 석축 경사면이 밋밋해 발판이 안정적이고 철따라 다양한 어종이 낚인다.

곳 서산B지구방조제는 주차 여건이 좋은 편이고, 바다 쪽 호안 경사면도 완만해 비교적 안전하게 낚시를 즐길 수 있다. 낚시 어종 또한 어느 곳보다 다양하다. 온갖 붙박이성 어종에 숱한 회유어종이 가세하는가 하면, 갑오징어 · 낙지 · 주꾸미 등 두족류까지 강세를 보이는 만물 낚시터로, 던질낚시 · 찌낚시 · 루어낚시 등 모든 장르의 낚시가 가능한 종합 운동장이기도 하다. 야영 공간이 있다는 점도 특이하고, 적시적소에 필요한 채비 · 미끼까지 현지 조달할 수 있는 낚시점들도 가까워 그 어느 곳보다 편리한 낚시 여건이다.

■ 어종과 시즌

흔히 하는 말로 서해 어종이 모두 선보이는 곳이다. 우선 그 이름을 나열하면 우럭 · 노래미 · 광어 · 붕장어 · 숭어 · 농어 · 고등어 · 삼치 · 학공치 · 갑오징어 · 주꾸미 등이 철따라 세력다툼을 한다. 찌낚시 동호인들이 선호하는 돔 종류도 가세한다. 가을이면 살감성돔이 마릿수 조황을 보이는가 하면 씨알 좋은 감성돔도 섞이고, 인근 해상가두리낚시터에서 탈출한 참돔까지 가세해 뜻밖의 횡재를 안겨주기도 한다.

성급한 단골 꾼들은 3월부터 찾아 묘수를 발휘하기도 하지만 제대로 손맛을 볼 수 있는 시기는 4월부터 시작돼 5월로 접어들면서 본격 시즌을 이룬다. 지검(脂瞼)이

↓ 서산B지구방조제 동쪽 배수갑문 건너편 포인트. 기수역을 좋아하는 농어 · 숭어 · 삼치가 많이 붙는다.
↓↓ 태안군 남면 당암포구와 인접한 서산B지구방조제 서쪽 진입부 포인트.

채 가시지 않은 초봄 숭어 훑치기로부터 시즌이 시작돼 우럭 · 노래미 · 붕장어가 가세하면 이들은 11월 말까지 입질을 이어간다. 이들 지킴이 어종 외에 손맛과 입맛을 함께 안겨주는 어종은 가을에 집중된다.

무더위가 한풀 꺾이는 8월 말이면 멸치떼를 따라 고등어가 나타나고 곧 이어 삼치가 가세해 11월까지 시즌을 형성한다. 마릿수 재미를 누릴 수 있는 고등어는 카드 채비가 유리하고, 굵은 씨알의 삼치를 노리려면 루어 채비가 효과적이다. 천수만 낚시를 상징하는 주꾸미는 8월 말부터 나타지만 이때는 씨알이 잘아 뜰채질로 퍼담는 이들도 있는데 절대 자제해야 할 일이다. 9월 중순이면 낚시로 잡을 만한 씨알이 되고 이때면 갑오징어도 나타나 11월 말까지 시즌을 형성하는데, 마릿

수 재미는 단연 주꾸미가 앞선다. 10월이면 그림자를 짙게 드리워 11월까지 연안을 배회하는 학공치 또한 빼놓을 수 없다. 가을이면 또 원투낚시 그물채비로 꽃게와 박하지(민꽃게)를 전문으로 노리는 이들도 있다.

■ 포인트 및 참고 사항

서쪽 당암포구로부터 방조제 전 구간을 포함해 동남쪽 창리포구에 이르기까지의 1.5km 지역에서 널리 낚시가 이뤄진다. 방조제 구간은 전역이 비슷한 여건이지만 서

↑ 서산B지구방조제 동쪽 배수 갑문에서 바라본 남쪽 창리포구. 주꾸미 · 갑오징어 포인트가 계속 이어지는 곳이다.

쪽보다는 동쪽 지역 조황이 우세한 편이다. 양쪽 두 개의 배수갑문 가운데 서쪽 배수갑문은 폐쇄된 지 오래고, 동쪽 창리교의 배수갑문을 통해 부남호의 담수가 배출돼 민물과 바닷물이 섞이는 기수역(汽水域)을 좋아하는 농어 · 숭어 · 삼치 무리가 더욱 많이 모여든다. 특히 여름철의 많은 비로 인해 만수위를 이룬 부남호 물이 배출될 때면 빙어가 쏟아져 내려 이를 먹이로 하는 농어가 몰려든다. 가을 삼치도 마찬가지다. 이때는 인근 낚시점을 통해 배수갑문 개방 여부를 한시라도 빨리 알아내는 게 게 좋다.

방조제 구간에서의 낚시는 갓길에 주차를 하고서 둑방 아래로 쉽게 진입할 수 있으나 보다 안전한 구역은 동쪽 창리낚시레저 앞이다. 주차 공간이 형성돼 있는 데다 수문 근처에서의 낚시가 훨씬 수월한 때문이다.

방조제 구간 전역에서는 우럭 · 노래미 · 붕장어 · 비디미(살감성돔) · 고등어 · 주꾸미 조황이 고른 편이며, 동쪽 수문 근처는 이들 어종을 포함해 특히 숭어 · 삼치 조황이 뛰어난 곳이다. 가을 갑오징어 · 주꾸미 또한 동쪽 수문 좌우 구간을 포함해 남쪽 창리포구로 이어지는 축대 밑에서 입질이 잦은 편이다.

방조제 일대에서의 조황이 시원찮을 때는 인근 해상좌대낚시터를 찾아도 좋다. 조황이 우세한 가두리수상좌대는 입어료가 다소 비싼 편이지만(1인당 4만 원 정도), 일반 수상좌대는 그 절반 수준이다. 서쪽 당암리 앞과 동쪽 창리 앞바다에 수상좌대가 즐비하게 설치돼 있다. 이와 반대로 창리 또는 당암포구에서의 좌대낚시를 할 때도 전날 해거름에 미리 도착해 이곳 방조제에서 전초전을 치르는 것이 오히려 더 좋은 방법일 수 있다.

간월도항방파제

- 소재지 : 서산시 부석면 간월도리 26-29
- 길이 : 방파제 1500여m, 선착장 110여m
- 위치 참조 : 〈최신 전국낚시지도〉 148p C6

찾아가는 길

서해안고속도로 홍성톨게이트를 나와 갈산교차로와 상촌교차로에서 각각 해미·안면도 방향으로 좌회전해 천수만로를 따라 계속 직진한다. 서산A지구방조제를 건너자마자 간월교차로에서 왼쪽으로 약 1km만 진입하면 간월도항 주차장에 이른다.

■ 낚시 개황

서산A방조제와 B방조제 사이의 돌출 지형에 육지가 된 지 이미 오래인 간월도(看月島)가 있고, 그 남쪽 꼬리에 섬 아닌 섬 '간월암'이 붙어 있다. 인근 두 방조제 낚시터의 유명세에 가려 낚시만을 목적으로 이곳을 찾는 경우는 드물고, 현지 명소·명물인 간월암(看月庵)과 어리굴젓을 찾는 이들이 대부분이다. 인근 창리·당암포구와 함께 새조개 산지로도 유명한 곳이다.

낚시는 비슷한 길이로 나란히 뻗은 선착장과 방파제에서 이뤄진다. 우럭·망둥어·숭어·붕장어·고등어·주꾸미·갑오징어 등이 선보이지만, 특별히 주력어종으로 내세울 정도는 아니다. 추천할 만한 대상은 초가을 고등어와 9~10월 주꾸미다. 4~5월엔 간혹 굵은 감성돔이 비치기도 하고, 가을엔 잔챙이 살감성돔 무리가 들락거린다.

입구 쪽 경사진 선착장에선 가을 망둥어낚시가 적합하고, 석축으로 축조된 아래쪽 방파제에선 가을 고등어·살감성돔도 좋지만 씨알이 너무 잘아 주꾸미를 적극 공략하는 편이 효과적이다. 방파제 끝 지점에서 석축을 타고 내려가 10시~12시 방향을 노리면 된다.

간월도항

인근 낚시점(041)

*간월낚시 010-5474-0905
 서산시 부석면 간월도리 16-8
*창리낚시 665-3002
 서산시 부석면 창리 286-97
*소나무낚시 631-6345
 홍성군 서부면 궁리 301-1

← 간월도항 남쪽에 위치한 간월암(看月庵)의 사계절 풍경. 출사객들이 즐겨 찾는 촬영 포인트이다.

■ 참고 사항

간월도를 처음 찾는 이라면 간월암을 염두에 두지 않을 리 없다. 설사 낚시에만 뜻을 둔다 해도 절로 눈길이 쏠리게 돼 있다. 간월암(看月庵)의 간(看)자는 '손을 이마에 대고 바라본다'는 뜻인데, 이 암자를 창건했다는 조선조 무학대사뿐만 아니라 지금도 수많은 관광객들이 이마에 손을 얹고 간월암을 바라본다.

달을 보는 게 아니라 암자와 그 너머로 지는 해를 보고 황홀경에 빠진다. 그러나 보름사리 때 떨어지는 새벽달을 바라보는 황홀경은 낚시꾼만이 누릴 수 있는 행운일 것이다.

↓ 간월암 입구 주차장 언덕에서 내려다본 간월도항방파제. 내·외항 방향 모두 석축으로 단장돼 있다.

서산A지구방조제

- **소재지** : 서산시 부석면 간월도리 675 외
- **길이** : 3,200여m
- **위치 참조** : 〈최신 전국낚시지도〉 148p C6

찾아가는 길

서해안고속도로 홍성톨게이트를 나와 갈산교차로와 상촌교차로에서 각각 해미·안면도 방향으로 좌회전해 천수만로를 따라 계속 직진하면 된다. 동쪽 배수갑문 근처에서 낚시를 하기 위해선 방조제 진입 직전 하리교차로에서 궁리항 방향으로 우회하고, 나머지 방조제 구간에서 낚시를 하기 위해선 건너편 간월교차로에서 유턴해야 한다.

■ 정주영 '유조선 공법'의 현장

천수만 북동쪽의 간월호(看月湖)를 가로지르는 서산A지구방조제 약 3.2km 가운데 중심지를 기점으로 절반가량의 서북쪽은 서산시 부석면 간월도리에 해당하고, 나머지 절반의 동남쪽은 홍성군 서부면 궁리에 속한다.

앞서 서산B지구방조제 편에서 상세 기술한 바와 같이 서산A,B지구방조제는 우리나라 산업화 시대의 산물로 숱한 고난과 역경이 담긴 역사적 현장이다. 그 중에서도 크게 화제가 된 것이 이곳 A지구방조제 물막이 공사다. 천수만(淺水灣) 북쪽 154.08km² 수면을 매립하는 대단위 간척사업의 첫 단계로 B지구방조제 공사가 1982년 10월 26일에 무사히 완료된 이후, 1984년 초 2단계 A지구방조제 공사 완료를 목전에 두고 난관에 부딪친 것이다. 서산 창리와 홍성 궁리에서 마주보고 뻗어나가던 둑이 드디어 합쳐질 무렵, 마지막 남은 260m 구간의 바다 물살이 초속 8.2m에 달해 10톤 크기가 넘는 바윗덩이가 낙엽처럼 나뒹굴어 더 이상 진척이 이뤄지지 않았다. 세계 어느 나라 토목공학 역사에도 선례가 없어 당시 공사를 맡고 있던 현대건설 정주영 회장이 뚝심으로 밀어붙인 것이 그 유명한 '유조선 공법'(일명 정주영 공법)이다. 스웨덴으로부터 30억 원에 사들여 울산에 보관 중이던

폐 유조선(23만 톤급 워터베이호) 유류탱크에 바닷물을 집어넣고서 그대로 가라 앉힌 것이다.

마음 급한 낚시인들은 눈길 돌릴 틈이 없겠지만, A지구방조제 중간 지점에 위치한 '간월호철새탐조대'를 찾아 주변 조망도 할 겸 잠시 주변을 둘러보면 이상과 같은 기록을 담은 안내간판이 설치돼 있어 사뭇 격세지감을 느끼게 한다.

■ 낚시 여건

서쪽 서산B지구방조 낚시와 유사한 여건이다. 갓길 주차 여건 역시 여유로운 데다 포인트 구간은 거의 2.5배에 달한다. 왕복 4차선 도로 중앙엔 철제 분리대 위로 철망 펜스가 이중으로 높게 설치돼 있어 무단횡단이 절대 불가하므로 동쪽 배수갑문 근처를 제외하곤 북쪽 간월도 방향에서 내려오는 하행선 차로를 이용해야 한다.

목적하는 지점에서 이르러 안전하게 갓길 주차를 한 후, 얼마 높지 않은 펜스를 넘어 둑방 위에 오르면 밑으로 밋밋한 경사의 견치석(犬齒石)이 피복돼 있고, 그 아래엔 또 평탄한 할석(割石)이 깔려 있다. 만조 때 서둘러 낚시를 하기보다는 평탄한 할석 구간이 드러날 때가 낚시 타이밍이므로 미리 물때 시각을 염두에 두고 떠나는 게 좋다. 찌낚시는 영향을 덜 받겠지만 원투낚시나 루어낚시를 할 경우, 만조 상태의 경사 구간에서는 캐스팅하기가 불편할 뿐만 아니라 포인트 거리까지 채비를 안착시키기도 어렵기 때문이다.

결국 이곳 방조제 낚시 물때 역시 중썰물부터 간조 후 1~2시간이 적기다. 평탄한 할석 아래로 드러나는 자갈밭 위에서 보이지 않는 수중여 포인트까지 장타를 날리기 쉽고 씨알 또한 굵게 낚이기 때문이다. 찌낚시는 이와 별개라는 점, 대상 어종

인근 낚시점(041)

*천수만낚시 633-6346
　홍성군 서부면 궁리 666-1
*소나무낚시 631-6345
　홍성군 서부면 궁리 301-1
*방조제낚시 663-9406
　서산시 부석면 창리 282-28
*창리낚시 665-3002
　서산시 부석면 창리 286-97

↓ 서산A지구방조제 중간 쉼터의 간월호철새탐조대 옥상에서 바라본 동쪽 방향(궁리항 방향) 모습.

별 낚시 방법에 따라 사리(5~8물) 때가 좋을 수도 있고 살아나거나 약간 죽는 물때(3~4물, 9~11물)가 좋을 수 있다는 점 참고 바란다. 단, 조금 물때는 입질 타이밍도 짧고 조황도 뒤지는 편이다.

■ 어종과 시즌

서산B지구방조제와 함께 가을 고등어가 파시를 이루는 가운데 삼치도 곁들여지고, 주꾸미 · 갑오징어도 먹물을 짙게 드리운다. 찌낚시 어종으로 숭어 · 학공치 · 살감성돔도 빼놓을 수 없다.

전체적으로 우럭 · 광어 · 노래미 · 망둥어 · 붕장어 · 숭어 · 농어 · 고등어 · 학공치 · 삼치 · 살감성돔 · 주꾸미 · 갑오징어 등이 대표 어종으로 꼽힌다. 4월 중순경 제일 먼저 배수갑문 근처에서 숭어 훌치기낚시가 성행하는데, 지방질 눈꺼풀이 벗겨지기 시작하면 떡밥낚시 및 찌낚시로 전환되면서 가을 늦게까지 숭어 시즌이 계속된다. 우럭은 4월 중하순부터, 광어는 빠를 경우 5월 중순부터 입질을 개시한다. 땡볕 더위가 맹위를 떨치는 8월 한여름이면 이때다 하고 학공치 · 삼치 · 고등어가 기습하는데, 9월부터 본격 시즌을 이뤄 10월 말까지 들락거린다. 심실풀이 망둥어도 씨알이 한층 굵게 낚인다. 고등어 · 학공치는 3.5칸 민장대 찌낚시 채비로 속전속결을 하되 마릿수 재미를 더하려면 밑밥이 필수다. 배수갑문 근처에서 잘 낚이는 삼치는 빙어 미끼가 주효하고, 해뜰 무렵과 해질 무렵에 입질이 집중된다. 서산A지구방조제 낚시가 피크를 이루는 9~10월엔 또 주꾸미 · 갑오징어도 가세해 늦게는 12월 중순까지 먹물을 뿜어댄다. 씨알은 잘아도 초보자들에겐 가을 살감성돔이 마릿수 재미를 선사한다.

↓ 서산A지구방조제 중간 쉼터에 세워진 '서산 간척지 사업' 안내도. 당시 물막이 공사를 진두지휘한 현대그룹 고 정주영 회장 사진이 보인다.

■ 포인트 및 참고 사항

전체적으로 홍성 방향에서 진입하는 코스를 기준으로 설명한다. 수도권에서 출발할 경우 홍성IC를 이용하는 것이 빠르기 때문이다. 여느 방조제 낚시가 그러하듯 서산A지구방조제도 배수갑문 근처가 핵심 포인트다. 이곳 배수갑문만큼은 홍성 방향으로부터 궁리교 직전의 하리교차로에서 궁리항 방향으로 우회해 배수갑문 옆 옛 도로변에 주차하거나 작은 횟집(남당항로 925번지) 옆 공터에 주차

↑ 서산A지구방조제 동쪽에 위치한 배수갑문 주변. 〈지도〉에 표시된 '간이횟집' 밑에서 촬영한 모습이다.

하면 된다. 배수갑문 좌우 석축 지대에서 배수갑문 중심부를 향해 캐스팅하면 되는데, 기수역을 좋아하는 숭어·농어가 잘 낚인다. 만조 때에 불편한 자리에서 힘들게 캐스팅하는 것보다 썰물이 어느 정도 진행될 때까지 기다렸다가 바닥 드러난 자갈밭 또는 횟집 석축 밑에서 수문 물골 중심부를 향해 집중타를 날리는 게 효과적이다.

나머지 구간은 서쪽 간월교차로에서 유턴한 뒤 홍성 방향으로 진행하는 하행선 도로변 갓길에 주차하고서 포인트로 진입해야 한다. 핵심 포인트는 두 구간이다. 첫번째는 간월교차로에서 600여m 진입한 지점이다. 갓길에 주차 후 제방 쪽으로 내려서면 전방에 얕은 간출암이 있고, 썰물 때 그 주변으로 굵은 자갈 바닥이 넓게 드러난다. 가을 시즌 주꾸미와 갑오징어가 잘 낚이는 일급 포인트이다. 스푼 또는 하드 베이트 계열의 루어를 멀리 날리면 씨알 굵은 삼치도 걸려든다.

두 번째는 방조제 중간 지점, 즉 간월호철새탐조대가 있는 쉼터 건너편이다. 전방에 수중여가 듬성듬성 형성돼 있어 장타를 치면 굵은 우럭과 광어가 잘 낚이고 가을 주꾸미와 갑오징어 입질도 화끈한 곳이다. 낚시 시즌 땐 이곳 방조제를 찾는 낚시 차량들이 서서히 속도를 줄이며 깜박이등을 켜는 모습으로 가장 선호하는 포인트임을 눈치 챌 수 있다.

전체적으로 서산A지구방조제는 9~10월에 가장 다양한 어종이 선보이는 만큼 이 시기엔 현지 조황을 확인해 대상어종에 맞는 채비를 준비하는 게 우선이지만, 자신의 취향에 맞는 낚시 장르를 소신껏 구사해도 된다. 찌낚시 및 원투낚시, 루어 캐스팅 및 에깅 장르 모두 확률이 높기 때문이다.

가족을 동반한 낚시객들은 방조제 중간 지점의 '간월호철새탐조대'를 찾거나 궁리교 방향의 '홍성조류탐사과학관'을 찾아 체험학습을 공유할 만하다.

보령 대천항

Section **5**

충남
홍성군, 보령시, 서천군

원산도 선촌항

장고도 명장섬

삽시도 면삽지

녹도 북쪽, 여객선 선착장 우측 갯바위

외연도 북쪽, 상투바위와 매바위

남포방조제 옆, 죽도 상화원(尙和園)

홍성 남당항방파제 / 홍성방조제 & 수룡포구

보령 학성선착장 & 맨삽지섬 / 회변 선착장 외 / 보령방조제 & 오천북항 / 오천항선착장 / 월도(月島) /

　　육도(陸島) / 허육도(虛陸島) / 추도(抽島) / 소도(蔬島) / 효자도(孝子島) / 원산도(元山島) / 고대도(古代島) /

　　장고도(長古島) / 삽시도(揷矢島) / 호도(狐島) / 녹도(鹿島) / 외연도(外煙島) / 대천항방파제 /

　　뒷장벌 갯바위 / 갓배 갯바위 / 남포방조제 & 죽도 / 용두 갯바위 / 무창포항방파제 / 닭벼슬섬

보령 · 서천 부사방조제

서천 홍원항 방파제 외 / 비인항(마량항)방파제

남당항방파제

- **소재지** : 홍성군 서부면 남당리 862
- **길이** : 9500m
- **위치 참조** : 〈최신 전국낚시지도〉 167p D2

찾아가는 길

서해안고속도로 홍성톨게이트를 나와 왼쪽 상촌교차로에서 다시 좌회전 후, 전방 3600여m 지점의 갈산교차로에서 우회전해 남당리 · 남당항 표지판을 따라 계속 진행하면 된다. 홍성톨게이트에서 약 15km 거리다.

■ 낚시 여건

가을철 '대하축제'와 늦겨울 '새조개축제'로 널리 유명한 곳이다. 드넓은 주차장을 지나 하나로마트 쪽으로 진입하다 보면 반달 모양으로 항구를 감싼 이색적인 방파제 모양이 눈길을 끈다. 대부분 직선 형태로 뻗거나 직각 또는 반각 형태로 구부러지는 일반 방파제와는 달리 이곳 남당항방파제는 둥글게 항구를 감싸 안은 모습이 그야말로 반월성(半月城)을 연상케 한다.

동해 궁촌항(삼척)과 죽전항(경주), 서해 당진항과 비응항(군산)에도 이 같은 모양의 반달 방파제가 있지만 그 규모와 미려함이 이곳 남당항방파제와는 결코 비교할 바 못 된다.

1km에 육박하는 길이도 웅장하지만 자동차로 방파제 거의 끝 지점까지 부담 없이 달릴 수 있다는 점도 특이하다. 방파제 상판 구조가 상 · 하단으로 분리돼 있어 높은 상판 쪽은 보행로 역할을 하고 내항 쪽 낮은 상판은 차도 역할을 한다. 당연히 주차공간도 마련돼 있는데, 자그마치 그 면적이 3,500여 평에 달한다. 이렇듯 남당항방파제는 낚시를 비롯한 나들이 휴식을 배려, 축조한 현대식 친수공간임을 실감하게 한다.

■ 어종과 시즌

우럭 · 노래미 · 숭어 · 망둥어 · 주꾸미 · 갑오징어가 대표적이다. 우럭 · 노래미는 4월 중하순부터 드문드문 입질을 시작, 5월 중순이면 본격 시즌을 형성해 늦가을까지 이어진다. 아침 · 저녁 찬바람이 불기 시작하는 9월이면 씨알 굵은 망둥어가 나들이 꾼들의 사냥감이 되고, 주꾸미 · 갑오징어가 남당항방파제의 주역으로 떠오른다. 9월 초반 시즌엔 씨알이 잘지만 10월, 11월로 접어들면 주꾸미 씨알이 한층 굵어지고 갑오징어 개체수도 많아진다. 10월이면 고등어 · 학공치도 선보이는데, 시즌이 제대로 형성되지 않고 빤짝 하고 끝나는 경우도 많다.

■ 포인트 및 참고 사항

한 마디로 10월 나들이 계절에 맞춰 가족과 함께 편안한 자리에서 주꾸미 · 갑오징어낚시를 즐기기 좋은 곳이다.

방파제 내 · 외항 쪽 모든 구간이 석축으로 구성돼 있어 앉을자리가 편할 뿐만 아니라, 자동차로 편리하게 진입해 곧장 낚시를 시작할 수 있는 주차장 외항 쪽에는 특히 계단이 길게 축조돼 있어 여성들과 아이들이 낚시하기에 더없이 편안한 여건이다. 가족과 함께 밤낚시를 하기에도 좋은 여건인데 화장실이 없다는 게 한 가지 아쉬움이다. 이곳 계단에 걸터앉아 낚시를 하는 이들이 많지만, 만조 땐 잘 보이지 않는 물 밑 구조를 감안해야 한다. 8~9개 층 계단이 끝나는 지점 아래는 썰물 때 석축 구조물이 나타나는데, 이곳 석축 위에 오르거나 마지막 넓은 계단에서의 낚시가 가장 효과적이다. 방파제 입구 선착장 쪽에서도 주꾸미가 곧잘 낚이고 망둥어는 더 말할 나위가 없다.

인근 낚시점(041)

＊아가미피싱 631-1850
　서부면 남당리 861 인근
＊리더낚시 631-1153
　갈산면 상촌리 394
＊서진낚시 632-3027
　갈산면 상촌리 397
＊입질대박 631-2124
　갈산면 상촌리 398-1

↓ 남서쪽 상공에서 내려다본 남당항(국가어항). 반달 모양의 방파제에는 대형 주차장이 축조돼 있어 승용차로 곧장 진입해 편리하게 낚시를 즐길 수 있다.

홍성방조제 & 수룡포구

- **소재지** : 홍성군 서부면 신리 660 외
- **길이** : 방조제 2.3km, 방파제 170여m
- **위치 참조** : 〈최신 전국낚시지도〉 167p D3

찾아가는 길

서해안고속도로 홍성톨게이트를 나와 왼쪽 상촌교차로에서 다시 좌회전한다. 전방 360여m 지점의 갈산교차로에서 남당리 방면으로 우회전해 약 8km 지점의 송촌삼거리에서 결성·광천IC 방면으로 좌회전해 천북·보령 방면으로 계속 진행하면 된다.

인근 낚시점(041)

*홍성낚시 632-1222
홍성군 갈산면 상촌리 380-2
*리더낚시 631-1153
홍성군 갈산면 상촌리 394
*천지낚시 641-0388
보령시 천북면 장은리 1070

↓ 북쪽 방향 산봉우리(방조제 준공 기념탑)에서 내려다본 홍성방조제와 수룡포구.

■ 낚시 개황

남당항 남쪽, 겨울 굴 축제로 유명한 장은리(보령시 천북면) '굴단지' 가는 길에 1km 길이의 방조제가 홍성과 보령을 연결하고, 방조제 북단 배수갑문 근처에 수룡포구가 위치한다. 홍성방조제 남단엔 또 비슷한 규모의 장은리포구가 위치한다. 2001년 준공 초기엔 방조제 구역에서 낚시가 이뤄졌으나 수룡포구가 조성되면서부터 두 곳 방파제로 그 중심이 이동되었다. 주차공간도 적절하고 방파제 규모에 비해 찾는 이들이 많지 않아 호젓하게 낚시를 즐길 수 있는 분위기다.

개체수는 많지 않아도 우럭·광어·도다리·숭어가 선보이고, 가을 망둥어와 주꾸미·갑오징어 조황이 쏠쏠한 편이다. 배수갑문 근처엔 삼치·농어·전어도 붙지만 포인트 접근이 허용되지 않아 실체가 파악되지 않는다.

■ 참고 사항

수룡포구엔 남북으로 두 개의 방파제가 축조돼 있고 양쪽 방파제를 연결하는 통로엔 주차공간도 마련돼 있지만 아무런 편의시설이 없는 곳임을 참고해야 한다. 중간에 간이화장실이 설치돼 있는 입구 쪽(북쪽) 방파제는 배수갑문의 영향을 받는 곳으로 남쪽 방파제보다 우선시되는 포인트다. 석축 가까운 거리에서 잔챙이 씨알이나마 우럭이 곧잘 낚이고 원투 채비엔 도다리도 입질을 한다. 내항 쪽 선착장 끝에선 가을 망둥어와 주꾸미가 걸려든다.

남쪽 방파제 역시 외항 방향이 포인트이고, 북쪽 방파제와 마찬가지로 중들물~중썰물 사이에 주로 입질이 닿는다. 방조제 남단 장은리포구에서도 가을 주꾸미낚시가 이뤄지지만 수룡포구에 비해 수심이 아주 얕아 크게 권할 바는 못 된다.

홍성방조제 & 수룡포구

학성선착장 & 맨삽지섬

- 소재지 : 보령시 천북면 학성리 617-7 인근 외
- 길이 : 2500여m 외
- 위치 참조 : 〈최신 전국낚시지도〉 167p D4

■ 낚시 개황

보령시 천북면 학성3리 해변 남쪽에 위치한 작은 섬을 맨삽지 또는 맨삽지섬이라 한다. 몇몇 낚시인들은 이 섬을 밤섬이라 부르기도 하는데, 밤섬은 이보다 더 남쪽에 따로 위치하는 별개의 지명이다.

'맨삽지'는 바닷물이 밀려들면 섬이 되었다가 썰물이 되면 바닷길이 드러나 육지 또는 본섬과 연결되는 작은 섬을 지칭하는 것으로, 마치 삽으로 푹 떠 던져 둔 것 같다는 데서 유래된 지명이다. 이 같은 지형에 붙여진 비슷한 이름으로, 보령시 오천면 삽시도(揷矢島) 서쪽에도 '면삽지'란 곳이 있다.

소나무가 무성하게 자라 현지민들 사이엔 솔섬이라 부르기도 하는 이곳 면삽지는 낙조(落照)가 아름답기로 소문나 출사객들이 많이 찾고, 인근 자갈 및 돌밭 지형에서 주꾸미·갑오징어가 잘 낚여 가을이면 루어 낚시인들이 즐겨 찾는다.

■ 참고 사항

천수만(淺水灣) 동쪽 입구에 위치해 주꾸미·갑오징어가 많이 붙는다. 인근 회변항에 비해 덜 알려진 곳이지만 알음알음 찾아드는 에깅 꾼들이 적지 않은 편이다.
맨삽지 입구는 주차 공간이 협소해 현지민들과 마찰을 빚을 수도 있다. 주차 여건이 마땅찮을 땐 학성선착장 주변에 안전하게 주차를 한 후 만조 시각에는 선착장 위에서 워밍업을 하다가 썰물이 시작되면 맨삽지 입구를 찾아 점차 드러나는 자갈밭 주변을 탐색하면서 맨삽지로 공략해 들어가면 된다. 자갈과 펄이 섞인 바닥에선 주꾸미가 잘 낚이고, 돌바닥에선 갑오징어가 잘 낚인다. 9월엔 마릿수 재미가, 10월엔 씨알 재미가 좋다. 썰물 땐 바지락 캐고 고동 줍는 해루질도 많이 한다.

찾아가는 길

서해안고속도로 광천톨게이트를 나오자마자 광천IC교차로에서 천북 방면으로 우회전해 천광로를 따라 계속 진행하다가 천북삼거리 또는 하만삼거리에 이르면 보령 방면으로 남하한다. 곧 나타나는 하만교차로에서 학성리 방면으로 우회전해 학성마을로 접어들면 학성3리 이정표를 보고 우회전해 염생이길을 따라 계속 진입하면 된다.

주요 연락처(041)

*노을애향기펜션 641-7007
 보령시 천북면 학성리 563-7
*오천바다낚시 641-5666
 보령시 천북면 하만리 609-3

↓ 남쪽에서 바라본 학성3리 면삽지섬. 썰물 시각에 진입해 가을 주꾸미와 갑오징어를 캐는 곳이다.

학성선착장 & 맨삽지섬

회변 선착장 외

- **소재지** : 보령시 천북면 학성리 239-5 인근 외
- **길이** : 35m 외
- **위치 참조** : 〈최신 전국낚시지도〉 167p E5

찾아가는 길

서해안고속도로 광천IC로 나와 천북 방면으로 진행한다. 천북면 소재지에서 남쪽 하만삼거리를 지난 하만교차로에서 학성리 방향으로 우회전한다. 학성마을로 접어들어선 학성4리→학성1리→학성2리 순서로 진행하되, 계속 '하학로' 표지판을 따라 끝까지 진입하면 된다.

■ 지형과 지명

먼저 이곳 '회변'이 위치한 지형과 지명에 관한 이해를 돕고자 한다. 인근 밤섬·오룡동·저뜨기 등 학성리의 자연마을 중 하나인 '회변' 마을은 원래 호변동(湖邊洞)에서 유래된 이름이다. '호숫가 마을'이란 뜻으로, 마을 앞바다의 모양새에서 비롯된 것이다. 지도를 들여다보면 금방 수긍이 간다. 회변 서쪽에는 천수만(淺水灣), 동북쪽에는 보령방조제와 보령호(保寧湖)가 위치한다. 건너편 오천항 사이의 바다는 예나 지금이나 좁고도 긴 해협(海峽)이다. 큰 강줄기를 연상케 하는 지형으로 대형 선박 왕래가 없던 시절, 바람 없는 좁다란 바다는 호수처럼 느껴졌을 법도 하다.

다음은 실상과 거리가 먼 '회변항'이란 이름이다. 건너편 오천항을 드나드는 온갖 배들이 뻘물을 일으키며 지나는 이 작은 마을 해변엔 불과 30여m 길이의 아주 작은 슬로프 선착장 하나가 축조돼 있을 뿐인데, 거창하게도 '항구'란 이름으로 불린다. 포털 사이트 지도에 이곳 지명이 잘못 표기된 탓인데, 아무튼 '회변항'이란 지명과는 달리 관광객과 낚시인들을 상대하는 민박집과 횟집 몇 채 외에는 별다른 편의시설이 없는 곳임을 참고 바란다.

회변선착장

■ 낚시 개황

항구는커녕 포구 규모에도 못 미치는 곳이지만 어선보다 낚싯배가 더 눈에 많이 띌 만큼 낚시터로서의 비중은 대단하다. 건너편 오천항의 혼잡을 피해 이곳 낚싯배를 이용하거나 개인 모터보트를 끌고 와 직접 선상낚시를 떠나는 경우도 많지만, 인근 해변에서 편안히 도보낚시를 즐기는 이들도 많다. 워킹낚시 대상어는 주꾸미와 갑오징어, 시즌은 가을 한철이다.

지도에서 보는 것처럼 그야말로 지형이 그럴싸하다. 천수만과 광천(廣川) 방향으로 나뉘는 해협 턱받이에 위치해 밀물과 썰물 조류가 고루 교차하고, 반달 모양의 해안가엔 개펄과 자갈, 돌과 암반이 고루 발달해 있다. 주꾸미와 갑오징어 서식 여건으로 딱 맞아떨어지는 것이다. 굳이 비싼 돈 내고 낚싯배 탈 필요 없다는 말이 나올 정도로 허탕이 없고, 주꾸미 못지않게 갑오징어가 잘 낚여 도보 낚시를 좋아하는 루어 마니아들이 즐겨 찾는다. 시즌은 9~11월. 늦가을에 이를수록 씨알이 굵게 낚인다.

■ 참고 사항

선착장을 기점으로 낚시가 이뤄진다. 진입 초입부에 해당하는 동쪽 석축 끝 산자락 밑 일대는 썰물 때 돌밭이 넓게 드러나는 곳으로 특히 갑오징어가 잘 낚인다. 포인트 바닥이 다 드러나기 전에는 물속으로 들어가 장타를 날려야 한다.

선착장 주변은 물론 서쪽 방향도 썰물 시각에 굵은 자갈밭이 넓게 드러나는 주꾸미 · 갑오징어 포인트이다. 다운샷(Down shot)과 스플릿샷(Split shot) 채비가 주효하며, 봉돌은 4/1온스 이상으로 약간 무겁게 사용하는 것이 좋다.

인근 낚시점(041)

*학성낚시 641-4366,7
천북면 학성리 239-31
*오천바다낚시 641-5666
천북면 하만리 609-3

↓ 회변 선착장 북쪽 산자락 포인트(위 사진)와 대성낚시펜션 방향의 서쪽 자갈밭 해변 포인트(아래 사진). 전역이 가을 주꾸미 · 갑오징어 포인트이다.

보령방조제 & 오천북항

- **소재지** : 보령시 천북면 하만리 1195-1 외
- **길이** : 방조제 860여m 외
- **위치 참조** : 〈최신 전국낚시지도〉 167p E5

찾아가는 길

서해안고속도로 광천IC를 이용하되 톨게이트 통과 후 두 갈래를 선택할 수 있다. 한 가지는 천북 방면으로 진행해 천북면 소재지에서 보령 방면으로 곧장 남하하는 것이다.

또 한 가지는 광천톨게이트에서 광천읍 방향으로 진행하다가 단아래사거리에서 보령·서천 방면으로 우회전 후, 청소면 소재지에서 오천·천북 방면으로 우회전해 오천항 입구 소성삼거리에서 오른쪽 보령방조제로 진입하면 된다.

■ 낚시 여건

낚시터는 보령방조제가 중심이지만 핵심 구간인 배수갑문 주변으로의 진입이 불가능해 아쉬움이 따른다. 주차 공간에도 제약이 따른다. 방조제 구간의 갓길은 자전거도로로 조성돼 있어 주차가 어렵기도 하거니와 단속을 받기도 한다. 방조제 중간 지점의 선착장에 약간의 주차 공간이 있으나 협소한 편이고, 안전하게 주차할 수 있는 곳은 보령호기념탑이 있는 북쪽 공영주차장이다.

이 같은 이유로 포인트가 제한되거나 여러 갈래로 나뉜다. 공영주차장을 거점으로 가능한 한 배수갑문 근처를 노리거나 선착장에 주차를 한 후 선착장 및 방조제 주변을 탐색하는 방법, 그리고 오천북항 진입로에서 내려 낚시를 하는 방법이 있다.

■ 어종과 시즌

보령호 배수갑문의 영향으로 다양한 어종이 붙는 것만큼은 사실이다. 우럭·광어·망둥어·농어·학공치·숭어·전어·고등어·삼치가 붙고 주꾸미·갑오징어도 낚인다. 5월부터 우럭이 낚이기 시작하면서 곧 광어도 선보이기 시작하는데, 본격 시즌은 역시 가을이다. 9월 초 볼펜 크기의 학공치가 나타나 10월이면 씨

알 · 마릿수 재미를 안겨주는데, 이 무렵엔 또 삼치가 가세하고 고등어 무리가 나타나기도 한다. 그러나 이들 어종은 물때 및 간만의 시각에 따라 조황이 좌우된다. 농어 · 삼치 등 회유어종은 사리 전후, 우럭 · 광어는 조금 전후 물때가 유리하다. 조수 간만의 차가 적은 조금 때에는 배수갑문을 통한 해수 · 담수의 교차가 거의 이뤄지지 않는 대신, 조수 간만의 차이가 심한 사리 때에는 배수갑문을 통해 바닷물이 보령호로 유입되거나 보령호의 민물이 바다 쪽으로 방류되는데, 중들물 무렵엔 바닷물이 유입되고 중썰물 땐 민물이 방출된다. 이 같은 해수 · 담수의 유입 · 유출이 농어 · 삼치낚시엔 유리한 반면, 갑작스런 수온 변화로 인해 우럭 · 광어 · 학공치낚시엔 대개 불리한 조건을 초래한다.

■ 포인트 및 참고 사항

사리 중들물 땐 보령호 쪽도 노릴 만하다. 바닷물이 배수갑문을 통과해 역류할 때이므로 북쪽 주차장 부근이나 건너편 석축 주변에서 최대한 장타를 날리면 농어가 걸려드는데, 배수갑문 근처는 펜스가 설치돼 있어 근접이 불가능한 점 참고해야 한다. 선착장 및 방조제 주변 석축 밑에선 우럭 · 광어 · 망둥어 및 가을 주꾸미 · 갑오징어가 낚이지만 마릿수는 썩 좋은 편이 못 된다. 학공치 및 삼치 · 고등어는 배수갑문 근처, 펜스 설치 지점으로 가능한 한 가까이 접근하는 게 좋다.

또 다른 코스는 북쪽 공영주차장 건너편, 즉 오천북항 쪽으로 진입하는 것이다. 오천북항(천북항 또는 '천북마리나'로 불리기도 함) 진입로 초입부는 해변에 펜스가 설치돼 있어 근접이 불가능하므로 천북갯마을횟집 앞 공터에 주차를 한 후 밑으로 내려가되 배수갑문 방향을 향해 채비를 날리면 된다.

인근 낚시점(041)

*오천바다낚시 641-5666
 천북면 하만리 609-3
*오천25시낚시 932-2922
 오천면 소성리 691-48

↓ 오천항 건너편, 오천북항 진입로에서 바라본 보령방조제 전경. 중들물 시각의 모습이다.

오천항선착장

- **소재지**: 보령시 오천면 소성리 700-86 인근
- **길이**: 500여m
- **위치 참조**: 〈최신 전국낚시지도〉 167p E5

찾아가는 길

서해안고속도로 광천톨게이트 통과 후 광천IC교차로에서 오른쪽 광천 방향 2.2km 지점의 단애삼거리에서 다시 보령·서천 방면으로 우회전 후, 6.3km 지점의 진죽사거리에서 왼쪽 청소·오천 방향으로 1.4km 이동 후 오른쪽 오천·천북 방향으로 꺾어 5.1km 이동하면 신촌삼거리가 나온다. 계속 직진해 소성삼거리를 통과하면 곧 오천항이다.

인근 낚시점(041)

*오천항자연낚시 935-7404
 오천면 오천해안로 756-3
*시실리루어낚시 932-4048
 오천면 오천해안로 782-6
*오천25시낚시 932-2922
 오천면 충청수영로 844

↓ 북쪽 상공에서 내려다본 오천항. 일찍이 국가어항으로 지정된 곳이지만 방파제가 없다는 점이 특이하다.

■ 낚시 개황

충남 서해안의 대표적인 선상낚시 출항지로 어선보다는 낚싯배가 더 많아 보이는 곳이다. 주말이면 낚시인들과 관광객들이 몰려 주차 전쟁을 일으키기도 한다. 오천항은 또 국가어항으로 지정된 곳인데도 커다란 슬로프 선착장뿐, 방파제가 없다. 강줄기 같은 해협(海峽)이 파도를 막아주기 때문인데, 자연 지형 자체가 항구를 형성한 모양새다.

이렇듯 방파제가 없고 선상낚시 출조객으로 혼잡을 이루는 오천항에서의 워킹 낚시는 여건이 적합하지 않음에도 불구하고 항 주변을 어슬렁거리는 낚시인들이 많다. 낚시 반 놀이 반 나들이객들이 많은 데다, 선상낚시를 나가거나 인근 월도·육도·추도·소도 등지의 도서 지역으로 워킹 낚시를 떠나는 이들이 한데 섞여 틈틈이 '짬낚시'를 즐기기 때문이다.

심심풀이 어종은 망둥어·우럭, 본격 어종은 9~11월의 주꾸미·갑오징어다.

■ 참고 사항

낚시 구간은 크게 세 곳이다. 수영성 밑 동쪽 선착장과 가운데 선착장 주변, 그리고 중간 선착장 좌우 축대 구간이다. 선착장과 축대 구간 모두 비슷한 조황이지만 물양장 앞쪽 축대 구간은 어선이 많이 정박해 있을 땐 캐스팅이 어렵고, 낚시하기가 편한 선착장 주변 역시 낚싯배가 많이 드나들 시각엔 번거로움이 따른다. 따라서 편안히 즐기고 제대로 조황을 기대하려면 밤낚시를 하는 게 좋다. 곳곳에 가로등이 켜져 행동이 자유롭고 집어 효과도 누릴 수 있기 때문이다.

각종 편의시설과 낚시점들이 많아 모든 걸 현장 조달할 수 있는 곳이다.

↑↓ 건너편 오천북항(천북마리나항) 쪽에서 바라본 오천항(위 사진)과 동쪽 오천성 영보정(永保亭)에서 내려다본 오천항(아래 사진).
천수만 입구의 월도·육도·허육도·추도·소도 등지로 향하는 여객선이 떠나는 곳이다.

월도(月島)

- **소재지** : 보령시 오천면 효자도리 663-1 인근 외
- **길이** : 선착장 1300여m 외
- **위치 참조** : 〈최신 전국낚시지도〉 167p D6

찾아가는 길

보령 오천항(보령시 오천면 소성리 700-86)이나 태안 영목항(태안군 고남면 고남리 334-65)에서 1일 2회 운항하는 여객선을 이용한다. 오천항에선 25분 소요, 영목항에선 30분 소요 거리다. 동절기와 하절기 따라 운항 시간이 변동될 수 있으므로 사전 확인을 요한다.

■ 낚시 여건

태안 영목항과 건너편 보령항을 잇는 해상 라인엔 올망졸망한 섬들이 징검다리처럼 박혀 있다. 이 가운데 서울 한강 '밤섬' 면적의 절반에도 못 미치는 월도·육도·허육도·추도·소도 등 5개 꼬마 섬들은 특히 천수만(淺水灣) 입구를 지키는 '독수리 오형제' 같은 형상이다. 천수만 어장을 오르내리는 온갖 어종들을 검문·검색하는 초소와 같아 낚시터로서도 천혜의 입지 조건이다.

보령 오천항에서 1일 2회 운행하는 여객선이 이 꼬마 섬들을 거쳐 태안 영목항에 닿았다가 다시 역코스로 회항하기 때문에 오천과 영목 양쪽에서 편리하게 떠날 수 있다. 그러나 이곳 월도(月島)를 당일 코스로 다녀오기엔 오천항이 적합하다. 물때 조건이 맞는 날짜를 택해 아침 배로 들어가 오후 배로 철수하는 것만으로도 9시간을 머물 수 있기 때문이다. 오천항에서 월도까지는 25분 거리다.

월도(月島)라는 이름은 섬 모양이 반달처럼 생긴 데서 유래하고, 반달이란 숫자와 관련해 '15가구 이상이 살면 불행이 닥친다'는 속설도 전해내려 온다. 그래서인지 지금도 상주 가구가 13호(戶) 안팎에 불과한데, 이는 오히려 과밀 환경일 수도 있다. 해안선 둘레 1km 미만에 총 면적이래야 30여만 평에 불과하기 때문이다.

월도

나무섬 100m

철탑

월도(月島)

간이선착장

← 육도

마을앞 선착장

조박섬

서쪽 선착장

■ 어종과 시즌

천수만 터줏대감들이 철따라 낚인다. 5월 초순이면 우럭 · 노래미가 선보이기 시작하고 6월이면 광어 · 농어도 가세해 10월~11월까지 시즌을 형성한다. 늦더위와 초가을이 교차하는 8월 말, 9월 초순이면 고등어 무리가 나타나 가족동반 나들이 객들을 신바람 나게 하고, 곧 주꾸미 · 갑오징어가 판세를 뒤엎는다. 9월부터 11월 중순까지 피크 시즌을 이루는 이들 빨판다리 남매 가운데 손맛 · 입맛 모두 한 수 위로 꼽히는 갑오징어 조황이 우세할 때가 많아 에깅 꾼들에게 특히 인기다.

■ 포인트 및 참고 사항

선착장과 갯바위 구간에서 두루 낚시가 이뤄진다. 여객선이 물때 따라 달리 닿는 마을 앞 큰 선착장과 서남단 조박섬을 연결한 작은 선착장 모두 여객선에서 내리자마자 곧장 낚시를 할 수 있는 곳이다.

마을 앞 큰 선착장은 폭이 넓어 텐트 치기에 좋고, 서쪽 작은 선착장은 여객선 손님 외에는 왕래가 드물어 호젓한 분위기에서 낚시를 즐길 수 있다. 큰 선착장에선 가을 고등어와 주꾸미 · 갑오징어가 잘 되고, 작은 선착장에선 조박섬을 포함해 우럭도 곧잘 붙는다.

작은 선착장에서 가까운 서북쪽 콧부리 앞은 노랑섬 · 나무섬 사이로 흐르는 조류가 세찬 곳으로, 썰물 때 넓게 드러나는 암반 끝으로 나아가 원투낚시를 하면 굵은 농어가 걸려든다. 대형 철탑이 있는 산자락 아래도 썰물이 계속되면 암반 · 자갈 지형이 넓게 드러나는데, 인근 가두리양식장에서 탈출한 우럭 · 광어가 횡재를 안겨 주기도 한다. 썰물 때 장타를 쳐야 하는 곳이다.

인근 낚시점(041)

* 오천항자연낚시 935-7404
  오천면 오천해안로 756-3
* 시실리루어낚시 932-4048
  오천면 오천해안로 782-6
* 오천25시낚시 932-2922
  오천면 충청수영로 844

↓ 남쪽 상공에서 바라본 월도 마을. 사진에 보이는 마을 앞 선착장에 여객선이 닿기도 하고 물때 따라 서쪽 작은 선착장에 닿기도 한다.

육도(陸島)

- **소재지** : 보령시 오천면 효자도리 485-1 인근 외
- **길이** : 선착장 700여m 외
- **위치 참조** : 〈최신 전국낚시지도〉 167p D6

찾아가는 길

보령 오천항(보령시 오천면 소성리 700-86)이나 태안 영목항(태안군 고남면 고남리 334-65)에서 1일 2회 운항하는 여객선을 이용한다. 동절기와 하절기의 운항 시간이 다르므로 사전 확인을 요한다.

인근 낚시점(041)

*시실리루어낚시 932-4048
 보령시 오천면 소성리 691-13
*형제낚시 673-7150
 태안군 고남면 고남리 325-4

■ 낚시 개황

천수만(淺水灣) 입구를 징검다리 형태로 가로지르는 다섯 개의 작은 유인도 중 가장 지대가 높고, 면적과는 달리 사람이 가장 많이 살아 육도(陸島)라 불린다. 예부터 가장 살기 좋았다는 뜻이다. 그래서인지 이 작은 섬마을에 교회도 있고 민박 시설도 있다. 집집 담벼락엔 또 예쁜 벽화가 그려져 깔끔한 분위기를 자아낸다.

낚이는 어종은 인근 월도 및 허육도 등지와 다를 바 없지만 우럭·광어·주꾸미·갑오징어가 강세를 보이고, 간조가 되면 섬 전역으로 암반 지대가 광범위하게 드러나 갯바위낚시도 겸할 수 있다.

■ 참고 사항

아침과 오후, 하루 두 차례 오천항에서 기적을 울리는 카페리호가 월도를 경유해 35분여 만에 이곳 육도에 닿고, 태안 영목항에서 역코스로 회항할 때는 20여분 만에 닿는다. 오천항에서 아침 배로 들어가 오후 배로 나올 경우 약 8시간 동안 현지 체류가 가능해 당일 낚시 코스로도 안성맞춤이다.

큰 선착장 주변에선 우럭이 곧잘 낚이고 가을엔 주꾸미와 갑오징어가 선두 다툼을 한다. 암반과 자갈 바닥이 연결되는 작은 선착장 쪽에선 주로 우럭·광어가 선보이는데, 북쪽 산자락 밑 갯바위로 나아가면 보다 굵은 씨알이 낚인다.

철탑이 있는 동쪽 산자락 밑은 암반 지대에 굵은 자갈이 넓게 형성된 지형으로 광어와 갑오징어를 기대할 수 있다. 석축이 끝나는 남단 지점은 또 썰물 때에 사구(砂丘)가 길게 드러나 주꾸미와 갑오징어를 겸할 수 있는 좋은 여건이다. 이들 포인트 모두 마을 앞 선착장에서 도보 5~10분 거리다.

↓ 오천항을 떠난 여객선이 월도를 거쳐 육도 선착장으로 들어서고 있다.

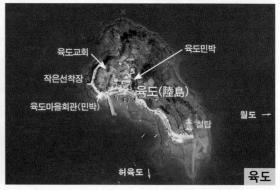

육도교회
육도민박
작은선착장
육도(陸島)
육도마을회관(민박)
철탑
월도 →
허육도 ↓
육도

허육도(虛陸島)

- 소재지 : 보령시 오천면 효자도리 산19 인근 외
- 길이 : 마을 앞, 서쪽 선착장 각 60여m 외
- 위치 참조 : 〈최신 전국낚시지도〉 167p D6

■ 낚시 개황

남북으로 마주보는 허육도(虛陸島)와 육도(陸島)는 불과 400여m 거리다. 사람 살기 좋은 육도의 자연환경에 비해 이곳 허육도는 물이 없어 사람이 살지 않았다. 그래서 '빈육섬'이라 불렸고, 육도를 포함한 인근 주민들의 공동묘지 역할을 했다 한다. 1972년부터 지하수 개발을 하고서 사람이 살기 시작했는데, 현재 10여 가구 30여 명의 주민들이 멸치잡이와 가두리양식업을 하고, 관광객들을 위한 해상좌대 낚시터도 운영 중이다.

섬 동남단엔 고기잡이 나가 돌아오지 않는 아버지를 눈물로 기다리던 아들 삼형제가 돌로 변했다는 '삼형제바위'가 있고, 두 곳 선착장 가운데 마을 앞쪽 선착장엔 어선이 닿고 여객선은 대형 송전탑이 있는 서쪽 선착장에 닿는다. 마을과 서쪽 선착장으로 통하는 지하도 입구엔 마을회관을 겸한 민박 시설이 있다.

■ 참고 사항

1일 2회 운항되는 여객선이 오천항에선 40여분, 영목항에선 15분여 걸린다. 대표 어종은 우럭 · 광어 · 노래미 · 숭어 · 고등어 · 살감성돔 · 주꾸미 · 갑오징어. 5월부터 우럭이 시작되고 곧이어 광어가 붙지만 본격 시즌은 가을이다.

마을 앞 선착장에선 우럭이 간간이 낚이지만 포인트 여건은 여객선이 닿는 서쪽 선착장이 더 좋다. 썰물 때 암반과 자갈 섞인 바닥이 드러나는 곳으로 우럭에 광어가 추가되고, 철탑 밑에는 여객선대합실이 설치돼 있다. 썰물 땐 섬 전역을 고루 돌아다닐 수 있어 남북 갯바위 포인트를 고루 섭렵할 수 있고, 가족 동반 또는 단체 나들이라면 좌대낚시 및 그물 · 통발 체험도 즐겨볼 만하다.

찾아가는 길

보령 오천항(보령시 오천면 소성리 700-86)이나 태안 영목항(태안군 고남면 고남리 334-65)에서 1일 2회 운항하는 여객선을 이용한다. 동절기와 하절기의 운항 시간이 다르므로 사전 확인을 요한다.

인근 낚시점(041)

*오천항구낚시 934-1347
 보령시 오천면 소성리 691-85
*형제낚시 673-7150
 태안군 고남면 고남리 325-4

↓ 북동쪽 상공에서 바라본 허육도. 사진에 보이는 마을 앞 선착장은 어선용, 여객선이 닿는 선착장은 북서쪽에 따로 있다.

↑ 육도
마을회관(민박)
소형 철탑
잔교선착장
월도
← 추도
대형 철탑
지하도
간이
허육도(虛陸島)
삼형제바위

허육도

추도(抽島)

- **소재지** : 보령시 오천면 효자도리 562-1 인근 외
- **길이** : 선착장 50여m, 제방 70여m 외
- **위치 참조** : 〈최신 전국낚시지도〉 166p D6

찾아가는 길

보령 오천항(보령시 오천면 소성리 700-86)이나 태안 영목항(태안군 고남면 고남리 334-65)에서 1일 2회 운항하는 여객선을 이용한다. 동절기와 하절기의 운항 시간이 다르므로 사전 확인을 요한다.

주요 연락처(041)

*여객선터미널 673-9887
 태안군 고남면 고남리 334-65
*온달낚시 010-6472-0204
 태안군 고남면 고남리 334-54
*형제낚시 673-7150
 태안군 고남면 고남리 325-4

↓ 남쪽 상공에서 바라본 추도 전경. 사진에 보이는 선착장 오른쪽에 시녀바위를 잇는 제방이 있다.

■ 낚시 개황

추도(抽島)의 한자 '抽'는 '빼다' '뽑다'라는 뜻이다. 우리말로는 '빼섬'이라 부른다. 천수만 입구의 다섯 쌍둥이 섬 가운데 서쪽(안면도 방향)으로 빠져 있다고 해서 붙여진 이름이다. 서남쪽 소도(蔬島)와 함께 안면도 영목항에서 바라보면 그야말로 닭 우는 소리라도 들릴 듯하다. 따라서 여객선 거리는 영목항이 훨씬 가깝다. 오천항을 출발해 이곳 추도·소도를 거친 후 영목항에서 다시 역코스로 회항하는 카페리 여객선이 오천발 기준으로 50여분, 영목항 기준으론 10여분이 소요된다. 여건에 따라 선택이 다르겠지만 영목항에서 아침 배를 타고 오후에 철수할 경우 현지에서 6시간 30분가량 낚시를 즐길 수 있다.

■ 참고 사항

인근 육도·허육도 낚시 인기에 비해 다소 뒤지는 편이지만 루어낚시 성향엔 맞춤한 섬이다. 봄철 전반기 시즌(5~7월)엔 우럭과 광어, 후반기 가을 시즌(9~11월)엔 주꾸미·갑오징어가 대표어종이다. 여객선이 닿는 선착장 주변에선 우럭과 주꾸미·갑오징어가 선보이고, 동남쪽 시녀바위와 연결된 제방 끝자락에선 광어도 곁들여진다. 만조 땐 시녀바위 밑에서 우럭·노래미를 노려볼 만하다.

기타 갯바위 포인트는 동·서쪽 및 북쪽 콧부리 지형을 찾으면 되는데, 대부분이 썰물 포인트라는 점을 염두에 두어야 한다. 따라서 당일치기로 이곳 추도를 찾을 땐 보령항 물때표를 참고해 일정을 잘 짜는 게 좋다. 여객선 출발 시간이 만조 무렵일 때가 좋고, 늦어도 초썰물 시각엔 현지 선착장에 도착하는 것이 바람직하다. 중썰물 이후 간조 전후 시각에 입질이 집중되기 때문이다.

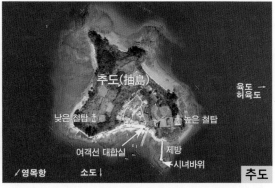

소도(蔬島)

- **소재지** : 보령시 오천면 효자도리 629 인근 외
- **길이** : 큰선착장 1200여m, 작은선착장 30여m 외
- **위치 참조** : 〈최신 전국낚시지도〉 166p D6

▪ 낚시 개황

천수만 입구에 퐁당퐁당 던져 둔 듯한 5개의 작은 유인도(월도·육도·허육도·추도·소도) 모두는 동쪽 보령시 오천면이 행정소재지이다. 그러나 이곳 소도(蔬島)는 워낙 서쪽 안면도에 치우친 데다 영목항으로 소맷자락을 길게 늘어뜨린 형국이어서 안면도의 부속섬으로 느껴진다. 여객선 선착장에서 건너다보면 사람 움직임까지 확인되고, 그래서 영목항을 떠나는 여객선이 기적을 울리자마자 이내 또 도착 기적을 울릴 정도다. 영목항에선 불과 5분, 오천항에선 55분 거리다.

5형제 섬 가운데 면적이 가장 크고 상주인구도 제일 많은 곳이다. 동서로 가늘게 길게 뻗은 섬 둘레엔 암초와 해식애(海蝕崖)가 발달해 있다. 예부터 채소가 잘 되는 섬이라 하여 소도(蔬島)란 이름이 붙었다는데, 마을은 동쪽에 치우쳐 있고 서쪽엔 펜션 단지가 조성돼 신구(新舊) 조화를 이룬다.

▪ 참고 사항

낚시는 여객선 선착장이 있는 동쪽 산자락 일대를 중심으로 이뤄지고 우럭·광어·주꾸미·갑오징어가 주요 대상어다. 여객선을 타고 선착장에 내리면 높은 철탑과 함께 버스 정류소 같은 여객 대합실이 보이고, 왼쪽으로 해식애 지형의 갯바위가 보인다. 여객선에서 내려 곧장 낚시를 하거나 철수 시간에 맞춰 낚시하기 좋은 곳으로, 갯바위 구간에선 우럭·노래미·광어를 기대하고 남쪽으로 약간 더 이동한 자갈밭 아래쪽에선 가을 주꾸미와 갑오징어를 기대할 수 있다.

갯바위와 자갈밭을 끼고 있어 낚시와 물놀이를 겸할 수 있는 소도 서쪽 펜션 단지는 사전 예약을 할 경우, 영목항으로 자가 보트가 직접 마중을 나온다.

찾아가는 길

보령 오천항(보령시 오천면 소성리 700-86)에서 출발하는 여객선을 이용할 수도 있지만 (55분 소요), 영목항(태안군 고남면 고남리 334-65)에서 타는 게 훨씬 빠르다(5분 소요). 1일 2회 운항하는 여객선 출발 시간은 동절기·하절기 따라 달라지므로 사전 확인을 요한다.

주요 연락처(041)

*여객선터미널 673-9887
 태안군 고남면 고남리 334-65
*온달낚시 010-6472-0204
 태안군 고남면 고남리 334-54
*형제낚시 673-7150
 태안군 고남면 고남리 325-4

↓ 북동쪽 상공에서 바라본 소도 전경. 여객선이 닿는 작은 선착장 왼쪽에도 갯바위 포인트가 형성돼 있다.

소도

여객선선착장

효자도(孝子島)

- **소재지** : 보령시 오천면 효자도리 356-1 외
- **길이** : 여객선선착장 500여m, 명덕선착장 700여m 외
- **위치 참조** : 〈최신 전국낚시지도〉 166p D6

찾아가는 길

대천항여객선터미널(보령시 신흑동 2241)과 영목항여객선터미널(태안군 고남면 고남리 334-65)에서 1일 3회(주말엔 1회 증편) 카페리 여객선이 운항된다. 대천항에서 25분, 경유지 영목항에선 15분이 소요되는데 영목항으로의 기항 여부가 불규칙해 대천항에서의 출발이 안정적이다.

■ 낚시 여건

태안 영목항과 보령 대천항을 잇는 일직선상에 정확히 위치한다. 직선거리는 약 10km. 영목항으로부터의 거리가 4분의 1 정도로 훨씬 가깝지만 같은 여객선편일지라도 대천항에서 출발하는 게 편하고 정확하다. 대천항-원산도-효자도-영목항(회항) 노선의 여객선이 통과하는 원산도와 효자도 사이의 좁은 수도는 그 폭이 좁은 곳은 500여m에 불과해 물살이 아주 세차게 흐른다. 따라서 효자도 낚시 포인트는 동쪽 지역에 편중된다. 선착장 및 갯바위 포인트 모두 마찬가지다.

옛날엔 소자미도(小子味島)·효자미도(孝子味島) 등으로 불렸을 만큼 효자가 많았다는 섬이지만 지금의 효자도(孝子島)는 낚시객들이 효자 노릇을 한다. 특별한 관광 자원이 없어 찾는 이들 대부분의 소일거리가 낚시이기 때문이다.

■ 어종과 시즌

3월부터 우럭·노래미가 선보이지만 4월 중순을 지나야 조황을 기대할 수 있고, 본격 시즌으로 접어드는 5월이면 붕장어가 가세하는 가운데 가끔 손님고기로 산란기 감성돔이 걸려들기도 한다. 보리누름에 나타나는 농어와 함께 6월이면 광어

효자도

- 문선뿌리
- 멍대기섬 (몽덕도)
- 녹사지
- 상리선착장
- 상리(웃말)
- 철탑
- 몽돌자갈밭해변
- 철탑
- 마을회관
- 효자도교회
- 원산도
- 선촌항
- 효자민박슈퍼 (여객선매표소)
- 중리
- 치안센터
- 보건소
- 명덕선착장
- 명덕
- 효자도
- 또랑섬
- 남촌선착장 (여객선선착장)
- 만조 시 물에 잠김

가 나타나 11월 초순까지 시즌을 형성한다.

이것저것 손맛·입맛을 고루 즐길 수 있는 시기는 9월부터다. 우럭·광어·노래미는 날마리일지라도 고등어 무리가 나타나 선착장을 중심으로 하는 낚시 초보자들을 환호케 하고, 주꾸미·갑오징어도 11월 중순까지 시즌을 형성한다.

■ 포인트 및 참고 사항

1.1km² 면적의 작은 섬에 승용차를 싣고 들어가기엔 용도가 적고, 걸어서 곳곳의 포인트를 섭렵하기는 한계가 따른다. 그러나 좁으나마 길이 곳곳으로 닦여 있어 발품만 들이면 원하는 포인트를 찾을 수 있다. 민박을 하거나 몽돌자갈밭 해변의 송림에서 야영을 할 수도 있지만 당일코스도 가능하다. 대천항에서 아침 첫 배로 들어가 오후 배로 철수할 경우 5~8시간 정도 머물 수 있기 때문이다.

여객선선착장에 내려 곧장 낚시를 해도 되지만 물살이 센 데다 주변 바닥이 뻘밭으로 붕장어 위주일 수밖에 없다. 가을 고등어가 들어오지 않은 상황이라면 동쪽 명덕선착장으로 이동하는 게 좋다. 빠른 걸음으로 30여분이 소요되지만 썰물 시각에 맞춰 남쪽 또랑섬 포인트까지 겸할 수 있어서 좋다. 썰물 때 본섬과 연결되는 또랑섬 진입부는 돌밭에 각진 암반이 연결돼 찌낚시보다는 루어로 농어를 노리거나 가을 갑오징어를 수확하는 곳이다.

위쪽 몽돌자갈밭 해변은 전방에 우럭양식장이 즐비해 보기엔 그럴듯해 보이지만 밤낚시에 붕장어 위주의 조황을 보일 뿐이다. 농어·광어 포인트로 주목 받는 북쪽 갯바위는 여객선선착장에서 약 1.7km 도보 거리로, 효자도보건소·교회 방향 길로 곧장 진입하는 게 빠르다.

주요 연락처(041)

*대천해동낚시 931-4063
 보령시 신흑동 911-8
*효자민박슈퍼 932-5303
 보령시 오천면 효자도길 48
*대천항터미널 934-8772~4
 보령시 신흑동 2241
*영목항터미널 673-8490
 태안군 고남면 고남리 334-65

↓ 효자도 동남단에 위치한 또랑섬. 명덕 마을에서 가까운 거리로, 썰물 때 진입하는 루어낚시 포인트이다.

원산도(元山島)

- **소재지** : 보령시 오천면 원산도리 474-7 외
- **길이** : 방파제 2000여m 외
- **위치 참조** : 〈최신 전국낚시지도〉 166p C6

찾아가는 길

대천항여객선터미널(보령시 신흑동 2241)과 영목항여객선터미널(태안군 고남면 고남리 334-65)에서 1일 3회(주말엔 1회 증편) 카페리 여객선이 운항된다. 대천항에서 15분, 경유지 영목항에선 25분이 소요되는데 영목항으로의 기항 여부가 불규칙해 대천항에서의 출발이 안정적이다.

■ 낚시 여건

천수만 입구를 지키는 수문장 같은 섬이다. 두 주먹 불끈 쥔 양팔을 좌우로 쭉 뻗은 사람 상반신 모습 같기도 하고, 양다리를 옆으로 쫙 벌려 그대로 주저앉은 무용수와도 같은 모습이 그야말로 메 산(山)자 형태다. 높지는 않으나 원래부터 산이 많은 섬이라 원산도(元山島)로 명명되었는데, 서쪽에 위치한 오로봉(伍老峰·118m)을 제외하고는 대부분 50m 내외의 구릉성 산지로 이뤄져 있다.

거의 일직선을 이루는 남쪽 해안은 사빈(砂濱)으로 구성돼 제각각 이름을 지닌 해수욕장들이 연이어지고, 중간 중간 박혀 있는 산봉우리가 합쳐져 멋진 조화를 이룬다. 나머지 동·서단으로부터 북쪽 해안은 심한 굴곡을 이룬다. 깊숙이 들어간 만입부와 툭 튀어나온 콧부리 지형이 들쭉날쭉, 아주 어지러울 정도.

이렇듯 다양한 섬 지형과 천수만 입구에 위치하는 입지적 조건은 곧 1급 낚시터 여건으로 연결된다. 철따라 산란과 성장을 위한 다양한 어종이 오르내리고 천수만을 대표하는 주꾸미·갑오징어도 약진하는 곳이다. 어종이 다양하고 포인트가 다양한 만큼 원투낚시·찌낚시·루어낚시 등 다양한 장르의 낚시가 이뤄지는 곳이기도 하다. 충남에선 또 가장 큰 섬으로 피서와 관광·트래킹을 즐기는 내방객들

원산도

이 끊이지 않는 데다, 2018년 안면도 남단과 이곳 원산도 북단을 잇는 연육교[솔빛대교 · 길이 1.7km]가 개통되면 관광지로서의 입지조건은 물론 낚시터로서의 입지조건도 덩달아 격상될 것이다. 게다가 대천항과 원산도를 잇는 국내 최장 길이(6.9km)의 해저터널까지 개통되면 원산도는 그야말로 점입가경(漸入佳境)의 경지에 이를 것이다.

■ 어종과 시즌

개펄과 모래, 암반 지형이 고루 발달한 곳으로 록피시 계열과 각종 회유어들이 많이 닿고, 주꾸미 · 갑오징어 등의 두족류(頭足類)는 물론 각종 패류(貝類)도 많아 해루질을 즐기는 관광객들에게도 인기다.

우선 분류군으로 나열해 보면 록피시(Rockfish) 계열의 우럭 · 광어 · 노래미가 루어낚시 및 던질낚시 대상어가 되고, 개펄과 모래 섞인 사니질 바닥을 좋아하는 도다리와 보리멸이 원투낚시의 인기 어종으로 꼽힌다. 숭어 · 농어 · 고등어 · 삼치 등 회유성 어종들은 찌낚시 및 루어낚시 성향을 고루 만족 시키고, 각종 조개류가 많이 서식하는 곳이라 특히 주꾸미 · 갑오징어 자원이 풍부한 편이다.

선발대는 도다리. 4월부터 남쪽 오봉산 선착장 및 해수욕장 구간에서 입질을 시작해 6월까지 시즌을 형성한다. 5월이면 선촌방파제와 초전선착장 쪽에서부터 우럭 · 노래미 입질이 시작돼 전역으로 확산되고, 5월 중순이면 광어도 가세해 11월까지 시즌을 형성한다. 농어 또한 5월 중순부터 11월까지 출몰을 거듭하는데, 저두선착장 주변 가문여를 비롯한 오봉산선착장 서쪽 갯바위 일원, 특히 초전선착장 앞쪽에 위치한 '마지똥' 암반 지역이 대표적인 포인트로 꼽힌다. 숭어 역시 농어

주요 연락처(041)

*대천해동낚시 931-4063
 보령시 신흑동 911-8
*해마루펜션 936-3322
 오천면 원산도리 54(저두)
*송림산장 936-6237
 오천면 원산도리 1671-5(오봉산)
*대천항터미널 934-8772~4
 보령시 신흑동 2241
*영목항터미널 673-8490
 태안군 고남면 고남리 334-65

↓ 효자도를 마주보는 원산도 선촌항 방파제와 여객선 선착장. 대천항에서 출발하는 여객선으로 많은 낚시인들이 찾는 곳이다.

시즌과 일치하되 한 달가량 앞선 4월엔 훌치기가 시도되기도 한다. 이후부턴 찌낚 시에 반응하면서 진고지선착장과 오봉산선착장 쪽에서 활황을 보인다.

초여름 6월이면 드디어 보리멸이 나타나 마릿수 조황을 선사한다. 핵심 포인트는 역시 남쪽 백사장 구역이다. 오봉산·사창·원산도 해수욕장 일대가 대표적인 낚 시터로, 한여름엔 다소 주춤하다가 8월 중순을 고비로 9월까지 입질이 지속된다.

보리멸이 떠날 무렵이면 고등어와 삼치가 나타나 마릿수 재미를 안긴다. 9~11월 이 그 시기로, 고등어는 약간 빠른 8월 말부터 나타나 10월 말 또는 11월 초까지 인사를 고하고, 삼치는 11월 늦게까지 돌아다닌다. 고등어는 남서쪽 오봉산선착 장, 삼치는 남쪽 저두~오봉산 구간의 갯바위 일원이 대표적인 사냥터로 꼽힌다.

고등어·삼치와 함께 원산도의 가을 시즌을 풍성하게 하는 건 주꾸미와 갑오징어 다. 역시 9월부터 11월까지 본격 시즌을 형성하는데, 어느 지역보다 마릿수 조황 이 뛰어나고 낚시하기도 편하다. 저두·선촌·초전 선착장 순으로 마릿수 조황을 보이되 사니질이 형성된 곳이면 어디든 입질을 기대할 수 있다. 고등어·삼치가 닿는 선착장에선 밀물 땐 '고·삼'을 노리고, 썰물 땐 '쭈·갑'을 노리면 된다.

■ 포인트 및 참고 사항

대천 발 여객선이 닿는 원산도 선착장은 북쪽 선촌 마을과 동남쪽 저두 마을 두 곳 이다. 옛날엔 서쪽 초전선착장에도 오천항 노선의 여객선이 닿았으나 연육교 공사 가 진행되면서부터 중단되었다. 여러 낚시터가 인접돼 있는 동남쪽 저두선착장에 낚시인들이 많이 내리는 데 비해, 주민들은 선촌항을 많이 이용하는 편이다. 생활 중심지이자 마을버스가 출발하는 곳이기 때문이다. 이 마을버스를 이용할 경우 저 두선착장만큼은 편안히 찾을 수 있지만 나머지 진고지를 비롯한 원산도·사창· 오봉산해수욕장 지역은 입구 쪽만 거쳐 간다는 점 참고 바란다.

이런 점에서 원산도를 찾는 단골 꾼들 중에는 카페리 여객선에 승용차를 데리고 오는 이들이 많다. 남북 어느 쪽 선착장을 이용하건 승용차로 10분이면 원하는 포 인트를 찾을 수 있기 때문이다. 게다가 당일 낚시가 가능한 곳이기도 하다. 대천에 서 아침 첫 배로 들어와 오후 마지막 배로 철수하면 9시간 동안 낚시를 즐길 수 있

기 때문이다. 낚시터는 선착장·갯바위·백사장 등지로 크게 구분된다.

■**선촌항** - 지방어항으로 지정된 곳으로 원산도의 생활 중심지이다. 200여m 길이의 석축 방파제와 150여m 길이의 슬로프(Slope) 선착장이 항구를 감싸며, 빨간 등대가 있는 방파제 내항 쪽으로는 어선 선착장이 연결돼 있고 여객선은 남쪽 슬로프 선착장에 닿는다. 건너편 효자도 상리선착장을 정면으로 바라보는 방파제 외항 쪽에서 4월부터 우럭·노래미 입질이 시작되고 여름 밤낚시엔 붕장어, 가을 주꾸미·갑오징어가 차례로 나온다. 방파제가 꺾어지는 지점 외항 쪽엔 수중여가 깔려 있어 밑걸림을 조심하되, 사니질 언저리를 잘 겨냥하는 게 관건이다.

여객선이 닿는 선착장은 폭이 넓고도 밋밋한 경사를 이뤄 낚시하기 아주 편한 여건인 데다 개펄 지형이어서 가을 주꾸미·갑오징어 훈련장으로 꼽힌다.

■**진고지선착장** - 선촌항 남쪽에 위치해 건너편 효자도선착장을 빤히 바라보는 곳이다. 간조 땐 개펄 바닥이 넓게 드러나는 곳으로, 숭어낚시는 잘 되지만 그밖에는 붕장어 정도다.

■**저두선착장** - 대천 발 아침 여객선이 닿는 첫 번째 기항지로, 선착장과 인근 갯바위를 두루 섭렵할 수 있어 낚시인들이 많이 내린다. 선착장에선 노래미·주꾸미·갑오징어가 나오고, 오른쪽(동쪽) 가문여 갯바위 일대에선 농어·광어·주꾸미·갑오징어가 두루 선보일 뿐만 아니라 간혹 감성돔까지 걸려든다.

■**원산도·사창·오봉산 일대** - 갯바위·백사장·선착장에서 두루 즐길 수 있다. 갯바위 구간은 6~10월의 광어 루어 포인트로 꼽고, 9~10월엔 삼치를 노릴 수 있다. 해수욕장 구간은 4~6월 도다리에 이어 6~9월의 보리멸 포인트로 각광 받는다. 이 가운데 낚시가 가장 활기를 띠는 곳은 서쪽 오봉산해수욕장을 비롯한 선착장과 갯바위 일원이다. 오봉산선착장은 특히 가을 고등어가 많이 닿는 곳으로 중들물 이후 만조 직전까지 2~3시간가량 분탕질을 하는 고등어 떼를 만나면 급한 소변도 꾹꾹 참아야 한다. 선착장에선 또 숭어낚시가 잘 되고, 선착장 서쪽 갯바위는 광어·농어 포인트로 꼽힌다.

■**초전선착장** - 옛날 오천항 여객선이 닿을 땐 많은 낚시인들이 찾던 곳이다. 그러나 드나드는 어종만큼은 변함이 없다. 우럭·붕장어·주꾸미·갑오징어 포인트로 여전히 각광 받고, 특히 갑오징어 씨알이 굵게 낚일 뿐만 아니라 마릿수 조황도 뛰어난 곳이다. 게다가 선착장 입구 좌측엔 수중여가 발달해 있어 루어 워킹 포인트로 훌륭한 여건이다.

■**마지똥** - 간조가 되면 초전선착장 건너편으로 모래·개펄언덕이 넓게 드러나는가 하면 그 끝 언저리에 암반 지형이 드문드문 보인다. 현지민들이 '마지똥'이라 부르는 곳으로, 간척공사를 하다가 중단된 둑을 타고 진입할 수 있다. 간조 전후 딱 2시간만 낚시를 하고 서둘러 철수해야 하는데, 짧은 시간이나마 농어 입질 확률이 높고 씨알·마릿수 재미를 동시에 누릴 수 있는 루어 포인트이다.

고대도(古代島)

- **소재지** : 보령시 오천면 삽시도리 1045-1 외
- **길이** : 방파제 200여m, 선착장 1800m 외
- **위치 참조** : 〈최신 전국낚시지도〉 166p B6

찾아가는 길

대천항여객선터미널(보령시 신흑동 2241)에서 삽시도·장고도·고대도를 잇는 여객선이 1일 3회 운행된다. 1,2항차는 삽시도·장고도를 거쳐 고대도에 닿고 3항차는 고대도에 먼저 닿는다. 계절 따라 출항 시간 및 경유지 순서가 달라질 수 있으므로 사전 확인을 요한다.

■ 낚시 여건

장고도와 함께 안면도 남서쪽에 치우쳐 있어 영목항과 가까운 거리지만 여객선은 보령 대천항에서 떠난다. 삽시도·장고도를 경유해 이곳 고대도선착장에 닿기도 하고 고대도를 먼저 들러 가기도 한다. 여객선이 닿는 고대도항(지방어항)엔 180여m 길이의 선착장과 200여m 길이의 방파제가 각각 남북으로 축조돼 있다. 남쪽 선착장 곁에는 또 외벽이 길게 설치돼 옛날과는 달리 방파제가 하나 더 덧붙은 형국이다.

선착장에 내리면 현장에서 곧장 낚시를 할 수도 있고, 건너편 방파제로 이동해 썰·밀물 시각을 길게 노릴 수도 있다. 중들물 이후 만조까지는 마을 앞 도로변에서 편안히 낚시를 할 수 있는가 하면, 시멘트 다리로 연결되는 해변길을 따라 남단 갯바위 포인트까지 편리하게 진입할 수 있다. 전역을 도보로 진입할 수 있는 데다 힘들지도 않은 여건이다.

일찍이 사람이 정착해 옛 집터가 많았던 데서 고대도(古垈島)란 이름으로 불리다가 지금은 고대도(古代島)로 표기되고 있는데, 섬 면적에 비해 상주인구도 많고 생활 기반 시설도 고루 갖춰진 편이다.

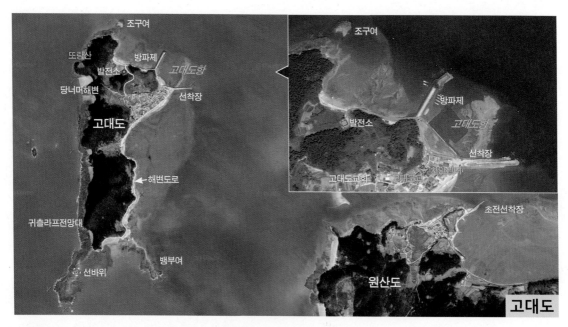

■ 어종과 시즌

5월부터 11월까지 우럭·노래미·광어·붕장어·숭어·농어·살감성돔·학공치·전어·고등어·삼치·주꾸미·갑오징어 등이 차례차례 시즌을 형성한다. 우럭·노래미는 방파제와 선착장 주변에서 5월부터 선을 보이고 5월 중순이면 광어도 가세한다. 이보다 앞선 4월부터 나타나는 숭어는 봄·여름·가을 내내 떼거리로 출물을 거듭하고 가을 늦게까지 농어도 시즌을 형성한다.

그러나 고대도 낚시 역시 가을 시즌이다. 살감성돔·학공치·고등어·삼치·주꾸미·갑오징어 등이 기대주로 떠오르는데, 9~10월의 가장 확실한 대상어는 두 부류로 나뉜다. 가지채비로 줄줄이 올리는 고등어 또는 삼치, 에깅 종목의 주꾸미 또는 갑오징어가 그 주인공들이다. 아침·저녁 들물 때 무리 지어 나타나는 숭어 또한 가을 어종으로 빼놓을 수 없다.

■ 포인트 및 참고 사항

선착장에선 철따라 우럭·노래미·붕장어·숭어·고등어·삼치·주꾸미·갑오징어 등이 낚인다. 봄~가을 숭어는 수시로 들이닥치고, 9~10월엔 학공치를 비롯한 고등어·삼치 새끼들이 떼 지어 들어와 마릿수 재미를 안긴다. 같은 시기에 주꾸미·갑오징어 확률도 높다. 건너편 방파제는 구멍치기에 우럭이 곧잘 나오고, 원투낚시엔 광어·도다리·붕장어가 걸려든다. 가을 학공치·살감성돔도 기대 어종이다. 포인트는 방파제가 꺾어지는 지점부터 증축 구간이다.

대표적인 갯바위 포인트는 북쪽 조구여 맞은편, 남쪽 뱅부여와 선바위 일원이다. 밀물 시각엔 농어, 썰물~간조 전후엔 우럭·광어·주꾸미·갑오징어 등이다.

주요 연락처(041)

＊대천해동낚시 931-4063
　보령시 신흑동 911-8
＊대천항터미널 934-8772~4
　보령시 신흑동 2241
＊등대민박(고대도) 934-3297
＊해변민박(고대도) 932-3801

↓ 고대도 북동쪽에 위치한 여객선 선착장. 신축 방파제가 나란히 뻗어 있다.
↓↓ 마을 남쪽 해변에 축조돼 있는 교량 도로. 뱅부여와 선바위 쪽으로 이어진다.

장고도(長古島)

- **소재지** : 보령시 오천면 삽시도리 871-3 외
- **길이** : 방파제 3100여m 외
- **위치 참조** : 〈최신 전국낚시지도〉 166p B6

찾아가는 길

대천항여객선터미널(보령시 신
흑동 2241)에서 삽시도 · 장고
도 · 고대도를 잇는 여객선이 1
일 3회 운행된다. 장고도는 두
번째 경유지로 대천항에서 1시
간 10분 정도 걸린다. 계절 따
라 출항 시간 및 경유지 순서가
달라질 수 있으므로 사전 확인
을 요한다.

■ 낚시 개황

섬 모양이 장구[杖鼓]처럼 생겨 장구섬 · 장고섬 등으로 불렸으나 일제 강점기 때
부터 장고도(長古島)로 한자 표기가 잘못 되기 시작해 지금에 이른다. 대천항에서
출발하는 여객선이 차례로 닿는 삼형제 섬 중에서 동쪽 지근 거리의 고대도보다는
크고 남쪽 삽시도보다는 작은 1.57km² 면적이다. 섬 북쪽과 남쪽은 낮은 구릉 지
형을 이루고, 중심부는 평지로 일찍이 전답이 발달했지만 지금의 주민들은 대부분
어업에 종사한다.

취락 또한 경작지 가까운 동남쪽 만입부에 형성돼 있고, 어로 활동을 위한 어항 시
설도 마을 앞 만입부에 축조돼 있다.

그러나 여객선이 닿는 선착장만큼은 지형 특성상 북쪽에 따로 조성돼 있어 마을
까지의 거리가 꽤 먼 편이다. 방파제가 있는 마을까지는 약 2km, 민박촌이 형성돼
있는 명장섬해수욕장까지도 비슷한 거리다. 평탄한 해변길이라 그냥 편하게 걸을
수 있고, 민박을 예약할 경우 픽업 차량이 마중을 나오기도 하지만 굳이 1박 낚시
를 강행할 필요는 없다. 그다지 포인트가 많지 않고 아침 첫배를 이용하면 당일낚
시가 가능하기 때문이다.

■ 참고 사항

장고도의 트레이드마크는 명장섬이다. 관광지로도 그러하고 낚시터로서의 비중도 마찬가지다. 명장해수욕장에서 흔히 말하는 '모세의 기적'이 일어나는 곳으로, 썰물 시각에 기나긴 모래언덕이 드러나 크고 작은 3개의 섬이 연결된다. 해식애 동굴과 용틀임하듯 치솟은 바위 등이 사뭇 신비감을 자아내는데, 주변이 암반 지대라 우럭·광어·노래미 등 록피시가 많고 농어 포인트로도 1급지이다. 4~9물때를 택해 중썰물~초들물 시각까지 낚시를 하고 철수해야 하는 곳으로, 퇴로가 차단돼 고립되는 일이 없도록 계속 신경 써야 한다.

편안한 낚시를 즐기려면 마을 앞 방파제와 선착장을 찾아도 된다. 우럭·노래미·광어·붕장어가 고루 입질하고 가을엔 물때 따라 숭어·농어·삼치가 들어오는가 하면, 주꾸미·갑오징어도 시즌을 형성한다. 10월이면 학공치도 기대할 수 있다.

가족 동반 나들이라면 명장섬은 물론 섬 남쪽 둘레길을 따라 '장고도 전망대'도 올라볼 만하다. 가까이 돛단여를 비롯해 삽시도·호도·녹도·외연도 등지가 아스라이 눈길을 사로잡는다. 오랜 세월 장고도의 관광명소 중 하나로 꼽히던 당너머해수욕장 북단의 코끼리바위(용굴)는 2012년도 태풍 때 무너져 내렸다는 점 참고 바란다.

주요 연락처(041)

*대천해동낚시 931-4063
 보령시 신흑동 911-8
*대천항터미널 934-8772~4
 보령시 신흑동 2241
*민아네민박 932-4980
 보령시 오천면 장고도1길 161
*유리네펜션 936-1484
 보령시 오천면 장고도1길 169
*바다사랑민박 931-3867
 보령시 오천면 장고도1길 186

↓ 장고도의 관광 명소이자 대표적인 낚시 포인트로 꼽히는 명장섬. 썰물 땐 길이 열리고 (오른쪽 사진), 밀물 땐 건널 수 없는 섬이 된다(왼쪽 사진).

삽시도(揷矢島)

- **소재지** : 보령시 오천면 삽시도리 4-4 외
- **길이** : 방파제 1300여m 외
- **위치 참조** : 〈최신 전국낚시지도〉 186p B1

찾아가는 길

대천항여객선터미널(보령시 신흑동 2241)에서 삽시도 · 장고도 · 고대도를 잇는 여객선이 1일 3회 운행된다. 삽시도에 제일 먼저 닿는 1 · 2항차 때는 45분, 맨 나중에 닿는 3항차 때는 1시간 30분이 소요되는데, 계절 따라 출항 시간 및 경유지 순서가 달라질 수 있으므로 사전 확인을 요한다.

■ 낚시 여건

섬 모양이 화살을 건 활과 같아 삽시도(揷矢島)라 불리게 되었다 한다. 얼른 공감하기 어려울 수도 있겠으나 남쪽 딴동모지(밤섬)를 무게 중심으로 휘어진 좌우 백사장 라인을 보면 분명 활시위처럼 느껴질 것이다. 동그란 밤섬이 활시위 중간에 건 오늬(화살 맨 아랫부분) 또는 엄지손마디에 해당하고, 최북단 보리망끝이 화살 촉에 해당하는 셈이다. 실제로 섬의 무게 중심도 남쪽에 쏠려 있다. 북쪽은 낮은 구릉성 산지이지만 서남쪽 붕구뎅이산과 동남쪽 차돌백이산은 각각 114m, 57m 높이의 봉우리를 이루어 그 자락을 남쪽 해안까지 드리운 모습이다.

섬 전역에 알쏭달쏭한 옛 지명이 많아 호기심을 자아내듯, 삽시도엔 지명과 관련한 눈요깃거리들이 많다. 거멀너머 · 진너머 해수욕장을 비롯한 면삽지 · 수리바위 · 물망터 · 비암목 · 칼바위 · 촛대바위 등이 위치한 서쪽 해안은 특히 백사장 및 갯바위낚시 포인트로 큰 비중을 차지한다. 동서남북 다 마찬가지다. 좁으나마 시멘트포장길이 거미줄처럼 발달해 있고, 여기에 트래킹 코스들이 연결돼 섬 전역의 포인트를 두루 섭렵할 수 있다. 민박집 차량을 이용할 수도 있지만 승용차를 싣고 들어가면 미답의 포인트까지 속속들이 파헤치기 좋은 여건이다. 어종이 다양한 것

은 물론이고 씨알·마릿수 재미를 고루 만끽할 수 있는 데다, 특히 루어낚시 워킹 포인트가 많은 곳이기도 하다.

주요 연락처(041)

*대천해동낚시 931-4063
　보령시 신흑동 911-8
*대천항터미널 934-8772~4
　보령시 신흑동 2241
*글로리펜션 932-0768
　오천면 삽시도1길 159-8
*동백하우스 010-5408-3738
　오천면 삽시도1길 49-41
*수루미펜션 010-8910-4542
　오천면 삽시도3길 65-11

■ 어종과 시즌

개펄과 모래, 암반과 수중여가 고루 발달한 곳이라 록피시 종류와 두족류가 고루 잘 낚이고 회유어종도 곧잘 들어온다. 갯바위와 백사장, 방파제와 선착장 낚시가 두루 잘 되는 셈이다.

붕장어·우럭·노래미·도다리·광어·숭어·농어·주꾸미·갑오징어 등은 인근 원산도·고대도·장고도 등지의 낚시 시즌과 크게 다를 바 없다. 그러나 이곳 삽시도로부터 호도·녹도 등지로 갈수록 같은 시기의 어종일지라도 씨알이 굵어지는 경향을 보인다. 또한 이들 대표 어종 외에 삽시도 서쪽 해수욕장 일대에선 여름 보리멸이 대량으로 낚인다. 6월부터 시작해 9월까지 꾸준한 조황을 보이고, 가을이면 선착장 주변으로 삼치도 들어온다. 제한된 포인트이긴 해도 서남단 촛대바위 주변 갯바위에선 가을 감성돔이 곧잘 선보여 전문 꾼들이 호시탐탐 기회를 노린다.

■ 포인트 및 참고 사항

충남에서 세 번째 크기의 섬인 데다 세 곳 해수욕장과 면삽지·수리바위·물망터 등을 연결하는 트래킹 코스가 잘 조성돼 있어 관광객들이 많다. 이에 펜션·민박이 발달해 있고 기본적인 편의시설도 갖춰져 있어 큰 불편은 없다.

여객선이 닿는 곳은 두 곳이다. 물때 조건에 따라 동북쪽 술뚱(윗말)선착장에 닿

↓ 삽시도 북동쪽에 위치한 윗말(술뚱)선착장과 방파제. 대천발 여객선이 물때 따라 이곳 술뚱선착장에 닿기도 하고 남쪽 밤섬선착장에 닿기도 한다.

기도 하고 남쪽 밤섬선착장에 닿기도 한다. 민박을 이용하지 않거나 승용차를 싣고 들어가지 않는, 당일 낚시 또는 야영을 할 경우는 여객선 기항지를 미리 확인한 후에 목적지를 잘 정해야 한다.

■술뚱(윗말)선착장 & 방파제 - 동북쪽 삽시도항(지방어항)에는 방파제 내항 쪽으로 여객선이 접안하는 선착장이 연결돼 있고, 건너편으로 또 하나의 방파제 모습이 보이는데 이는 상판이 제대로 축조돼 있지 않은 도류제(導流堤)이다. 또는 돌제(突堤)라 부르는 것으로 조류의 교란을 방지하기 위해 쌓은 둑을 말한다. 남쪽 방파제는 좌우 석축 경사면이 아주 밋밋해 자리하기가 좋고, 외항 쪽에선 우럭·노래미가 낚이는 데 비해 내항쪽은 붕장어 입질이 앞선다. 방파제를 비롯한 내항 쪽 선착장 모두 가을 주꾸미·갑오징어를 기대하는 곳이다. 건너편 도류제에선 우럭·광어 입질이 잦아 루어 꾼들이 선호하는 편이다.

■복쟁이끝 콧부리 - 동쪽으로 길게 튀어나온 지형이다. 모래와 펄이 섞인 사니질 바닥에 크고 작은 간출암이 형성돼 도다리·광어·주꾸미·갑오징어가 철따라 낚이는 비밀 포인트이다. 둘레길을 이용하거나 차량으로 해변까지 진입한 후 걸어 들어가면 된다.

■밤섬선착장 - 모래와 펄이 섞인 사니질 바닥에서 도다리가 곧잘 낚인다. 4~6월, 사리 물때의 썰물 시각에 입질이 집중된다. 9~10월엔 주꾸미·갑오징어도 잘 되는 곳이다.

■거멀너머~진너머해수욕장 - 술뚱선착장 뒤쪽의 거멀너머해수욕장은 유명 보리멸 포인트이다. 6~9월 백사장에서 원투낚시를 하면 세찬 입질이 닿는데, 사리 들물 때 운 좋으면 1~2시간에 수십 마리씩 올리기도 한다. 이곳 거멀너머해수욕장 북쪽 및 남쪽 콧부리를 포함한 진너머해수욕장 남쪽 콧부리 지역은 썰물 때 암반 지형이 드러나는 곳으로 광어·우럭·노래미와 함께 농어도 붙는 곳이다.

■면삽지 - 밀물 땐 섬이 되었다가 썰물이 되면 본섬과 연결되는 곳으로, 마치 한 삽 가득 땅을 파 던져 둔 것 같다는 데서 유래된 지명이다. 보령시 천북면 학성리 해안가에도 이런 지명이 있는데, 이곳 면삽지는 본섬과의 거리가 짧아 잠시잠깐 둘러보기에 좋다. 삽시도를 찾는 대부분 관광객들이 들러 가는 곳이자 낚시 포인트로도 대표적인 곳이다.

↓ 삽시도 남쪽에 위치한 밤섬선착장. 대천 발 여객선이 조석(潮汐) 따라 북쪽 술뚱선착장에 닿기도 하고 이곳 선착장에 닿기도 하는데, 오른쪽으로 밤섬 갯바위 포인트가 연결된다.

진너머해수욕장에서 시작되는 둘레길 따라 보도 20여 분 거리로, 자갈바닥 입구는 거의 열려 있으나 낚시를 하기 위해선 물때 시각을 잘 맞춰야 한다. 섬 뒤쪽으로 갯바위 자락을 돌아 들어가야 하는데, 벼랑 지형이라 바닥이 드러나야 이동이 가능하기 때문이다. 간조 2시간 전에 들어가 초들물 1시간가량을 보고 서둘러 돌아 나와야 한다. 잘못 지체하면 벼랑까지 물에 차위험에 처한다는 점 유념해야 한다. 타이밍만 잘 맞추면 노래미 정도는 양껏 올릴 수 있고 광어 · 농어로 환호성을 터뜨릴 수 있는 곳이다.

■물망터 - 바다에서 샘물이 솟는 곳으로 삽시도의 명물 중 하나다. 밀물 땐 바닷물에 잠겨 있다가 썰물이 되면 바닥이 드러나면서 상큼한 생수가 솟아오르는 곳인데, 많은

관광객들이 이 광경을 제대로 목격하지 못한 채 엉뚱한 소감을 피력하기도 한다. 칠월칠석날 이곳에서 목욕을 하면 신병이 없어진다는 말이 전해오지만 지금은 물만 입에 찍어 맛이 어떤지 가늠할 뿐이다. 이 물망터가 드러날 시각이면 낚시인들은 좌우측 갯바위를 눈여겨보아야 한다. 우럭 · 노래미 · 광어가 걸려들고 농어도 잘 붙는 곳이기 때문이다. 진너머해수욕장에서 시작되는 둘레길이 면삽지 입구를 거쳐 이곳까지 연결돼 찾기 어렵지 않다.

■촛대바위 및 칼바위 - 가을 감성돔 찌낚시 포인트로 이름난 곳이지만 도보 진입은 거의 불가능하다. 진너머해수욕장에서 시작된 둘레길이 근처를 지나긴 해도 포인트 현장까지는 연결되지 않았기 때문이다. 영목항에서 낚싯배로 직접 들어오는 전문 꾼들이 많은 곳이다.

↑ 밀물 땐 섬이 되고 썰물 땐 본섬과 연결되는 면삽지(위 사진). 북쪽 진너머해수욕장 기점의 산책로가 연결되는데, 면삽지로 내려가는 입구엔 가파른 계단이 조성돼 있다(아래 사진).

호도(狐島)

• **소재지** : 보령시 오천면 녹도리 522-3 외
• **길이** : 방파제 260여m 외
• **위치 참조** : 〈최신 전국낚시지도〉 186p A3

찾아가는 길

보령 대천항여객선터미널에서 외연도행 여객선이 1일 1회, 대천항 → 호도 → 녹도 → 외연도 ⇒ 녹도 ⇒ 호도 ⇒ 대천항 순으로 운행된다. 대천항에서 호도까지의 소요 시간은 55분 안팎이다.

■ 낚시 여건

천수만 입구에 맞붙은 효자도 · 원산도와 많이 다르고 가까운 삽시도와도 다르다. 여객선 항로가 달라질 뿐만 아니라 개펄 지대가 멀어져 물색이 맑아지고 고운 백사장도 윤기를 더한다. 우럭 · 노래미 · 광어 등 록피시 종류가 강세를 보이는 반면, 개펄을 근거지로 하는 주꾸미 · 갑오징어 개체수는 줄어든다. 요약하면 가벼운 루어낚시 여행지로, 차량 없이 다니기에 좋은 곳이다. 여객선이 닿는 선착장과 마을 주변, 동쪽 해수욕장 산책로를 따라 최남단까지 포인트가 계속 연결되기 때문이다.

■ 어종과 시즌

우럭 · 노래미 · 도다리 · 광어 · 감성돔 · 농어 · 고등어 · 학공치 등이다. 가을 주꾸미 · 갑오징어낚시는 '별로'다. 갑오징어보다 주꾸미가 더욱 그러하다. 대신 우럭 · 광어 입질이 꾸준한 곳이다. 우럭은 4월부터, 광어는 5월부터 선보이기 시작해 11월까지 시즌을 형성한다. 농어 입질이 잦아지는 가을이면 또 고등어 · 학공치가 선착장 부근으로 들어와 마릿수 재미를 선사한다. 8월 중순이 그 시발점이지만

호도해수욕장 남쪽, 갱녀굴 도로.

고등어는 9월, 학공치는 10월 들어서야 씨알이 굵어져 11월 초순까지 시즌을 형성한다.

■ 포인트 및 참고 사항

섬이 호랑이 아닌 여우처럼 생겨 호도(狐島)이고, 그 머리에 해당하는 곳에 귀를 쫑긋 세운 듯 방파제가 축조돼 있다. 방파제 동쪽으로는 또 3개의 산봉우리가 파도막이 역할을 해 호도항(지방어항)의 입지조건은 반쯤 천연요새와도 같다.

방파제와 나란한 선착장에 여객선이 닿으면 곧장 낚시를 즐길 수 있는 여건이다. 더욱이 방파제 외항 쪽엔 테트라포드가 피복돼 있어 슬금슬금 구멍치기를 해도 우럭이 곧잘 낚이고 드문드문 광어도 걸려든다. 가을 고등어·학공치도 닿는 곳이다. 방파제 입구로부터 왼쪽 200여m 구간은 썰물 때 도보 진입이 가능한 곳으로, 수심 좋은 봄~가을 감성돔 포인트이다.

■ 냉여~뱅여 – 호도분교 옆으로 난 산책로를 따라 도보로 진입할 수 있다. 갯바위가 물속으로 길게 이어지고, 그 너머엔 모래·돌·여가 뒤섞인 바다 지형이다. 그야말로 광어가 잘 낚여 호도 단골 꾼들은 '냉여' 하면 '광어'를 떠올린다. 철제 계단까지 타고 오르내려야하는 수고가 따르지만 좌우 포인트를 폭넓게 섭렵할 수 있어 보상의 기회도 많은 곳이다.

■ 갱녀굴~추동끝 – 해수욕장 산책길을 따라 내려가다 보면 오래 전 산자락을 절단해 길을 뚫으면서 바닷가로 외톨이가 된 삼각 봉우리에 이른다. 이곳이 갱녀굴이다. 자갈 섞인 암반 지형에서 광어가 곧잘 잘 낚이고, 사리 들물 때에는 농어도 붙는다. 시멘트 길은 이곳 갱녀굴에서 계속 남쪽으로 이어지고 비슷한 여건의 포인트도 계속 전개된다. 최남단 추동끝 콧부리 포인트는 도로가 끝나는 지점에서 4,5백m 걸어야 하는데 썰물 때 진입해 만조가 되기 전에 철수해야 한다.

주요 연락처(041)

＊대천해동낚시 931-4063
　보령시 신흑동 911-8
＊대천항터미널 934-8772~4
　보령시 신흑동 2241
＊어촌민박 936-8208
　보령시 오천면 호도길 27
＊섬민박 935-5509
　보령시 오천면 호도길 64-10

↓ 호도치안센터 쪽 언덕에서 바라본 호도항 방파제와 여객선 선착장.
↓↓ 호도항 방파제 입구에서 본섬 쪽으로 바라본 우측 갯바위 지역. 도보 진입이 가능한 가을 감성돔 포인트이다.

녹도(鹿島)

- **소재지** : 보령시 오천면 녹도리 291-1 외
- **길이** : 선착장 900여m, 방파제 330여m 외
- **위치 참조** : 〈최신 전국낚시지도〉 186p A3

찾아가는 길

보령 대천항여객선터미널에서 외연도행 여객선이 1일 1회, 대천항 → 호도 → 녹도 → 외연도 ⇒ 녹도 ⇒ 호도 ⇒ 대천항 순으로 운행된다. 대천항에서 녹도까지의 소요 시간은 1시간 15분 내외다.

■ 낚시 여건

$0.92km^2$의 작은 면적에 거의가 높고 낮은 산지로 쓸 만한 경작지가 부족한데도 상주인구가 많은 섬이다. 주업은 수산업이다. 봄~여름에 걸쳐 제주난류가 북상하는 곳으로, 각종 어류의 산란 · 성장이 이뤄지고 해조류와 패류 등 각종 해산물이 풍부한 때문이다.

직선거리 700여m 정북 방향에 위치한 호도(狐島)가 여우를 닮은 모습인 데 비해 이곳 녹도(鹿島)의 지세는 사슴을 닮은 형상이다. 호도와는 달리 취락이 동남쪽에 밀집돼 있지만 여객선이 닿는 선착장만큼은 북쪽 끝단에 따로 축조돼 있다. 여객선에서 내려 녹도항(지방어항) 마을로 오려면 해안도로를 약 1km 걷거나 민박집 차량을 이용할 수도 있는데, 그냥 시멘트포장 산길 넘어 서쪽 해변에 텐트를 치고 야영 낚시를 하는 이들도 많다.

단골 꾼들이 떠올리는 대표 어종은 농어다. 열에 예닐곱은 그렇게 대답하는데, 실은 광어 · 우럭도 많고 가을 학공치 · 삼치도 유명한 곳이다.

■ 어종과 시즌

녹도 북쪽에 위치한 여객선선착장.

우럭 · 노래미 · 도다리 · 광어 · 붕장어 · 농어 · 학공치 · 고등어 · 삼치가 선보이는데, 이들 가운데 주력 어종은 농어 · 광어다. 더불어 가을 학공치 · 고등어 · 삼치 중 어느 하나가 수적인 우세를 보이면서 마릿수 재미를 한껏 안기는 데 비해, 숭어 · 주꾸미 · 갑오징어 등은 귀한 편이다.

주요 연락처(041)

*대천해동낚시 931-4063
 보령시 신흑동 911-8
*대천항터미널 934-8772~4
 보령시 신흑동 2241
*분이네민박 010-3564-2931
 보령시 오천면 녹도2길 33-4
*해뜰창펜션 010-4433-2545
 보령시 오천면 녹도1길 41

■ 포인트 및 참고 사항

여객선선착장을 비롯한 북쪽 갯바위에선 광어 · 노래미 입질이 꾸준하고 가을엔 삼치 떼가 들어와 마릿수 재미를 선사하기도 한다.

이곳 선착장에 내려 일단 마을로 들어와 곳곳의 포인트를 향할 수도 있으나 개인 승용차나 민박집 차량을 이용하지 않을 경우는 서쪽 갯바위 지역으로 곧장 향할 수도 있다. 마을 방향으로 600여m 정도 내려오다 오른쪽 산길(시멘트포장)을 1km 정도 걸어 넘으면 되는데 짐이 많으면 고역일 수도 있다. 그 대신 조용한 분위기에 텐트 칠 공간도 적합해 경제적인 낚시를 즐길 수 있다. 모도 또는 호도를 바라보는 방향으로 갯바위 포인트가 시멘트포장길을 따라 계속 이어져 장시간 낚시를 즐길 수 있다. 대표적인 농어 · 광어 포인트로 우럭과 노래미도 곁들일 수 있다. 마을 민박집에 사이트를 구축한 후 민박집 차량을 이용해도 된다.

마을 앞 흰 등대가 있는 큰 방파제에선 테트라포드 구멍치기에 우럭이 잘 나오고 던질낚시에 감성돔과 함께 드물게는 돌돔이 입질할 때도 있다. 작은 방파제 입구와 연결된 드넓은 축대 앞에선 가을 시즌, 만조 무렵 시각에 학공치 또는 고등어가 파시를 이뤄 주민들까지 가세해 진풍경을 연출하기도 한다. 큰 방파제 남쪽은 자갈 바닥에 돌이 박힌 지형으로 전형적인 농어 포인트이다.

↓ 동쪽 입구 해상에서 바라본 녹도항. 빨간 등대가 있는 작은 방파제는 석축, 흰 등대가 있는 큰 방파제는 테트라포드가 피복된 구조이다.

외연도(外煙島)

- **소재지** : 보령시 오천면 외연도리 160-1 외
- **길이** : 동방파제 250여m, 서방파제 260여m 외
- **위치 참조** : 〈최신 전국낚시지도〉 184p A3C5

찾아가는 길

보령 대천항여객선터미널에서 1일 1회(토·일요일엔 2회) 대천항 출발 여객선이 호도·녹도를 거쳐 2시간 10분 만에 도착한다. 토·일요일 아침 배로 들어가 오후 배로 철수할 경우 현지 6시간 체류가 가능하다.

■ 낚시 여건

대천항을 떠난 여객선이 호도·녹도를 지나 2시간 10여분 만에 도착한다. 보령시에 소재한 70여 개의 섬 가운데 육지에서 가장 먼 섬으로, 워낙 서쪽에 치우쳐 있어 '고요한 날에는 중국에서 닭 우는 소리가 들린다'라는 식의 과장된 표현을 한다. 하지만 군산 어청도에 비하면 훨씬 동쪽에 위치한다.

'바깥 연기가 많은 섬'이라는 데서 이름이 유래한 외연도(外煙島)는 사실 해무가 잦아 섬 전역을 한눈에 볼 수 없을 때가 많다. 그러나 해무가 걷히거나 사위 쾌청한 날, 외연도 삼봉(봉화산·당산·망재산)엘 오르면 본섬을 빙 둘러 호위무사처럼 지키는 크고 작은 섬들이 시원스레 반긴다. 외연열도(外煙列島)로 불리는 대청도(大靑島)·중청도(中靑島)·수도(水島)·횡견도(橫見島)·외횡견도(外橫見島)·외오도(外梧島)·오도(梧島)·황도(黃島)·무마도(貿馬島)·석도(石島) 등등이 그 주인공들이다.

물 맑고 고기 많고 자연경관 뛰어난 외연도는 봄보다는 가을이다. 더 멀리, 더 깊이 볼 수 있고, 손맛도 더 진하기 때문이다. 봄부터 계속되는 광어·우럭에 농어 입질도 절정을 이루고, 드센 감성돔과 맛있는 학공치 입질까지 가세해 그야말로

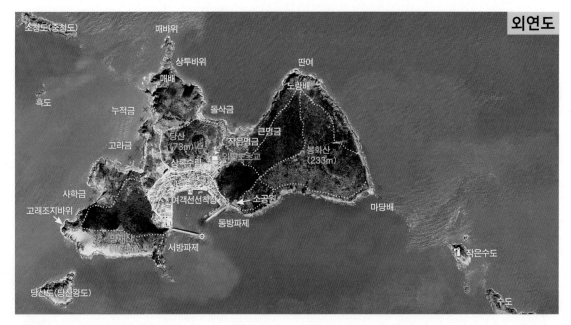

외연도

오감을 만족 시킨다. 봉화산·당산·망재산을 거점으로 사통발달 산책로가 연결된 마당배·노랑배·명금·돌삭금·누적금·고라금·사학금 등지는 외연도의 유명 트래킹 포인트이자 낚시 포인트이기도 하다. 토·일요일의 경우 트래킹은 당일 코스도 가능하지만(6시간 현장 체류) 낚시는 1박2일도 아쉬운 일정일 수 있다. 천고어비의 계절, 10월이면 꼭 떠올려야 할 섬낚시 여행지 중의 하나다.

■ 어종과 시즌

광어·노래미·우럭·농어·참돔·감성돔이 철따라 낚이고, 가을맞이 손님으로 학공치·고등어 무리가 찾아든다. 천연기념물 제136호로 지정된 외연도상록수림의 동백 꽃망울이 떨어질 때면 우럭·노래미의 입질이 시작되는데, 본격 시즌은 아무래도 4월 중순부터다. 5월 중순이면 광어도 가세하고 외연도의 주력 어종인 농어도 붙어 10월, 늦게는 11월 중순까지 시즌을 형성한다. 6월이면 또 인근 무인도 갯바위에서 참돔이 비치기 시작해 가을까지 단골 꾼들의 입소문에 오르내리는데, 본섬 갯바위 일원에서도 간간이 조황을 전하기도 한다.

마릿수 재미를 안겨주는 가을 학공치·고등어는 8월 말부터 나타나지만 낚시 대상어가 될 만한 씨알은 9월부터 시작해 10월 말까지 이어진다. 삼치가 들어올 때도 있지만 마릿수는 넉넉지 못한 편이다. 다른 지역에 비해 가을 갑오징어 역시 드문 편이고 주꾸미는 특히 구경하기 힘든 곳이다. 한 가지 귀추가 주목되는 것은 무늬오징어낚시의 가능성 여부다. 오래 전부터 이곳 외연도 동쪽 해상에서 가을 무늬오징어 선상낚시가 이뤄지고 있는 만큼 돌삼금·명금 일대에서도 무늬오징어낚시가 가능할지도 모르는 기대가 부풀고 있는 것이다.

주요 연락처(041)

* 대천해동낚시 931-4063
  보령시 신흑동 911-8
* 대천항터미널 934-8772~4
  보령시 신흑동 2241
* 외연도펜션 936-6667
  보령시 오천면 외연도2길 36
* 어촌계여관 931-5750
  보령시 오천면 외연도1길 82

↓ 남쪽 상공에서 내려다본 외연도항(국가어항). 2500여m 길이의 동·서방파제가 서로 빗장을 걸어 항구의 정온을 유지한다.

동·서방파제

외연도 본섬 동남단에 위치한 '마당배' 포인트.

본섬 북쪽 '큰명금'에서 바라본 우측 '노랑배' 방면.

'작은명금'에서 바라본 왼쪽 돌출부 갯바위 포인트.

■ 포인트 및 참고 사항

국가어항 등급의 외연도항은 어느 때고 적정 수심이 유지돼 내항 쪽에서도 낚시를 즐길 수 있다. 여객선이 닿는 선착장 주변 계단에서 중들물~만조 시각에 우럭·노래미가 간간이 걸려들고 가을엔 학공치가 들어와 잔재미를 안겨주기도 한다.

■동·서방파제 – 동서로 겹치듯 항구를 감싸고 있는 두 개의 방파제 가운데 낚시가 잘 되는 곳은 흰 등대가 있는 서쪽 방파제다. 외항 방향이 우선으로 테트라포드 주변을 노리는 구멍치기에 우럭이 곧잘 낚이고, 찌낚시 또는 던질낚시를 하면 노래미·우럭 씨알이 더욱 굵게 낚인다. 서방파제 입구 아래쪽(남쪽) 콧부리는 가을 감성돔 포인트로 농어도 노려볼 만한 곳이다. 빨간 등대가 있는 건너편 동방파제 역시 테트라포드 주변에서 우럭·노래미가 낚이고, 입구 쪽 소공원 앞은 자갈이 섞인 돌밭 지형으로 광어가 잘 낚이는 유망 포인트이다.

■마당배 – 이름 그대로 마당바위가 깔려 있는 가을 감성돔 포인트이다. 동방파제 입구 소공원(운동기구 있는 곳) 옆에서 시작되는 트래킹 코스를 따라 오르면 마당배까지 길이 계속 연결돼 족히 30분이면 닿는다. 오르막 구간에서 제법 헉헉대야 하지만 밧줄과 데크 구간이 연결돼 있어 그다지 위험한 코스는 아니다. 최종 데크에서 내려서면 떡판처럼 생긴 평평한 적갈색 바위가 폭넓게 깔려 있어 '마당배'라는 지명을 실감케 한다. 발판이 좋아 낚시하기 아주 편할 뿐만 아니라 수면과 닿는 갯바위 끝단이 직벽을 이뤄 물때와 관계없이 찌낚시를 구사하기 좋은 여건이다. 감성돔 포인트라는 점을 염두에 두고 장비는 최대한 간편하게, 밑밥은 최대한 두둑하게 챙기는 것이 좋다.

■명금~누적금~사학금 – 외연도 북쪽 만입부

천연기념물 제136호로 지정된 외연도상록수림.

'노랑배' 데크 전망대에서 바라본 서북단 상투바위와 매바위.

'고래자지바위' 언덕에서 바라본 당산도(앞쪽)와 석도·오도(뒤쪽).

외연도 본섬 서쪽에 위치한 '누적금' 일대.

지역의 명금과 돌삭금, 서쪽 누적금·고라금·사학금 모두는 농어 또는 우럭·광어 포인트이다. 외연도에서 '금'자 붙는 지명은 만곡(彎曲) 지형을 뜻하되 크고 작은 돌바닥이 형성된 것이 공통점이다. 모두가 산책길이 연결되는 트래킹 코스로 별반 힘들지 않게 두로 섭렵할 수 있는데, 누적금·고라금·사학금 등지는 대표적인 농어 포인트로 꼽히고, 작은명금과 큰명금은 광어 포인트로 꼽힌다.

이밖에 트래킹 코스로 쉽게 찾을 수 있는 당산의 상록수림과 고래자지바위가 있는 언덕도 외연도 여행에서 꼭 둘러봐야 할 곳들이다. 외연도는 지난 2007년 문화관광부가 선정한 '우리나라 가고픈 4대 섬' 중의 하나로, 자연 경관과 스토리텔링이 잘 접목된 관광지로 꼽힌다.

'누적금' 남쪽의 '고라금'으로 내려가는 데크 산책로.

외연도 본섬 서남쪽에 위치한 '사학금' 전경.

대천항 방파제 외

- **소재지** : 보령시 신흑동 950-94 외
- **길이** : 3100여m 외
- **위치 참조** : 〈최신 전국낚시지도〉 187p E2

찾아가는 길

서해안고속도로 대천IC로 나와 대천항 방향의 이정표를 따라 곧장 진행하면 된다. 대천톨게이트로부터 대천항 입구까지는 약 7.2km 거리다.

■ 낚시 여건

길이 300여m의 타원형 방파제와 930여m 길이의 일자형 도제(島堤)가 철옹성처럼 구축돼 있는 국가어항이다. 인근 원산도와 효자도, 삽시도와 고대도 · 장고도, 호도 · 녹도 · 외연도로 향하는 여객선이 떠나는 곳으로 섬나들이 관광객들이 연중 끊이질 않고, 선상낚시와 도보낚시를 즐기는 낚시인들 또한 끊이질 않는다. 남쪽에 위치한 대천해수욕장으로 인해 더욱 유명세를 치르는 곳이기도 하다.

낚시는 빨강 등대가 서 있는 외항 쪽 방파제에서 이뤄지되, 내항 쪽 일부 구간에서 숭어 · 망둥어낚시를 하는 이들도 많다. 각종 편의시설과 주차장이 곳곳에 위치해 낚시하기 편리한 여건이지만 방파제 입구까지 일반 차량이 진입하지 못하는 점이 아쉽다. 수산물 공판장이 있어 일반 차량을 통제하는 때문인데, 방파제에서의 낚시를 위해선 보령수협 뒤쪽 공영주차장에 안전하게 주차를 한 후 250여m만 걸어 들어가면 된다.

■ 어종과 시즌

우럭 · 숭어 · 붕장어 · 망둥어 · 주꾸미 · 갑오징어가 대표어종으로 꼽히고 학공치

대천항

도제(島堤)
선착장
활어판매장
보령수협
여객터미널
수산시장
레일 바이크 종점
갈릴리기도원
뒷장벌
환상의바다
짚트랙 종점
대천
대천해수욕장

도 잠깐 선을 보인다. 4월부터 숭어가 나타나고 우럭·붕장어는 4월 중순 들어 붙기 시작해 11월까지 시즌을 형성한다.

여름 피서객들이 살짝 줄어드는 8월 중순이면 학공치가 살짝 나타나는데 그 기간이 20여일 정도로 짧아 현지 낚시점으로의 조황 확인이 필요하다. 이 무렵부터 주꾸미도 선보이지만 씨알이 너무 잘아 권할 바가 못 된다. 갑오징어를 포함한 본격 시즌은 9월부터 11월 초까지로, 전문 낚시인들의 발길이 가장 잦을 때다.

인근 낚시점(041)

*대천해동낚시 931-4063
 보령시 신흑동 911-8
*유명낚시 932-1976
 보령시 신흑동 1396-9
*원다낚시 932-6056
 보령시 신흑동 1010-3

■ 포인트 및 참고 사항

내항 쪽 선착장 주변에선 망둥어낚시가 이뤄지고 해경출장소와 수산물공판장 사이, 즉 해변도로가 약간 꺾이는 지점 좌우 구간에선 묶음추 채비로 숭어 원투낚시를 하는 전문 꾼들이 많다. 4~11물때에 숭어 무리가 근접한다.

그러나 대천항 낚시의 핵심은 방파제이고, 포인트는 중간 지점부터 빨강 등대가 있는 끝 지점까지의 외항 방향이다. 테트라포드 경사가 밋밋하고 아주 가지런히 피복돼 있어 발판도 비교적 안정적인데, 초들물에 입질이 잦은 우럭은 근거리를 겨냥하거나 테트라포드 주변을 노리는 구멍치기가 효과적이다. 너무 멀리 치면 뻘 바닥에 닿기 때문이다. 이와 달리 가을 주꾸미·갑오징어는 20m 이상 에기를 힘껏 날려 모래와 펄이 섞인 사니질(沙泥質) 바닥에 안착시켜야 한다. 갈바람이 심하게 불어 외항 쪽 테트라포드에서의 낚시가 어려울 때는 내항 쪽에 앉아 낱마리 조황이나마 우럭·주꾸미를 기대할 수도 있다. 그러나 학공치만큼은 내항 쪽이다. 이곳 대천항방파제 서남쪽(대천해수욕장 북단)엔 농어·광어 포인트로 유명한 '뒷장벌' 갯바위가 있다(다음 페이지 참조).

↓ 서남쪽 상공에서 내려다본 대천항. 원산도·삽시도·호도·녹도·외연도 등지로 향하는 여객선 터미널이자, 선상낚시를 즐기는 수많은 낚시인들이 찾는 '꾼들의 터미널'이기도 하다.

뒷장벌 갯바위

- 소재지 : 보령시 신흑동 946-24 인근(서쪽 250m)
- 위치 참조 : 〈최신 전국낚시지도〉 187p E2

찾아가는 길

서해안고속도로 대천IC로 나와 대천항 방향으로 진행한다. 대천항 입구 고개 넘어 해동낚시점 앞에서 왼쪽 프로포즈모텔을 끼고 진입 후, 350m 지점의 환상의바다 리조트 앞에서 오른쪽 해변으로 내려가면 곧 갈릴리교회 기도원과 레일바이크 종점 시설물이 보인다. 인근에 주차 후 산책로 따라 250m만 진입하면 된다.

인근 낚시점(041)

*대천해동낚시 931-4063
 보령시 신흑동 911-8
*대천유람선낚시 934-4888
 보령시 신흑동 2240-11

↓ 뒷장벌 해변 산책로 아래엔 테트라포드가 축조돼 있고 공중에는 바이크 레일(rail)이 설치돼 있어 콧부리 지점의 쉼터 계단을 이용해 포인트로 진입해야 한다. 사진의 부처바위 주변은 특히 농어·광어 확률이 높은 곳이다.

■ 낚시 개황

대천항 서남쪽, 대천해수욕장 북단에 위치한 간출암 지역이다. 대천해수욕장으로부터 산책로가 이어져 편하게 진입할 수 있다. 대천해수욕장 북단, 테트라포드가 시작되는 지점에 주차를 하고 진입할 수도 있으나 갈릴리교회 기도원 쪽에서 진입하는 게 도보 거리가 짧다.

이곳을 잘 아는 대천 지역 낚시인들은 '초소 밑'이라 부르기도 하고, 정확히는 레일바이크 탑승 시설물과 갈릴리교회 기도원(작은 가옥 형태)이 있는 옛 마을 이름을 따 '뒷장벌' 갯바위라 부른다. 2015년 말, 대천해수욕장 북쪽에서 시작되는 레일바이크 궤도가 설치되기 전까지만 해도 산책로에서 곧장 캐스팅을 할 수 있었으나 이후부터는 공중 철로가 전방을 가로막아 쉼터 옆 계단으로 내려가 낚시를 해야 한다. 썰물이 시작되면 밋밋한 암반 지형이 넓게 드러나는데, 간조 2시간 전에 진입해 초들물 1시간까지, 총 3시간만 집중 공략해도 당찬 입질과 실속 있는 조과를 누릴 수 있다.

■ 참고 사항

농어·광어가 주력이고 도다리·붕장어도 낚인다. 찌낚시 및 루어낚시에 걸려드는 농어는 5월 중순부터 10월 중순까지 시즌을 이루고, 조류가 활발한 4~10물때가 적기다. 40cm급 안팎 씨알이 곧잘 걸려드는 광어는 7월부터 입질이 활발하고 12월까지 길게 시즌을 형성한다. 다운샷 또는 지그헤드 리그를 사용해도 좋고 캐스팅 용 하드 베이트 계열도 무방하다. 콧부리 쪽에서 남쪽 대천해수욕장 방향으로 약간 이동하면 도다리와 붕장어도 곁들여진다.

뒷장벌 갯바위

대천항1
레일바이크 종점
계단으로부터 진입!
계단
쉼터
갈릴리기도원
바이크 레일
뒷장벌
짚트랙(Zip Track) 종점
산책로
짚트랙 레일
대천해수욕장

갓배 갯바위

- **소재지** : 보령시 신흑동 1461-13 인근(남쪽 250m)
- **위치 참조** : 〈최신 전국낚시지도〉 187p E3

■ 낚시 개황

대천해수욕장 남단에 위치한 갯바위 낚시터다. 콧부리 지형 남단에 삿갓처럼 생긴 바위가 있어 이곳 일대를 '갓배'라 부르는데, 갓바위란 이름엔 두 가지 설화가 있다. 고려 말 김성우 장군이 왜구의 침입을 격퇴하며 갓을 걸어 놓았던 바위라 해서 그 이름이 유래했다는 설과, 100년 묵은 낙지가 조건부 사람 행세를 하다가 그만 용왕님과의 약조를 깨뜨려 일장춘몽이 되면서 마지막 흔적으로 그가 쓰던 갓이 바다로 날아가 바위가 되고 말았다는 설이다. 그러나 전설보다 낚시가 더 재밌는 곳이다. 양쪽으로 백사장 지대를 끼고 있는 갯바위 지형인 데다 남포방조제 배수갑문의 영향을 받아 다종다양한 낚시가 이뤄지기 때문이다.

■ 참고 사항

보리멸·붕장어·감성돔·우럭·광어·노래미·숭어·삼치·농어가 대표어종이다. 6월부터 9월 초순까지 마릿수 조황을 보이는 보리멸은 갯바위 진입부 초입에서 백사장 방향이 포인트다. 중들물~초썰물 사이에 붕장어도 함께 낚인다. 감성돔은 갯바위 전역이 포인트로 4~10월 기간 중 4월부터 6월 초까지의 봄 시즌 땐 50cm급 굵은 씨알이 30m 전방 거리의 처넣기 채비에 잘 걸려들고, 초여름부터 가을 시즌엔 30~40cm급을 포함한 살감성돔이 찌낚시에 잘 반응한다.

9월에 나타나는 삼치는 11월 초까지 시즌을 형성하며 루어낚시에 30cm 안팎 씨알들이 마릿수 재미를 안긴다. 이밖에 봄부터 늦가을까지 입질이 꾸준한 우럭은 초들물~중들물, 숭어 찌낚시는 중들물~초썰물, 농어는 간조 1시간 전부터 중들물 사이에 입질이 잦은 편이다.

찾아가는 길

서해안고속도로 대천IC로 나와 대천해수욕장 방향으로 진행한다. 대천해수욕장 입구 '공영무료주차장'을 지난 첫 번째 사거리에서 좌회전해 해수욕장 최남단(보령시 신흑동 1461-13 인근)에 주차를 한 후 250m여만 걸어 내려가면 산자락 밑 갯바위에 이른다.

인근 낚시점(041)

*대천해동낚시 931-4063
 보령시 신흑동 911-8
*대천유람선낚시 934-4888
 보령시 신흑동 2240-11

↓ 썰물 때에 포인트가 광범위하게 드러나는 갯바위 주변. 생각보다 다양한 어종이 낚이는 곳이다.

갓배 갯바위

남포방조제 & 죽도

- **소재지** : 보령시 신흑동 2132 외
- **길이** : 방조제 3,694m 외
- **위치 참조** : 〈최신 전국낚시지도〉 187p E3

찾아가는 길

서해안고속도로 대천IC로 나와 대천해수욕장 방향으로 진행한다. 대천해수욕장 입구 뒷박산교차로에 이르러 무창포해수욕장 방면으로 좌회전해 1.5km 이동하면 남포방조제로 진입하게 되고, 배수갑문 지점에서 2.3km만 남하하면 죽도 입구가 나온다.

■ 낚시 여건

대천과 무창포를 잇는 나들목이자 죽도(竹島) 관광지를 끼고 있는 남포방조제는 남포간척사업의 일환으로 지난 1997년 완공 이래, 666ha의 농경지를 조성하였고 오랜 기간 일급 바다낚시터로서의 인기도 여전한 곳이다. 갓길에 '개구리 주차'를 한 후 완만한 블록 경사면을 따라 둑 위로 오르기 쉽고, 바다로 내려가는 경사면 또한 아주 완만해 포인트로의 진입이 수월한 여건인 데다, 봄부터 늦가을까지 다양하고도 실속 있는 어종이 고루 낚인다.

방조제뿐만 아니다. 주꾸미 머리처럼 방조제 배꼽 부위에 볼록 연결된 죽도는 보령시가 '보물섬 관광지'로 널리 선전하는 관광특구이자, 편리한 주차공간과 워킹 포인트가 조화를 이루는 낚시특구이기도 하다. 남포방조제를 찾았다가 죽도에서 재미를 보거나, 너무 많은 낚시인들로 죽도가 혼잡스러울 때 남포방조제로 이동하기 좋은 여건인 셈이다.

죽도를 중심으로 방조제 남북 중간 지점엔 팔각정자가 설치돼 있어 낚시 도중 휴식을 취하거나 탁 트인 서해바다와 남포평야를 조망하기 좋고, 보령8경 중 하나인 죽도엔 섬 전체를 한국식 정원으로 꾸민 상화원(尙和園)이 있어 가족과 함께 꼭

찾아볼 만하다.

■ 어종과 시즌

인근 낚시점(041)

*대천해동낚시 931-4063
보령시 신흑동 911-8
*원다낚시 932-6056
보령시 신흑동 1010-3

죽도를 포함한 길이 3.7km에 달하는 남포방조제엔 감성돔·우럭·광어·숭어·
농어·붕장어·보리멸·삼치·전어·갑오징어·주꾸미 등 이름만 들어도 가
슴 설레는 고급 어종들이 즐비하고, 이들 어종을 대상으로 하는 낚시 또한 던질낚
시·찌낚시·루어낚시 등 다양한 방법이 시도된다.

제일 먼저 선을 보이는 것은 숭어. 4월 중순부터 11월까지 찌낚시 대상어로 등장
하고, 이보다 빠른 3월 중순~4월 중순 기간엔 방조제 수문 근처에서 훌치기 방법
이 동원된다. 이어 5월이면 수문 근처에 감성돔과 농어도 붙는데, 이곳에서 농어를
노리는 현지 꾼들의 낚시 방법이 좀 특이하다. 참갯지렁이 또는 쏙을 미끼로 원투
처넣기를 하되, 구멍봉돌 채비가 연결된 릴대를 손에 쥐고서 입질을 파악하는 것
이다. 마치 맥낚시처럼….

방조제 배수갑문 근처엔 또 5월 중순부터 손바닥 씨알의 전어가 나타나 6월 중순
까지, 약 한 달가량 수문 근처를 누빈다. 짧은 기간이지만 가지바늘 채비로 손쉽게
마릿수 재미를 누릴 수 있다.

보리누름이 한창인 6월 초순이면 드디어 '미스 남포'가 나타난다. 자태 고운 보리
멸이 방조제 부근으로 찾아들어 9월까지 길게 시즌을 형성하는데, 개체수도 많아
본격 던질낚시 대상어로 각광 받는다. 사리를 전후한 4~11물때, 만조를 전후한 중
들물~중썰물 시각에 입질이 집중되는데, 물때 조건이 잘 맞아떨어지면 두 자리 수
조황이 너끈해진다. 3개짜리 가지바늘에 2~3마리씩 걸려드는가 하면 5개짜리 수

↓ 남포방조제 북단, 배수갑문
쪽에서 죽도 방향으로 바라본
모습. 바다 쪽 경사면이 완만해
여느 방조제보다 낚시가 수월한
여건이다.

죽도

입산 가지채비를 사용해 다수확을 노리는 이들도 많다. 죽도 선착장 부근에서도 입질을 한다.

초여름 어종으로 또 삼치를 빼놓을 수 없다. 6월 중순부터 7월까지 50~80cm급 대형 삼치가 시즌을 형성하는데, 물때와 포인트는 보리멸낚시와 비슷하다. 사리를 전후한 4~10물때, 만조 1시간 전부터 중썰물 시각까지가 피딩 타임이고, 전문 꾼들은 써프 트롤링 채비로 대물급을 노린다.

가을 시즌 조황도 화려하다. 초여름 대형급 삼치가 물러난 이후 9월이면 30cm 안팎 씨알의 삼치들이 다시 나타나 11월 초순까지 분탕질을 한다. 포인트 및 물때 조건은 초여름 삼치낚시와 동일하고, 소형 메탈 지그 또는 스푼 루어에 마릿수 재미를 안긴다. 9~11월, 같은 기간에 피크 시즌을 이루는 주꾸미와 갑오징어는 죽도(竹島)가 노른자위 낚시터이다. 워킹 포인트로서의 인기는 물론 카약과 소형 동력 보트를 이용한 선상낚시 동호인들이 가을 죽도를 에워싸 그야말로 먹물 대첩이 이뤄지기도 한다.

■ 포인트 및 참고 사항

낚시 구역은 크게 두 곳이다. 방조제 구간과 죽도 갯바위 및 선착장이다. 죽도에서의 낚시는 관계없지만 방조제에서 낚시를 할 경우는 대천 쪽에서 무창포 방향으로 남하하는 길을 택해야 갓길 주차가 가능한 점 염두에 두어야 한다.

■남포방조제 – 핵심 포인트와 주차 장소 모두 두 구역이다. 첫 번째 핵심 포인트는 북쪽 배수갑문 인근 100여m 구간이다. 배수갑문 근처는 접근금지 구역으로 최대한 근접 지점에서 낚시를 해야 하는데, 방조제준공기념탑 옆 공간이나 건너편 자전거도로에 주차 후 경사면을 올라 펜스 구간을 약간 우회하면 된다. 숭어 · 농어 · 감성돔 · 전어가 잘 낚이는 봄 시즌 포인트이다.

두 번째 핵심 포인트는 배수갑문과 죽도 중간 지점, 즉 팔각정을 중심으로 좌우 100m 구간이다. 더 정확히는 배수갑문이 있는 남포교로부터 1.1km 지점인데, 본격 시즌 주말이면 여러 대의 낚시 차량이 '개구리 주차'를 하고 있어 금방 눈치 챌 수 있다. 보리멸 · 삼치가 잘 낚이는 곳으로, 배수갑문 근처가 봄 시즌 포인트라면 이곳은 여름 포인트라 할 수 있다. 보리멸이든 삼치든 일단 장타를 날려야 굵은 씨알을 도모할 수 있다. 도로변 갓길 아닌, 안전한 주차공간을 이용할 수도 있다. 죽도 입구에서 오른쪽(북쪽)으로 보면 테

↓ 남포방조제 중간 남쪽 지점에 위치한 죽도(竹島). 보령시가 '보물섬'으로 자랑하는 관광지이자 유명 낚시터이다.

트라포드 피복 작업을 위한 공사 차량이 드나든 길이 보인다. 이 길을 따라 최대한 집입하면 팔각정 약간 못 미친 지점에 이르는데, 4륜구동 차량이 적합하고 공사 진행에 따라 진출입이 통제될 수 있다는 점 참고 바란다.

■**죽도**(竹島) - 대나무(신우대 종류)가 많아 이름 붙여진 섬이다. 보령8경 중의 하나로 관광객들이 많이 찾지만 해변을 제외한 섬 중심부 거의 전역이 상화원(尙和園)이란 이름의 한국

↑ 죽도 정상과 산자락 일대를 한국식 정원으로 조성한 상화원(尙和園) 일부 한옥 건물.

식 정원으로 꾸며져 있어 입장료를 지불해야 그 면모를 제대로 감상할 수 있다(주말에만 사전 예약으로 입장 가능).

죽도에서의 낚시는 선착장과 갯바위 일대에서 이루어진다. 선착장 주변에선 보리멸과 붕장어 · 주꾸미가 낚이는데 최대한 장타를 날려야 한다. 선착장 서쪽 갯바위 구간 또한 원투낚시에 감성돔과 붕장어, 가을 주꾸미와 갑오징어가 잘 낚이는 포인트이지만 지난 2008년도의 해일파도 사고로 인해 출입이 통제되는 곳임을 참고해야 한다.

죽도의 핵심 포인트는 북쪽 및 북서쪽 갯바위 구간이다. 죽도 입구에서 오른쪽으로 진입하면 천막 횟집이 즐비한 공터에 이르고, 이곳에 주차를 한 후 산자락으로 다가가면 신우대 숲 사이로 비밀스런 좁은 통로가 열린다. 조금만 들어서면 포인트가 곧 전개되는데, 바닥이 넓게 드러나는 중썰물부터 중들물 때까지 낚시를 하는 곳이다. 사질대와 암반, 물골이 형성된 지형으로 감성돔 · 광어 · 우럭 · 삼치 · 주꾸미 · 갑오징어 등이 철따라 낚인다.

어떤 어종을 노리든 썰물 때에 드러나는 바다 끝까지 나아가야 하는데, 조수 간만의 차가 적은 조금 물때에는 아무리 장타를 쳐도 험한 돌바닥을 피하기 어렵다. 사리 물때 전후가 적기에 해당하고, 밀물보다는 썰물 시각에 입질이 집중되는 편이다. 가을 주꾸미 · 갑오징어 철엔 주차공간이 부족한 점 참고해야 한다.

죽도

대천

갯바위 진입로

간조선

횟집촌

공중

P

상화원(尙和園)

공중

은노을민박

P

죽도보물섬
횟집 · 커피숍

죽도선착장

무창포

용두 갯바위

- **소재지** : 보령시 남포면 월전리 704 인근 외
- **위치 참조** : 〈최신 전국낚시지도〉 187p E4

찾아가는 길

서해안고속도로 대천IC로 나와 남포방조제나 죽도에 들렀다가 내려와도 되고, 남쪽 무창포 IC로 나와 무창포항에 들렀다가 올라와도 된다. 어느 방향에서건 용두해수욕장 입구에서 동백관 방향의 '열린바다로'로 진입해 770m 지점에서 용두비치빌·초콜릿 펜션 간판을 보고 오른쪽 바닷길로 들어서면 된다.

인근 낚시점(041)

*대천해동낚시 931-4063
보령시 신흑동 911-8

↓ 남포방조제 남쪽, 용두해수욕장에서 무창포항으로 향하는 해안 도로에 인접한 용두 갯바위. 사진 왼쪽 지점에선 농어·감성돔, 오른쪽 축대 주변에선 보리멸이 낚인다.

■ 낚시 개황

울창한 송림으로 이름난 용두해수욕장 남쪽 턱받이에 해당하는 곳으로, 보령시 남포면 월전리 용두마을과 보령시 웅천읍 관당리와 경계를 이루는 지점이다. 관당리쪽 해변 일부를 간척하기 전까지만 해도 그야말로 용머리[龍頭]라 불렸음직한 돌출 지형이다. 전망 좋은 산자락 위에는 캠핑장이 조성돼 있고, 아래쪽 펜션 앞 바다는 썰물이 되면 모래와 돌, 암반이 섞인 바닥이 넓게 드러난다.

낚시는 하늘등대펜션을 중심으로 좌우 여밭에서 이뤄진다. 5월부터 10월, 늦게는 11월까지 감성돔·농어 입질이 꾸준한 곳인데, 북쪽 남포방조제와 남쪽 무창포항을 오가는 길목임에도 이곳을 찾는 낚시인들은 드문 편이다. 존재가치를 모르는 까닭도 있고 어종이 다양하지 못한 이유도 있을 것이다.

■ 참고 사항

용두해수욕장 입구를 지나 바다향기소리펜션 앞에서 해변으로 내려오다 보면 오른쪽으로 제방 같은 것이 보인다. 모래 채취를 하는 곳으로 주변 모랫바닥에서 보리멸이 잘 낚인다. 6월부터 9월 초순 기간, 무창포항을 오가는 길에 한 번쯤 둘러볼 만한 곳이다. 갯바위낚시는 해변길이 끝나는 지점(내비 주소 - 보령시 남포면 월전리 704)까지 들어가 공터에 주차를 한 후, 하늘등대펜션 밑으로 진입하면 된다. 콧부리 전방 여밭에서 농어와 감성돔을 노리는 곳으로, 조류 소통이 좋아 찌낚시가 유효한 포인트이다.

펜션 위쪽 산마루에는 전망 좋은 캠핑장이 조성돼 있어 이곳에서 하룻밤 야영을 해도 좋다. 물때 시각을 기다리며 잠시 커피 한 잔을 나눠도 좋다.

용두 갯바위

보리멸
하늘등대펜션
초콜릿펜션
간조선
모래채취장
남포방조제
옛초소
용두캠핑장
용두비치빌
블루하이츠펜션
바다향기소리펜션
열린바다펜션
무창포항

빨강 · 하양 · 노랑 … 등대 이야기

규모가 큰 항구일수록 두 개 이상의 방파제가 서로 마주보는 형태로 축조돼 내항의 정온(靜穩)을 유지하고, 각각의 방파제 끝에는 빨간색 또는 하얀색 등대가 세워져 야간 뱃길을 안내한다. 이들 방파제는 그 위치에 따라 동 · 서방파제 또는 남 · 북방파제 등으로 명명되는데, 낚시인들은 흔히 등대 색깔로 구분해 간편하게 부른다. "격포항은 하양 등대 쪽 조황이 좋다"거나 "홍원항은 빨강 등대가 낫다"는 등으로, 부르기 쉽고 기억하기 쉬운 이름으로 정보를 주고받는다.

그런데 빨강 등대와 하양 등대의 위치엔 원칙이 있다. 바다에서 항구로 입항하는 기준으로 오른쪽엔 빨강, 왼쪽엔 하양 등대가 위치한다(사진①~③). 이로써 우측통행을 하는 셈이다. 입항하는 선박은 빨강 등대를 보고 오른쪽으로, 출항하는 선박은 하양 등대를 보고 역시 오른쪽으로 운항해 야간 충돌을 방지하는 것이다.

그런데 하양 등대도 빨강 등대 아닌, 간혹 노랑 등대도 있다. 간단히 요약하면 빨강 등대 통로에 비해 노랑 등대는 소형 선박이 다니는 간이통로 역할을 한다.

야간에 불을 밝힌다고 해서 모두가 등대는 아니다. 등대(燈臺 · lighthouse)의 종류엔 일반 등대와 등주(燈住 · light pole), 등표(燈標 · light beacon), 등부표(燈浮漂 · lighted buoy), 입표(入標 · unlighted beacon) 등등이 있다. '등주'는 일반 등대에 비해 구조가 간단한 기둥에 등화를 설치하여 위치를 알리는 간이 표지 시설이고(사진④), '등표'는 해상에 설치되는 구조물이다. 위험한 암초나 수심이 얕은 곳에 설치돼 선박의 좌초를 방지한다(사진⑤). 대부분 콘크리트 원통 주상에 등화를 설치하는데, 등화가 없는 것을 따로 '입표'라 한다.

육상 또는 간출암 바탕 위에 고정 축조되는 등대 · 등주 · 등표와는 달리 '등부표(燈浮漂)'는 이름 그대로 수면에 뜨게 만든 구조물이다. '등표'가 수면 위로 돌출되게 한 구조물인 데 비해, '등부표'는 암초 등의 장애물 위치를 표시하기 위해 이탈할 수 없게 해저에 고정은 시키되 수면에 뜨게 한 것이 차이점이다.

①

②

③

등대 등대 등주
④

⑤

무창포항방파제

- **소재지** : 보령시 웅천읍 관당리 645-15 외
- **길이** : 북방파제 3600여m, 남방파제 310여m
- **위치 참조** : 〈최신 전국낚시지도〉 187p E4

찾아가는 길

서해안고속도로 무창포IC → 톨게이트 통과 후 무창포 방면으로 좌회전하면 무창포항 입구 공영주차장까지는 불과 2.7km 거리다. 남쪽 방파제에서의 낚시는 내항 광장 쪽에 주차하면 되고, 북쪽 방파제는 해안도로를 따라 북쪽으로 진입해 방파제 입구 주변에서 적당한 주차공간을 확보해야 한다.

■ 낚시 여건

초봄이면 주꾸미 축제로 떠들썩해지는 무창포항은 5월이면 우럭 · 광어 선상낚시로 분주해지고 7월이면 또 보구치 선상낚시로 거듭 유명세를 치른다. 선상낚시뿐만 아니다. 두 곳 방파제에서의 워킹 낚시도 인기다. 고급 어종인 감성돔이 곧잘 선보일 뿐만 아니라 여름 손님 보구치도 걸려들고, 가을이면 주꾸미 · 갑오징어가 근접해 루어 낚시인들을 한껏 들뜨게 한다.

서해안고속도로 무창포IC로부터 불과 5분여 거리라는 점에서 접근성이 뛰어나고, 남쪽으로 무창포해수욕장과 석대도 바닷길을 끼고 있어 나들이를 겸한 생활낚시 코스로도 인기다.

항구 모습도 옛날에 비해 많이 변했다. 옛날 지방어항 시절의 내항 쪽 방파제는 그 구실을 다한 채 관광객들의 산책 코스로 바뀌었다. 2008~2009년도 무렵 지금의 북쪽 방파제가 완공되었고, 2015년도부터 전체 규모와 입지조건에 걸맞게 국가어항으로 승격되었다.

■ 어종과 시즌

무창포항

석재운반선착장 / 남포방조제 / 숨구멍(조류소통) / 충청남도수산연구소 / 무창포항 / 구름다리 / 수산물시장 / 무창포 / 무창포IC

감성돔·우럭·도다리·붕장어·보구치·살감성돔·주꾸미·갑오징어가 대표 어종이다. 5월부터 북쪽 방파제에서 당찬 손맛을 전하는 감성돔은 초기엔 주로 원투낚시에 반응하지만 6월로 접어들면 서서히 찌낚시로 전환된다. 가을이면 또 북쪽 방파제 주변에 살감성돔 무리가 나타나 마릿수 재미를 안기는데, 이에 앞서 7~8월 여름 시즌엔 조기 사촌 보구치가 근접해 한껏 입맛을 돋운다.

여름 보구치가 물러나면 후발 주자로 주꾸미·갑오징어가 나타나 가을 시즌을 물들인다. 8월 중순경부터 선보이는 주꾸미는 씨알이 너무 잘아 눈 밖에 나지만 9월이면 주말을 거듭할수록 통통한 씨알들이 낚이고, 갑오징어와 함께 11월까지 본격 시즌을 형성한다. 그러나 무창포항의 갑오징어는 주꾸미에 비해 개체수가 적은 편이다. 가을엔 또 학공치가 나타나기도 하지만 시기와 조황이 들쭉날쭉해 첫 소문에 발 빠르게 대응해야 한다.

■ 포인트 및 참고 사항

빨간 등대가 있는 남쪽 방파제는 외항 전역이 밋밋한 석축 지대이고, 내항은 석축을 낀 계단 구간이 많은 편이다. 낚시하기에 편한 듯 보이고 주차장에서의 거리도 가까워 나들이객들이 많이 찾지만, 주변 수심이 얕을 뿐만 아니라 모래와 펄이 섞인 사니질(沙泥質) 바닥이어서 붕장어·주꾸미·갑오징어 포인트로 꼽힌다. 초보자들의 가을 망둥어 사냥터로도 좋다. 빨간 등대 앞쪽은 난간이 없는 데다 계단마저 설치돼 있어 좌우측 석축 지대로 진입하기 쉽고, 그냥 계단에 걸터앉아 편안히 낚시를 즐길 수도 있다.

무창포항에서의 낚시는 흰 등대가 있는 북쪽 방파제가 우선이다. 남쪽 방파제와는

인근 낚시점(041)

*대천해동낚시 931-4063
　보령시 신흑동 911-8
*무창포낚시 931-0700
　웅천읍 관당리 888-39
*무창포프로낚시 936-0906
　웅천읍 관당리 888-17

↓ 입구에서 바라본 무창포항 북쪽 방파제 전경. 방파제 중간 지점과 끝 지점 외항 쪽에 간출여가 형성돼 있어 썰물 시각에 진입할 수 있다.

달리 외항 전역과 등대 주변이 테트라포드로 피복돼 있지만, 외항 쪽 옹벽 높이와 테트라포드의 높이가 서로 나란해 진입하기 쉬울 뿐만 아니라 원투낚시를 하기에도 한결 수월한 여건이다.

외항 쪽에는 특히 수중여가 산재해 수중 고깃집을 형성하는데, 포인트는 방파제가 살짝 꺾어지는 지점부터 시작된다. 이곳부터 테트라포드가 두텁게 피복돼 있는데, 특히 중썰물 때부터 드러나는 간출암으로 진입해 끝까지 나아가면 찌낚시 또는 루어낚시를 편리하게 구사할 수 있다. 사리 무렵이면 족히 4~6시간 정도 낚시가 가능한 곳으로 우럭을 위시해 주꾸미도 잘 나온다.

북방파제의 핵심 포인트는 두 번째로 꺾이는 지점부터다. 원·근거리에서 우럭이 잘 낚이고 던질낚시에 감성돔과 붕장어가 걸려드는가 하면, 여름 보구치가 선보이는 곳이기도 하다. 방파제가 두 번째로 꺾이는 이곳 외항 쪽에도 간조 때에 간출암이 연결되는데, 첫 번째 간출암 구간에 비해 머물 수 있는 시간이 짧지만 우럭이 더욱 잘 낚인다.

북방파제 우측(북쪽)의 작은 선착장에서도 우럭·감성돔·도다리·붕장어가 곧잘 낚인다. 선착장 위에 주차를 하고서 곧장 낚시하기 좋은 여건인 데 비해, 맨 위쪽 선착장은 석재를 파쇄해 운반하는 곳이어서 쉬는 날이 아니면 낚시를 할 수 없는 곳이다. 이밖에 무창포해수욕장을 비롯한 남쪽 닭벼슬섬은 봄철 감성돔낚시가 잘 되는 곳으로 기억해 둘 필요가 있다.

닭벼슬섬

- 소재지 : 보령시 웅천읍 독산리 784-7 인근
- 위치 참조 : 〈최신 전국낚시지도〉 239p E3

■ 낚시 개황

무창포항 남방파제에서 왼쪽(남쪽) 무창포해수욕장을 바라보면 백사장 끝자락에 벌집 같은 사각형 건물이 우뚝 서있고, 그 오른쪽으로 계란처럼 볼록 솟은 작은 섬 하나가 보인다. 건물 이름은 비체펠리스 리조트이고, 반쪽 계란처럼 생긴 작은 섬 이름은 닭벼슬섬이다. 간조 때 바닷길이 열려 많은 관광객들을 불러들이는 석대도 와 함께 무창포의 트레이드마크로 꼽히는 곳으로, 사리 물때에 잠깐 길을 열어주 는 석대도에 비해 가까운 닭벼슬섬은 사리 만조 시에만 잠깐 물에 잠길 뿐 거의 어 느 때고 시멘트 길이 연결된다. 관광객들에겐 조개를 파거나 고둥을 줍는 곳이지 만 낚시인들에겐 우럭·노래미·붕장어는 물론 감성돔·농어가 반기는 곳이다.

■ 참고 사항

비체펠리스 뒤쪽 공영주차장에 주차를 한 후 진입로로 들어서면 눈앞의 섬 모양이 정녕 '닭벼슬'처럼 느껴진다. 전체적으로 보면 무창포해수욕장을 향해 먹이를 쪼 는 닭 모양새다. 섬 앞쪽은 모래와 자갈이 섞인 바닥이지만 뒤쪽(바깥쪽)으로 들 어가면 울퉁불퉁한 암반이 넓게 펼쳐진다. 조금을 제외한 간조 때면 드넓은 암반 너머로 백사장이 펼쳐지는가 하면, 그 너머로는 또 울퉁불퉁한 암반이 펼쳐지는 복잡한 지형이다.

낚시는 바닥이 드러난 암반 끝자락으로 나아가 간조 1시간 전부터 초들물 2시간 까지 집중공략하면 된다. ①지점은 원투낚시에 노래미·우럭·붕장어가 고루 선 보이는 생활낚시 포인트이고, ②지점은 감성돔 원투낚시 포인트로 봄 시즌(4월 말 ~6월 초순)에 확률이 높고 씨알도 굵게 낚인다. 농어·노래미도 겸하는 곳이다.

찾아가는 길

서해안고속도로 무창포IC로 나 와 무창포 방향으로 좌회전 후, 무창포항 입구를 지나 계속 직 진하면 비체펠리스 앞 공영주차 장이 나온다. 무창포 톨게이트 로부터 5km 미만, 무창포항에 선 1.5km 미만 거리다.

인근 낚시점(041)

*대천해동낚시 931-4063
 보령시 신흑동 911-8
*바닷길마트, 낚시 936-3484
 보령시 웅천읍 독산리 784-8

↓ 무창포해수욕장 남단에 위치 한 닭벼슬섬. 시멘트 길이 연결 돼 있어 사리 만조 시각을 제외 하곤 거의 어느 때고 드나들 수 있다.

부사방조제

- **소재지** : 보령시 웅천읍 소황리~서천군 서면 도둔리
- **길이** : 3,474m
- **위치 참조** : 〈최신 전국낚시지도〉 187p AE6

찾아가는 길

서해안고속도로 무창포IC, TG로 나와 왼쪽 무창포 방면의 기현삼거리에서 서면 · 춘장대해수욕장 방면으로 좌회전한다. 2.4km 지점의 독산사거리와 1.8km 지점의 어청사거리, 3.2km 지점의 무성골삼거리 모두 서면 · 춘장대해수욕장 방면으로 진행하면 머잖아 부사방조제를 통과하게 된다.

↓ 중간 쉼터에 주차를 한 후 길 건너 제방을 쉽게 오를 수 있는 계단과 초소가 있는 지점.
↓↓ 배수갑문 주변엔 주차 공간이 있는 데다, 계단을 통해 조금만 이동하면 배수갑문까지 바짝 근접할 수 있다.

■ 낚시 여건

충남 보령시 남단과 서천군 북단이 경계를 이루는 지점에 위치하는 3,500여m 길이의 방조제다. 다른 방조제에 비해 모래가 많은 지역으로, 북쪽 무창포해수욕장과 독산해수욕장은 물론 인근 소황리 사구(砂丘)에서 흘러내리는 모래가 이곳을 지나 남쪽 춘장대해수욕장까지 영향을 미치는 형국이다. 따라서 다른 방조제 낚시에 비해 밑걸림이 덜한 편이고, 핵심 포인트 주변엔 주차공간도 적당히 형성돼 있어 여러모로 편리한 여건이다.

1997년 완공 직후부터 유명세를 치렀다. 안쪽 내수면(부사호)에서도 붕어낚시가 호황을 이뤘고, 2000년도 무렵엔 바다 쪽에서 뜻밖의 갈치낚시가 호황을 이뤄 수년간 가을 밤바다를 뜨겁게 달궜다. 그때 그 많던 갈치는 다 어디로 갔을까? '아주 사라진 건 아니고 지금도 반짝 나타나는 걸로 보아 언젠가는 되돌아 올 것'이라는 게 단골 꾼들의 희망 섞인 주장이다. 그러나 그 시절 갈치 대신 보리멸이 등장한 데다 붕장어 · 농어 · 숭어 · 학공치 · 주꾸미도 여전한 편이다.

■ 어종과 시즌

우럭 · 농어 · 숭어 · 보리멸 · 학공치 · 주꾸미 등이 대표 어종이다. 4월 중순이면 배수갑문 근처에서 전어가 제일 먼저 나오지만 금어기(5월 1일~7월 15일)가 곧 시작돼 그야말로 반짝 하고 끝난다. 보리누름 시기에 농어 입질이 잦고 간혹 씨알 굵은 감성돔이 붙기도 한다. 그러나 봄철에 부사방조제를 찾는 꾼들은 띄엄띄엄 부사호 연안에서 붕어낚시를 즐기는 모습들이고, 본격 바다낚시는 갓길 주차 차량 이 눈에 띄게 늘어나는 가을 시즌이다. 그 사이 6월 중순부터 8월까지 보리멸이 나타나 마릿수 조황을 선사하고, 뒤이어 학공치와 주꾸미가 나타나 가을 시즌을 수놓는다. 11월 들어 주꾸미 조황이 시들해지면 부사방조제의 한해 낚시가 끝나는데, 이 무렵엔 또 엄청 씨알 굵은 망둥어가 마지막 인사를 한다.

주요 연락처(041)

*대천해동낚시 931-4063
보령시 신흑동 911-8
*무창포전투낚시 936-1020
보령시 웅천읍 관당리 10-29

■ 포인트 및 참고 사항

북쪽 구간은 소황리 사구(砂丘)와 연결되는 모랫바닥이 넓게 형성돼 여름 보리멸 외에는 기대할 만한 어종이 드물다. 핵심 포인트는 중간쉼터 조금 못 미친 지점부터 남쪽 배수갑문 지점까지다. 북쪽에서 남하할 경우 길 건너편 중간쉼터에 정식 주차장이 마련돼 있고, 부사교 건너기 전 배수갑문 옆에도 공터가 있어 이용객들이 많다. 두 곳 모두는 또 풀밭이 형성돼 있어 야영하기도 좋은 여건이다.

남쪽 배수갑문 옆 돌출부는 여느 방조제와는 달리 도보 진입이 가능한 곳으로 전어 · 숭어 · 학공치를 노리는 이들이 많고, 중간쉼터 앞쪽은 방조제가 크게 휘어지는 지점으로 다양한 어종이 선보이는 포인트다. 중간쉼터로부터 약 200여m 위쪽(북쪽)에 위치한 계단을 오르면 빈 초소가 있는데, 이곳부터 남쪽 4,5백m 구간은 전방에 수중여가 발달해 우럭 입질도 잦은 편이다.

↓ 중간 쉼터 앞 초소에서 바라본 부사방조제 남쪽 방향. 북쪽 초입부 구간을 제외한 거의 전역이 밋밋한 석축 경사면 끝에 테트라포드가 축조된 구조다.

홍원항 방파제 외

- **소재지** : 서천군 서면 도둔리 1222-1 외
- **길이** : 서방파제 500여m, 동방파제 300여m 외
- **위치 참조** : 〈최신 전국낚시지도〉 187p E6

찾아가는 길

서해안고속도로 춘장대IC로 나와 비인·서천 방면으로 우회전해 성내사거리에 이르러 오른쪽 춘장대 방면으로 9km 진행하면 홍원항 표지판이 보인다. 오른쪽으로 꺾어 7,8백m만 진입하면 홍원항에 이른다.

■ 낚시 여건

비인반도(庇仁半島) 북쪽에 위치한 홍원항(국가어항)은 어선 중심 기능의 어업 설비뿐만 아니라 친수(親水) 공간으로서의 관광 및 레저 활동도 염두에 둔 현대식 '복합 기능 항구'로 분류할 만하다. 근년에 조성되는 항·포구일수록 이 같은 복합 기능이 두루 반영되는 추세이지만 홍원항은 그 선례 중의 하나로 꼽힐 만큼 주변 개선 사업이 아직도 진행 중이다.

항구 전역에 고루 분산된 주차 공간도 넓고 현대식 공법으로 축조된 방파제 또한 매우 깔끔한 분위기다. 눈에 보이는 방파제는 크게 두 곳으로 나타나지만 정확히는 세 구역으로 나뉜다. 빨간 등대가 있는 긴 서(西)방파제와 흰 등대가 있는 동(東)방파제, 그리고 동방파제 끝에서 꺾어지듯 둥글게 휘어진 구간을 따로 마리나 방파제라 부른다.

여기에다 낚시터는 또 세 구역이 더 추가된다. 서방파제 끝 지점에 조성된 피싱피어(Fishing pier) 구간과 서쪽 동구섬 갯바위를 비롯한 도둔방조제 테트라포드 구간이다. 방파제에서의 낚시는 잡어 위주이지만 동구섬 갯바위와 도둔방조제 테트라포드 구간에선 감성돔과 농어, 씨알 굵은 우럭과 광어를 겸할 수 있어 전문 꾼들

이 즐겨 찾는 편이다.

■ 어종과 시즌

초봄부터 숭어·노래미·우럭이 낚인다. 3~4월 숭어는 훌치기에 걸려들지만 초여름부터는 찌낚시로 전환된다. 우럭은 3월 중순부터 비치기 시작하지만 대부분 손바닥 씨알에 지나지 않아 5월로 접어들어야 꿰미에 걸 만한 크기가 낚인다. 이 무렵이면 광어도 나타나는데 방파제 쪽에선 드물고 동구섬 주변과 도둔방조제 구간을 탐색해야 한다.

학공치는 가을보다 5~6월에 씨알이 굵게 낚이며, 9~10월엔 방파제 전역에서 물때 따라 마릿수 재미를 안긴다. 7월 장마 전후엔 농어가 피크 시즌을 이루고 여름 밤낚시엔 붕장어가 굵게 낚인다. 무더위가 한풀 꺾이는 8월 말경에 나타나는 비드미(살감성돔·감성돔 새끼) 또한 초가을 인기 어종으로 떠올라 10월까지 시즌을 형성하고, 가을 학공치와 함께 간혹 고등어 새끼들도 나타나 세력다툼을 한다. 고등어와 함께 해거리 하듯 나타나는 삼치도 구미를 당기게 하는데, 그 시기는 대략 8~9월이다.

홍원항은 또 봄 주꾸미낚시의 발원지이기도 하다. 알 밴 산란기 주꾸미는 낚시에 잘 잡히지 않는다는 기존 상식을 뒤집은 곳으로, 다운샷 채비에 걸려드는 3~4월 주꾸미는 크기가 낙지만 해 마릿수는 적을지라도 그 쾌감이 가을 주꾸미에 비할 바 아니다.

그러나 홍원항의 주꾸미낚시 본격 시즌은 여전히 8월 말부터 10월 말까지다. 방파제 주변에서도 주꾸미가 선보이지만 갑오징어를 겸할 수 있는 포인트는 역시 동구

인근 낚시점(041)

＊라이브피싱 952-5209
　서천군 서면 도둔리 696-6
＊홍원낚시마을 951-8893
　서천군 서면 도둔리 1222-30
＊홍원낚시프라자 951-8833
　서천군 서면 도둔리 991-6
＊홍원항바다낚시 952-0411
　서천군 서면 도둔리 991-14

↓ 내가그린바다펜션 옥상에서 내려다본 홍원항 서방파제와 동방파제. 사진에 보이는 왼쪽 서방파제 곁에는 피싱피어(수상 잔교 낚시터)가 축조돼 있다.

섬 인근의 방조제 구간이다. 이곳에선 또 감성돔 확률도 높은데, 5월 아카시아 꽃 필 무렵부터 굵은 씨알이 선보이기 시작해 늦가을까지 크고 작은 씨알들이 입질을 이어간다.

■ 포인트 및 참고 사항

동·서 방파제뿐만 아니라 서쪽 방파제 옆 동구섬과 도둔방조제 구역도 꼭 염두에 두어야 한다. 따라서 홍원항을 찾을 땐 목적하는 포인트를 미리 설정해 두고 진입 하거나 낚시 당일의 현장 조황 정보를 토대로 선택의 폭을 넓히는 게 좋다.

■동방파제 및 마리나방파제 - 흰 등대가 있는 동방파제 구간은 내·외항 쪽 모두 포인트로서의 여건이 마땅찮다. 흰 등대가 있는 끝 지점에서 오른쪽으로 반원을 그린 마리나방파제 쪽으로 나아가야 한다. 전망대를 비롯한 계단과 쉼터, 햇빛과 비바람을 피할 수 있는 아치형 구조물이 설치돼 있는 등 현대식 수변공원 시설을 갖추고 있어 가족동반 나들이객들이 즐겨 찾는데, 사실 낚시를 하는 데는 불편이 따르는 여건이다. 전역에 높은 난간이 설치돼 있을 뿐만 아니라 내항 쪽은 특히 수 직 옹벽 높이가 아주 높아 어쩌다 쓸 만한 고기를 걸어도 두레박질 하듯 곡예를 벌 여야 한다. 숭어를 비롯한 우럭, 가을 망둥어와 학공치가 낚이는 곳으로 릴 찌낚시 나 원투낚시가 적합한 여건이다. 빨간 등대가 있는 마리나방파제 끝 지점엔 놀이 터 같은 광장이 조성돼 있어 나들이 낚시객들이 많이 찾는 편이다.

■서방파제 및 피싱피어 - 빨간 등대가 있는 서방파제는 길이에 비해 포인트 구간 은 많지 않다. 석축 구간인 내항 쪽은 잔교 선착장에 정박된 어선들로 인해 채비를 드리울 수 없는 여건이고, 테트라포드 구간인 외항 쪽은 모래가 섞인 개펄 지형으 로 낚이는 어종이 제한적이다. 붕장어와 가을 학공치는 초입부에서도 가능하지만 우럭까지 기대하려면 중간 지점의 수중여를 찾거나 피싱피어 주변 구간으로 나아 가야 한다. 방파제가 꺾어지는 지점부터 포인트가 형성되는데, 이 지점까지 진입 하면 왼쪽 피싱피어를 오르지 않을 수 없다.

멀리서 볼 때는 한달음에 달려가고 싶다가도 여성과 아이들은 일단 다리 입구에 이르면 잠시 진입을 망설이게 된다. 지하철 환풍구 덮개처럼 생긴 상판 아래로 바

↓ 홍원항 동방파제 끝에서 타 원형으로 연결된 마리나방파제 끝 지점에 이르면 넓은 광장이 조성돼 있어 쉬엄쉬엄 놀며 낚 시하기에 좋다.

동구섬

동구섬

서방파제 →

도둔방조제 ↓

↑ 홍원항 서방파제 끝 지점의
외항 쪽에 축조돼 있는 피싱피
어(수상 잔교 낚시터). 물때에
관계없이 낚시를 즐길 수 있는
곳이지만 수면과의 높이로 인해
불편도 따른다.

닻물이 출렁대 오금이 저리는 때문이다. 100여m 길이의 피싱피어는 나무 데크로
인해 발판이 좋고 놀기에도 좋지만 그 높이가 너무 높아 낚시에 장단점이 따른다.
물때에 관계없이 거의 낚시를 할 수 있는 여건이지만 처넣기 원투 채비가 아니고
선 낚은 고기 뒤처리에 망연자실할 수도 있다. 노래미·우럭에 가을 살감성돔과
주꾸미도 낚이는 곳이지만, 수면과의 높이가 아찔할 정도로 높아 걸려든 고기를
두레박질하듯 끌어올리다가 푸다닥 떨어뜨리기 일쑤이기 때문이다.

■동구섬 및 도둔방조제 - 서방파제 입구의 '너뱅이등대횟집' 너머로 진입할 수 있
는 동구섬은 도둔방조제 공사로 인해 육지가 된 지 오래다. 우선 동구섬 주변은 썰
물 때 여밭이 광범위하게 드러나 던질낚시와 찌낚시·루어낚시가 고루 가능한 여
건이다. 동구섬 오른쪽 여밭에선 중들물부터 만조 및 중썰물 시각에 이르기까지
농어가 잘 낚이고, 왼쪽 수중여 부근에선 감성돔이 곧잘 걸려든다. 중썰물 이후부
터 초들물까지는 노래미·우럭·광어가 기다렸다는 듯이 입질을 한다.

동구섬 진입부의 테트라포드 구간도 포인트다. 그러나 테트라포드 부근까지 물이
차는 만조 무렵엔 낚시가 안 된다. 이곳 300여m 구간 역시 전방의 수중여가 넓게
드러날 때가 우럭·광어·노래미들의 피딩 타임이다. 중썰물 이후부터 초들물까
지 집중 공략해야 하는 곳으로 중들물 시각이 되면 더 이상 미련을 버려야 한다. 5
월부터 시작해 11월까지 낚이는 이곳 광어는 9~10월이 가장 적기다.

동구섬에서부터 남쪽 서천화력발전소까지 이어지는 도둔방조제 전역도 포인트이
지만 무창포항에서 진입할 경우는 철수 길을 생각해 동구섬을 너무 벗어날 수는
없다. 호안에 피복된 테트라포드 크기가 작고 촘촘해 생각보다 낚시를 하기 편안
한 여건인 데다, 테트라포드 주변의 구멍치기에도 우럭이 곧잘 걸려들고 가을 살
감성돔을 겨냥한 찌낚시 또한 유효한 곳이다.

Section 5. 충남 홍성군, 보령시, 서천군 **225**

비인항(마량항)방파제

• 소재지 : 서천군 서면 마량리 339-3 외
• 길이 : 남방파제 560여m, 북방파제 3300여m 외
• 위치 참조 : 〈최신 전국낚시지도〉 204p C1

찾아가는 길

서해안고속도로 춘장대IC로 나와 비인 · 서천 방면으로 우회전해 성내사거리에 이르러 오른쪽 춘장대 방면으로 9km 진행하면 홍원항 표지판이 먼저 나타나는데, 그냥 계속 직진하면 마량항에 이른다. 홍원항 입구로부터 약 2km 거리다.

■ 낚시 여건

비인반도(庇仁半島) 북쪽엔 홍원항이 위치하고, 최남단엔 마량항이 위치한다. 낚시인들은 물론 주민들조차 흔히 부르는 마량항의 공식명칭은 비인항(庇仁港)으로, 국가어항인 홍원항에 비해 한 등급 높은 항만(港灣)에 해당한다. 그러나 시설이 아직 미비한 상태인 점을 감안해도 홍원항에 비해 규모와 여건이 훨씬 뒤지는 느낌이다. 낚시 또한 마찬가지다. 남 · 북방파제를 비롯해 해상에 뿌리를 둔 두 개의 도제(島堤)가 시선을 끌지만, 항구 자체가 크게 후미진 내만[庇仁灣]을 향하고 있는 데다, 남방파제를 제외한곤 간조 때 개펄 바닥이 넓게 드러나 포인트 구실을 못하는 여건이다.

이에 마량항의 낚시는 남방파제로 국한되지만 그 가치 면에선 여느 방파제의 유명세에 뒤지지 않는다. 옛날의 감성돔 명성이 그런대로 유지되고 있고, 주꾸미 · 갑오징어 명성이 새롭게 부각되고 있기 때문이다.

■ 어종과 시즌

어종은 홍원항과 비슷하지만 평균 개체수는 뒤지는 편이다. 감성돔 · 우럭 · 노래

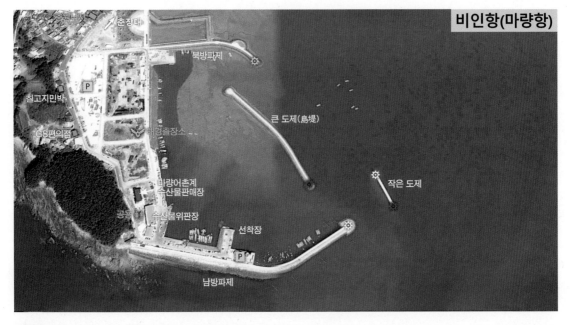

비인항(마량항)

춘장대
북방파제
칠고지민박
P
큰 도제(島堤)
GS편의점
해경출장소
작은 도제
마량어촌계
수산물판매장
공동T
수산물위판장
선착장
P
남방파제

미·붕장어·숭어가 비슷한 조황을 보이고, 가을 주꾸미·갑오징어도 비슷한 양상이다. 2002년 한일월드컵을 전후한 몇 년 간 환호성을 자아내게 하던 갈치낚시의 추억도 완전히 지워버릴 순 없다. 9월이면 잠시나마 그림자를 비추기 때문이다. 옛날 같은 조황은 아니어도 감성돔은 5월 초순경부터 입질을 전하기 시작해 가을까지 시즌을 형성하고, 주꾸미·갑오징어는 8월 말 또는 9월부터 촉수를 뻗어대기 시작해 10월까지 피크 시즌을 이룬다. 이 가운데 갑오징어는 10월 중순경에 가장 활발한 입질을 보이다가 다소 일찍 빠지는 반면, 주꾸미 입질은 늦게까지 이어져 11월 중순 또는 12월 초까지도 그 모습을 보인다.

인근 낚시점(041)

*라이브피싱 952-5209
 서천군 서면 도둔리 696-6
*충원수퍼, 낚시 951-4284
 서천군 서면 마량리 124
*동백정낚시마트 951-8111
 서천군 서면 마량리 83-2
*해돋이낚시슈퍼 951-2425
 서천군 서면 마량리 86-2

■ 포인트 및 참고 사항

북방파제는 물론 인근 뜬방파제[島堤]마저 간조 때면 주변 개펄 바닥이 넓게 드러나 낚시는 주로 남방파제에서 이뤄진다. 여느 방파제와는 달리 중간 지점까지 차량이 진입할 수 있는 데다 주차장까지 축조돼 있어 접근성이 특별한 여건이다. 입구엔 또 갯바위 포인트도 연결돼 있다.

초입부 우측 갯바위에선 중썰물~중들물 시각에 우럭·노래미가 곧잘 나오고, 중들물부터는 찌낚시로 숭어 또는 감성돔을 기대할 수 있다. 방파제가 꺾어지는 지점 외항 방향은 감성돔 찌낚시를 즐겨 하는 곳이고, 이곳부터 끝 지점까지가 남방파제의 핵심 포인트로 꼽힌다. 특히 흰 등대 옆 테트라포드와 석축이 만나는 경계 지점에선 우럭 입질이 잦고, 건너편 빨강등대 방향으로 찌를 흘리면 감성돔이 달려들기도 한다. 이곳은 특히 들물 때 조류가 활발히 흘러 가을 삼치가 찾아들 무렵이면 횡재를 거두기도 한다. 주꾸미·갑오징어도 두루 잘 낚이는 곳이다.

↓ 두 개의 방파제와 두 개의 도제(島堤·일명 뜬방파제)로 구성된 비인항(마량항)은 국가어항인 인근 홍원항보다 한 등급 높은 항만(港灣)으로, 시설 공사가 아직도 진행 중이다.

부안 격포항

Section **6**

전북
군산시, 부안군

개야도 서남단 데크 산책로

연도 남쪽 방파제

새만금방조제 돌고래쉼터

고군산군도의 대장도

방축도 독립문바위

부안 적벽강 사자바위

군산 개야도(開也島) / 연도(烟島) / 어청도(於靑島) / 군산항 남방파제(풍차방파제) / 비응항방파제 /

새만금방조제 휴게소 / 야미도(夜味島) / 신시도(新侍島) / 선유도 & 장자도 · 대장도 / 방축도(防築島) /

명도(明島) / 말도(末島)

부안 윗틈이 갯바위 / 적벽강 사자머리 / 죽막방파제 / 격포항방파제 / 궁항방파제(개섬방파제)

개야도(開也島)

· **소재지** : 군산시 옥도면 개야도리 785 외
· **위치 참조** : 〈최신 전국낚시지도〉 204p C4

찾아가는 길

군산항연안여객터널에서 1일 2회(08:00, 15:00) 운행되는 개야도행 카페리 여객선이 50~60분 만에 닿는다. 그러나 물때 따라 출항 시간이 달라지므로 반드시 사전 확인을 요한다.

■ 낚시 여건

서천 비인반도와 군산 비응도 사이에 위치해 마량 · 홍원항 낚싯배들과 비응항 낚싯배들이 교차하는 출조권역이다. 그러나 감성돔과 농어를 목적으로 인근 죽도 · 쥐섬(취섬) · 애낀여(등대섬) 등지를 집중 공략할 뿐, 여객선으로 진입해 본섬 갯바위 일대를 탐색하는 이들은 많지 않다. 거리가 훨씬 더 먼 연도 · 어청도로 향하는 경우가 많은 때문이다.

상대적인 장점도 있다. 해수욕장이 한 곳 있긴 해도 규모가 작고 사질마저 변변치 않은 데다, 그밖에 뚜렷이 내세울 만한 관광자원도 없어 좀체 외래객들로 붐비지 않는다는 점이다. 그만큼 호젓한 분위기에서 낚시를 즐길 수 있다는 얘기다. 워킹 포인트를 찾을 수 있는 산책로가 잘 닦여 있는 데다, 서쪽 철탑 밑 갯바위 포인트는 데크 산책로도 연결돼 있다. 쉬엄쉬엄 섬 전체를 한 바퀴 둘러보는 데도 두어 시간이면 족하다. 민박도 할 수 있고 야영을 겸한 밤낚시 포인트도 산재한다.

■ 어종과 시즌

방파제와 선착장보다는 갯바위에서 낚시가 이뤄지는 만큼 감성돔과 농어가 주종

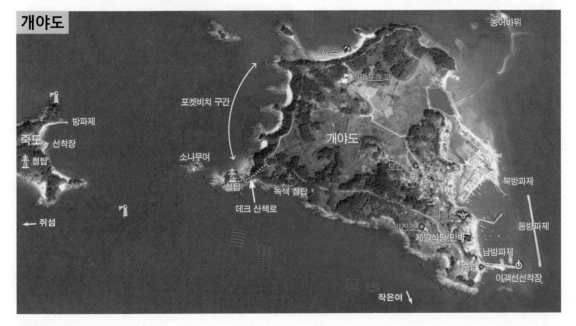

개야도

농어바위
개야도
개야도조교
포켓비치 구간
방파제
죽도
선착장
철탑
소나무여
철탑
녹색 철탑
데크 산책로
← 쥐섬
개야도
보건소
북방파제
발전소
동방파제
제일식당 민박
남방파제
수협
여객선선착장
작은여 ↓

을 이루며 포인트에 따라선 씨알·마릿수 조황도 뛰어난 곳이다. 우럭·노래미·붕장어가 곁들여지고 방파제·선착장 주변에선 가을 주꾸미도 기대할 수 있다. 가장 주목 받는 농어는 4월 중순부터 기대를 모으지만 아카시아 꽃 필 무렵의 5월 중순이면 본격 시즌으로 접어들어 7월 첫 장마 전후에 피크를 이룬다. 감성돔 또한 5월부터 기대주로 떠올라 10월까지 시즌을 형성한다.

■ 포인트 및 참고 사항

여객선 선착장에 내리면 왼쪽(남쪽) 갯바위 일대가 곧 포인트이다. 발전소 입구 남쪽 갯바위를 일컫는 것으로, 동방파제(일명 뜬방파제) 축조 이후 개펄이 다소 퇴적된 상태이지만 감성돔 포인트로서의 옛 명성을 무시할 수 없고 우럭·노래미 입질만큼은 여전한 편이다.

죽도를 바라보는 서남쪽 콧부리는 개야도의 핵심 포인트다. 마을에서 시멘트 포장 길을 약 1km 걸으면 아래쪽 철탑 부근으로 나무데크 산책로가 연결돼 있어 어렵 잖게 찾을 수 있다. 인적이 끊기는 밤, 나무데크 전망대에 텐트를 설치하고 밤낚시를 하기에도 좋은 여건이다. 물때 따라 감성돔과 농어를 노릴 수 있는 곳으로, 낚싯배로 진입하는 꾼들이 많을 정도로 익히 소문난 포인트이다. 모래 섞인 수중여 주변에선 광어도 곁들여진다.

이곳 철탑 위쪽(북쪽)의 포켓 비치(Pocket beach·돌출부와 돌출부 사이의 만입부에 사구가 연속적으로 발달한 지형) 구간은 특히 농어 포인트로 유명한 곳이다. 모래와 몽돌밭, 칼 같은 수중여가 발달한 곳으로, 한눈에 딱 보아도 농어가 설칠 만한 지형임을 실감하게 된다.

주요 연락처(063)

*파워피싱낚시 442-3150
군산시 오식도동 1004
*군산항여객터미널 1666-0940
군산시 소룡동 1668
*제일식당, 민박 466-4758
군산시 옥도면 개야도리 13-7

↓ 개야도 동남단에 위치한 여객선 선착장(좌측 사진). 개야도의 핵심 포인트로 꼽히는 서남단 '철탑 밑' 갯바위는 데크 산책로가 연결돼 있어 도보 진입이 가능한 워킹 포인트이기도 하다(우측 사진).

연도(煙島)

- **소재지** : 군산시 옥도면 연도리 176 외
- **길이** : 북방파제 390여m, 남방파제 2800여m 외
- **위치 참조** : 〈최신 전국낚시지도〉 204p B2

찾아가는 길

군산항연안여객터널에서 어청도행 카페리 여객선이 평일엔 오전 1회, 토 · 일요일엔 오전 · 오후 2회 운행되고 연도까지 약 1시간이 소요된다. 계절 및 물때 따라 출항 시간이 달라질 수 있으므로 사전 확인을 요한다.

■ 낚시 여건

여수 연도(鳶島)는 섬 지형이 솔개를 닮아 붙여진 이름이고 군산 연도(煙島)는 날씨 좋은 날, 중국 산둥반도에서 연기가 하늘 높이 솟아오르는 것을 볼 수 있다 하여 붙여진 이름이다. 두 곳 모두 남 · 서해를 대표하는 유명 감성돔 낚시터이자, 여객선으로 찾을 수 있는 원도권 낚시터라는 데도 공통점이 있다.

서천 마량 · 홍원항 쪽이나 군산 비응항 쪽에서 낚싯배를 이용해 갯바위 포인트로 직접 진입하는 경우가 많았으나 지금은 여객선을 이용해 현지에서 도보낚시를 즐기는 여행객들도 많다. 두 개의 방파제뿐만 아니라 섬 일주도로 공사가 진행되면서부터 걸어 다니며 낚시를 할 수 있는 포인트가 많이 늘어난 때문이다. 섬 둘레 절반가량 닦여진 도로변에선 텐트를 설치하고 밤낚시를 하기에도 좋은 여건이다. 물론 식당을 겸한 민박집도 있고 취급 품목이 옹색하긴 해도 매점도 한 곳 있다. 하지만 1박 2일 이상의 일정이라면 꼭 필요한 생필품은 사전 구비하는 게 좋다.

188m 높이의 대봉산 정상에는 등대가 설치돼 있고 마을 뒤쪽으로부터 7,8백m 거리의 등산로가 연결된다. 광활한 서해바다를 한눈에 조망할 수 있어 땀 흘린 보상이 따른다.

연도

섬 전체 0.73km² 면적 중 80~90%가 대봉산 자락에 덮여 동남쪽 얕은 구릉 지대를 제외하곤 해안선 거의 전역이 갯바위 지형을 이루고, 구간 구간에는 자갈 및 몽돌밭이 발달해 다양한 포인트가 형성된다. 지형 여건상 공사 진척이 느리긴 해도 해안도로가 조금씩 연장될수록 도보 낚시 포인트도 조금씩 확대될 것이다. 여객선이 닿는 북쪽 방파제와 남쪽 방파제 또한 무시해선 안 될 포인트이다.

■ 어종과 시즌

농어 · 감성돔 · 참돔 · 우럭 · 노래미 · 광어 · 장대 · 숭어 · 학공치 등 고급 어종이 다양할 뿐만 아니라 씨알 · 마릿수 모두 수준급 조황을 보이는 곳이다. 대표어종으로 꼽히는 감성돔의 경우 다른 곳에 비해 입질이 일찍 시작되는 곳으로, 4월 중순경이면 그 소식이 연기처럼 모락모락 피어나 5월이면 농어와 함께 본격 시즌을 형성해 늦가을까지 계속 입질을 이어간다. 가을 감성돔이 마릿수 재미라면 봄 감성돔은 50cm를 넘나드는 씨알 재미다.

은빛 비늘이 나타나면 곧 선홍빛 비늘이 나타난다. 5월 말~6월 초순경 노랑바위 · 목끝여 일대에서 대형 참돔 소문이 들릴 무렵이면 전문 꾼들의 발길이 쇄도하는데, 아카시아 꽃 필 무렵과 밤꽃 필 무렵 사이엔 농어 · 감성돔 · 참돔 가운데 어느 한 어종은 호황을 전하기 마련이다.

가볍고도 진하게 즐기는 생활낚시 또한 봄부터 가을까지 계속된다. 방파제를 비롯한 도보 진입 갯바위 포인트에서도 감성돔을 기대할 수 있을 뿐만 아니라, 5월 중순이면 본격 시즌을 이루는 우럭 · 노래미 · 광어 · 장대에 이어 가을이면 학공치 무리가 나타나 방파제 주변 바다가 자욱해질 때가 많다. 봄부터 가을 늦게까지 물

주요 연락처(063)

*파워피싱낚시 442-3150
군산시 오식도동 1004
*군산항여객터미널 1666-0940
군산시 소룡동 1668
*연도식당, 민박 461-0388
군산시 옥도면 연도리 94
*향미식당, 민박 463-6091
군산시 옥도면 연도리 96-1

↓ 동쪽 상공에서 내려다본 연도항(국가어항). 흰 등대가 있는 남방파제보다는 빨간 등대가 있는 북방파제 조황이 앞서고, 남방파제 인근엔 도보 포인트가 연결된다.

때 따라 들락거리는 숭어도 연도의 명물 중 하나다.

종합하면 연도 낚시는 5~6월에 한 차례 피크 시즌을 이루고 소슬바람 부는 9~10월에 또 결정적 찬스를 제공한다. 섬 전역에서 감성돔 · 농어 · 우럭 · 광어가 진한 손맛을 전하고 숭어 · 학공치가 가족 동반 낚시객들을 한껏 들뜨게 만든다.

■ 포인트 및 참고 사항

일찍이 갯바위 낚시터로 이름난 곳이지만 편안한 방파제를 비롯한 몽돌 · 자갈밭 지역에서도 두루 낚시가 가능하다.

▪방파제 - 두 개의 방파제 가운데 조황은 빨간 등대가 있는 북쪽 방파제가 우선이다. 여객선이 닿는 선착장도 연결돼 있어 도착 즉시 낚시를 시작할 수 있다. 내항보다는 외항 쪽을 노리되, 테트라포드 주변에서 손바닥 씨알의 우럭이 잘 낚이고 노래미도 섞인다. 숭어는 물론 가을 학공치도 줄지어 다니고, 썰물 조류에 찌를 흘리면 감성돔까지 기대할 수 있다.

흰 등대가 있는 남방파제 끝 지점 외항 쪽에서도 감성돔을 기대하지만 전반적인 조황은 북방파제에 비해 뒤지는 편이다. 남방파제 아래쪽 몽돌밭은 야간 농어 찌낚시 포인트이다.

▪멸치어장막 - 멸막 또는 멸치막으로 불리는 동남쪽 콧부리는 농어 · 감성돔 포인트이다. 중들물 시각부터 만조 이후 특히 초썰물 때 감성돔 입질이 잦고, 농어도 만조 무렵에 기회가 찾아온다. 중썰물 이후부턴 우럭 · 노래미 사냥도 가능한 곳으로, 전반적으로 여걸림이 많은 바닥임을 감안해야 한다.

▪옛 선착장~돌 무너진 데 - '돌 무너진 데'란 옛 채석장이고 '옛 선착장'이란 채석장에서 캔 석재를 실어 나르던 곳을 말한다. 지금은 무너진 채로 흔적이 남아 있는

↓ 흰 등대가 있는 남방파제. 테트라포드가 피복돼 있는 북방파제와는 달리 석축으로 축조돼 있고, 끝 지점 외항 방향이 포인트이다.

'옛 선착장' 끝 지점이 포인트이다. 중썰물부터 초들물 사이에 감성돔 입질이 잦은
데, 물이 빠지면 끝 쪽으로 나아가면서 찌를 멀리 흘려야 한다. 이곳에서 계속 도
보로 진입할 수 있는 '돌 무너진 자리' 일대도 봄철 감성돔 포인트로 각광 받는데,
발판이 좋아 탐색 범위도 넓은 편이다. 역시 썰물 포인트로 파도가 적당히 받쳐 주
는 조건일수록 확률이 높다.

■삼각여~부채바위~목끝 - 옛 채석장과 연결되는 삼각바위는 감성돔은 물론 우
럭·노래미도 잘 나오는 곳이며, 부채바위·노랑바위·목끝여 등지는 특히 연도
를 대표하는 갯바위 포인트이다. 그러나 이들 유명 포인트들은 낚싯배로만 진입할
수 있는 곳으로 향후 해안도로의 공사 진척에 따라 도보 포인트로서의 가능성이
결정될 전망이다.

■삼형제바위 - 연도 북쪽 콧부리에 해당하는 삼형제바위 일대는 갯바위가 들쭉날
쭉 복잡하게 연결돼 있어 선장들이 낚싯배 대기를 꺼려하는 곳이다. 오히려 마을
에서 시멘트로 포장된 해안 산책로를 따라 끝까지 들어가 썰물 때 도보로 진입하
기 좋은 곳이다.

콧부리를 기점으로 수중여가 더욱 복잡하게
형성된 왼쪽 구간은 중들물~초썰물 시각의
감성돔 포인트로 유명하고, 굵은 자갈과 돌이
섞인 오른쪽 구간은 농어 및 광어·장대 루어
포인트로 각광 받는다. 수중여가 특히 발달
한 왼쪽 구간에서 감성돔을 걸었을 경우는 가
급적 속전속결해야 한다. 자칫 수중여에 걸려
터뜨리는 일이 많이 발생하기 때문이다.

↑ 북서쪽에 위치한 '목끝' 포인
트(간조 때의 모습). 낚싯배로
진입할 수 있는 6~7월 감성돔
명당이자, 대형 참돔까지 가세
하는 연도의 대표적인 갯바위
포인트다.

삼형제바위 포인트도

어청도(於靑島)

- **소재지** : 군산시 옥도면 어청도리 387-4 외
- **길이** : 서방파제 260m, 동방파제 260m 외
- **위치 참조** : 〈최신 전국낚시지도〉 184p A6

찾아가는 길

서해안고속도로로 남하해 군산 톨게이트로 나오면 군산·익산 방면으로 6~7km 직진 후 경암사거리에서 비응항 방면으로 우회전한다. 해안가 해망로를 만나면 좌회전 후 6.2km 진행하다가 여객터미널 표지판을 보고 우회전해 3.7km만 나아가면 어청도행 여객선이 기다리는 군산항연안여객터미널이다. 군산항에서 연도를 경유하는 여객선은 평일 1회, 주말 2회 운행되며 어청도까지의 소요시간은 2시간 40분이다.

■ 낚시 여건

군산항 서북쪽 머나먼 70여km 해상에 위치한 유인도로, 위도상으론 서천 마량포구와 일치하고 경도상으론 덕적군도의 백아도와 거의 비슷한 위치다. 군산항을 떠난 여객선(평일 1회, 주말 2회)이 연도를 거쳐 약 2시간 40분 만에 도착되는 곳으로 바닷물이 거울처럼 맑다 해서 어청도(於靑島)로 명명되었다 한다. 해안선 둘레 10.8km에 총 면적 1.8km²로 백아도와 또 비슷한 크기다.

서쪽 본섬과 동쪽 산자락 사이로 크게 만곡진 지형에 형성된 어청도항(국가어항)은 그냥 지도상으로만 보아도 항아리처럼 아늑한 느낌이다. 게다가 입구를 동서로 가로지른 두 개의 방파제는 마치 빗장을 지른 모습이다. 마을은 항구 서쪽 해변에 형성돼 있고 동쪽으로 연결되는 산자락 해변 일부엔 데크(deck) 산책로가 설치돼 있어 루어낚시로 농어를 겨냥하기도 한다. 단애 절벽이 발달해 쉽게 진입할 수 있는 도보 포인트가 많지 않은 대신, 농어·우럭·광어를 비롯한 감성돔·돌돔·참돔 등 찌낚시 전문 꾼들이 겨냥하는 고급 어종도 많고, 삼치·부시리 같은 킹 피시 무리가 장거리 원정을 유혹하는 섬이기도 하다.

옛날엔 군산 낚싯배들에 편승해 직접 포인트 현장으로 진입하는 사례가 주류를 이

어청도

물선금　어청도등대　팔각정　해막여　공치산　목넘　비안목(뱀목)　샘넘　두루여　당산(198m)　어청도초교　해경출장소　줄여　산흥상회·우체국　선착장　데크 산책로　농배　검산봉　하늘담　윗동받이　아랫동받이　불탄매　서방파제　불탄여　동방파제　심목여　세무작끝　가진여

뤘으나 최근 바다 루어낚시의 활성화로 여객선을 이용한 현지 도보 낚시 인구도 눈에 띄게 늘어난 추세다. 길은 멀고 험해도 트래킹 코스가 잘 조성돼 곳곳의 포인트를 도보로 찾을 수 있게 된 때문이다. '땀 흘린 만큼의 대가'가 따르는 곳으로, 가급적 출조 일정을 여유 있게 짜는 게 좋다.

■ 어종과 시즌

빠르면 4월 중순, 늦어도 5월이면 제일 먼저 농어가 시즌을 열어젖힌다. 시즌 초반일수록 대형급들이 물고 늘어져 '첫탕'을 노리는 군산권 낚싯배들이 촉각을 곤두세우는 시기도 바로 이 무렵이다. 그러나 선상 갯바위가 아닌 연안 워킹 낚시는 너무 서두를 필요가 없다. 5월 중순, 느긋하게는 6월부터가 최적기다.

우럭은 갯바위와 방파제 모두 4월 말경부터 서서히 입을 열기 시작하고, 농어와 참돔은 5월 중순경부터, 감성돔과 돌돔은 6월 중순부터 힘겨루기를 하지만 감성돔의 경우는 찬바람이 불기 시작하는 9월 말경부터 피크 시즌을 형성한다.

워킹 포인트에서의 루어낚시 타깃 역시 농어를 필두로 우럭·광어·노래미·삼치·부시리 등으로 이어져 11월 초순까지 시즌을 형성한다. 특히 6월 중순~7월 중순이면 부시리가 나타나 10월 말까지 최대 혜비급 대상어로 떠오르고, 10월이면 또 따오기급 농어가 호조를 보여 어청도의 낚시는 연중 최대 성시를 이룬다.

■ 포인트 및 참고 사항

현지 민박집에서 슬슬 걸어 다닐 수 있는 포인트가 있는가 하면, 등산을 하듯 아주 힘들게 걸어야 하는 곳들도 있다. 편안히 민박집 차량을 이용할 수도 있지만, 차량

주요 연락처(063)

* 군산항여객터미널 1666-0940
  군산시 소룡동 1668
* 섬마을민박 010-8344-3774
  군산시 옥도면 어청도리 294-1
* 양지민박 466-0607
  군산시 옥도면 어청도리 322-19
* 어청도민박 465-3575
  군산시 옥도면 어청도리 249
* 신흥상회(매표소) 466-7117
  군산시 옥도면 어청도리 110
* 글쓴이 상록수(김종권)
  010-5328-6332

↓ 서쪽 상공에서 내려다본 어청도항(국가어항). 빨간 등대가 있는, 건너편 동방파제는 도보 진입이 힘들지만 앞쪽 서방파제는 여객선선착장에서 아주 가까운 거리다.

동방파제

서방파제

농배

여객선선착장

을 이용하고도 다소 힘들게 진입해야 하는 곳들도 있다. 현지 체류 일정과 날씨를 참고해 무리하지 않는 코스를 택하는 게 좋다.

■선착장 및 방파제 – 여객선이 닿는 선착장을 중심으로 하얀 등대가 있는 서방파제와 빨간 등대가 있는 동방파제가 도보 가능한 포인트로, 양쪽 모두 외항 방향으로 캐스팅하면 우럭과 농어가 잘 낚인다. 우럭은 가진여 방향의 30~40m권에서 굵은 씨알들이 집중적으로 나온다. 특히 농어가 잘 낚이는 동방파제의 경우는 등산길이 힘들어 종선을 이용하는 것이 편한데, 초입부에서부터 끝 지점에 이르기까지의 외항 방향으로 캐스팅하면 농어 확률이 아주 높은 곳이다.

↑ 공치산 비탈에서 내려다본 어청도 마을과 어청도항. 해망여(해막여) 포인트를 둘러본 낚시인들이 마을로 철수하는 중이다.

■해안 데크 산책로 – 내항 맨 안쪽 슬로프 선착장에서부터 검산봉 방향의 해안 기슭으로 데크 산책로가 길게 조성돼 있다. 관광객들이 즐겨 이용하는 산책 코스이지만 이곳에서도 농어낚시가 이뤄져 어청도를 즐겨 찾는 낚시인들은 익히 그 진가를 안다. 이른 아침 또는 해질녘에 찾아 조용히 캐스팅을 하면 중치급 농어가 왈칵 덤벼 설마 하던 우려를 불식시킨다. 산책로 위에서는 물론 농배 주변에선 특히 갯바위낚시도 겸할 수 있다.

■어청도등대 주변 – 도보 포인트로 빼놓을 수 없는 곳이 어청도등대 밑이다. 마을에서 시멘트로 포장된 산길을 따라 1.5km 남짓 힘들게 걸어야 하는데, 가벼운 차림으로 떠나 무거운 조과를 들고 나오기가 부담스러울 때는 민박집 차량을 부르면 된다. 등대 아래쪽에 형성된 갯바위 포인트는 크게 두 갈래 나뉜다. 철제 계단으로

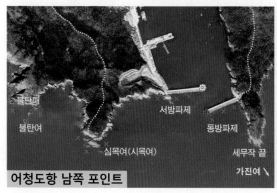

어청도항 남쪽 포인트

어청도등대 밑 포인트

내려가는 코스와 등대 앞 정자 아래로 밧줄을 타고 내려가는 코스이다.

우선 계단 밑 갯바위에선 콧부리 포인트와 홈통 포인트를 겸할 수 있다. 콧부리 쪽은 봄철 농어가 가장 빨리 닿는 곳, 홈통은 가을 시즌에 빛을 발하는 곳으로 꼽힌다. 썰물보다는 밀물 포인트이다.

이에 비해 밧줄을 타고 내려가야 하는 낭떠러지 코스는 당연히 안전에 유의해야 하지만 생각보다 가파르지는 않다. 문제는 조과가 너무 많을 경우 들고 오르기가 더 큰 고역일 뿐이다. 수중여가 발달한 곳으로 근거리에서 봄 · 가을 농어가 고루 입질을 한다.

■**불탄매 & 심목여(시목여)** – 여객선 선착장 앞에서 매표소를 겸하는 신흥상회 뒤쪽 등산로 계단을 오르면 어청도 낚시의 1급 포인트로 꼽히는 불탄여 쪽으로 향할 수도 있고, 갈림길에서 시목여 쪽을 선택할 수도 있다. 일단 불탄여 방향을 택해 갯바위로 내려가면 전망 좋은 정자가 나오는데, 건너보이는 불탄여는 낚싯배로만 진입할 수 있어 불탄매로 불리는 돌출 갯바위 주변에서 낚시를 해야 한다. 좌우 홈통이 농어가 잘 낚이는 포인트로, 수중여 주변에서 입질이 잦고 만조 때에 특히 찬스를 맞는다.

불탄여 방향의 갈림길에서 곧장 내려오면 '심목끝' 또는 '신목끝'이라 불리는 돌출 갯바위가 나온다. 조수 간만에 따라 본섬과 떨어졌다가 붙었다 하는 심목여(시목여 또는 신목여) 사이의 홈통 지역이 포인트로, 수중여와 해조류 주변에서 농어가 입질을 한다. 파도가 잔잔할 경우 썰물 때에 바지장화 차림으로 심목여에 올라도 되지만 바깥에서 안전하게 롱 캐스팅을 하는 것이 차라리 낫다.

이밖에 북쪽 해막여(해망여) 옆 안통과 비안목(뱀목) · 샘넘도 도보 포인트에 속하지만 입에 단내가 나는 코스들이다. 욕심을 내자면 현지 낚싯배를 이용하는 포인트도 생각해 볼 수 있다. 본섬 동남단 '세무작끝'에서 직선거리 600여m 해상에 위치한 '가진여'가 대표적이다. 가을 본격 시즌 땐 자리 선점이 치열한 어청도의 명포인트로, 감성돔 · 참돔을 겨냥한 찌낚시 명소이자 우럭 · 농어 · 부시리가 기다리는 대물 루어낚시 포인트이기도 하다. 조류 소통이 원활하고 수심이 좋아 대상어의 씨알이 분명 차별화되는 곳이다.

↓ 여객선 선착장 부근에서 연결되는 산책로를 따라 심목여(시목여) 포인트로 향하는 낚시인들(왼쪽 사진). 현지 낚싯배로 찾을 수 있는 '가진여'는 감성돔 · 참돔 · 농어 · 부시리 포인트로 유명한 곳이다(오른쪽 사진).

군산항 남방파제 & 풍차방파제

- **소재지** : 군산시 비응도동 1-2 외
- **길이** : 방파제 850m 외
- **위치 참조** : 〈최신 전국낚시지도〉 204p C5

찾아가는 길

줄곧 서해안고속도로를 이용하거나 경부고속도로→논산천안고속도로→당진영덕고속도로→서천공주고속도로→서해안고속도로 군산IC로 나와 호덕교차로에서 좌회전, 개정교차로에서 새만금방조제 방면으로 우회전 후 약 21km여 지점의 새만금방조제 입구 못미처에 현대중공업 군산조선소 이정표를 보고 우회전하면 현장까지는 약 4km 거리다.

↓ 입구에서 바라본 군산항 남방파제 외항 쪽 구조. 테트라포드로 내려서려면 방파제가 오른쪽으로 꺾어지는 지점까지 나아가야 한다.

↓↓ 방파제 입구에서 바라본 풍력발전기. 맨 앞쪽이 10호기, 그 다음이 9, 8, 7,… 순으로 이어진다.

■ 낚시 여건

현대조선소 서쪽 담을 끼고 진입하다 보면 도로변 왼쪽에 그야말로 풍차처럼 생긴 풍력발전기가 줄지어 서 있다. 타워 높이 45m에 달하는 이 풍력발전기는 남쪽 비응도 인근 1호기로부터 시작해 군산항 남방파제 입구에 이르러 10호기로 끝나는데, 약 200m 간격으로 줄지어 선 이 풍차 모양의 발전기로 인해 많은 낚시인들은 이곳 군산항 남방파제 입구의 방조제를 별도로 '풍차방파제'라 부른다.

조선소 담 밑에 그려진 주차구역에 주차를 한 후 방파제 입구로 올라서면 첫인상이 사뭇 위압적이다. 망망대해에 잠시 고립되는 느낌이 들 정도로 주변엔 아무런 시설물이 없다. 그러나 걸음을 옮기다 보면 시멘트 그늘막과 벤치, 전망대가 설치돼 있는 등 친수공간으로 조성한 배려가 느껴지는데, 내·외항 쪽 전역에 피복된 높은 테트라포드가 위험 요소로, 원칙적으로 낚시금지구역으로 설정돼 있다는 점 참고 바란다. 이곳뿐만 아니라 우리나라 항만 시설 모두가 원칙적으로는 낚시금지구역이란 점도 참고 바란다.

■ 어종과 시즌

군산항 남방파제

↖북방파제

↑군산항 도제(뜬방파제)

간이매점

풍력발전10호기

9호기

8호기

현대중공업 군산조선소

7호기

비응도 ↓

감성돔 · 우럭 · 삼치 · 주꾸미 · 갑오징어가 대표어종으로 꼽히고 농어도 곁들여
진다. 대표주자 감성돔은 5월 말부터 시즌을 형성해 10월 말까지 이어진다. 5~6월
에 굵은 씨알 낚이고 8~10월엔 살감성돔이 마릿수를 보탠다. 봄~가을 길게 시즌
을 형성하는 이곳 우럭은 겨울에도 곧잘 입질을 한다. 저수온기에 웜 루어를 물고
나오는 놈들일수록 씨알이 굵다.

한여름엔 또 삼치가 나타나 한바탕 난타전을 치른다. 7~8월이 그 시기로, 30cm
안팎에서부터 50~60cm 크기에 이르기까지 점점 더 굵어지는 씨알들이 9월까지
들락거린다. 떼거리로 회유할 때는 카드 채비가 유효하고 스푼 · 미노우 등의 루
어낚시엔 굵은 씨알이 걸려든다. 삼치가 빠질 무렵이면 주꾸미 · 갑오징어 차례다.
추석 무렵부터 괜찮은 씨알들이 걸려들기 시작해 11월 초순까지 입질을 보인다.

■ 포인트 및 참고 사항

방파제에선 원투낚시가 부적합하고 찌낚시와 루어낚시가 유효한 여건이다. 테트
라포드 주변의 구멍치기엔 우럭이 잘 나온다. 방파제 진입부 남쪽의 호안(護岸)
구역에서도 감성돔과 주꾸미 · 갑오징어가 잘 낚여 이 구간을 노리는 이들도 많다.
방파제가 꺾어지는 지점을 기준으로 우측(북쪽) 방향은 봄~가을 감성돔 포인트
로 꼽힌다. 동쪽 군산항 방향에서 흘러내리는 썰물 조류가 테트라포드 주변을 타
고 흐를 때가 입질 찬스다. 빨간 등대가 있는 끝 지점은 여름 삼치를 겨냥하는 곳
이고, 방파제 좌측(남쪽) 방향은 가을 주꾸미를 겨냥하는 자리다.
방파제 남쪽, 호안 테트라포드 구역(풍차방파제) 가운데 풍력발전 2~4호기 구간
은 갑오징어, 3~5호기 구간은 감성돔과 주꾸미가 잘 낚이는 곳으로 꼽힌다.

인근 낚시점(063)

＊파워피싱낚시 442-3150
　군산시 오식도동 1004
＊군산낚시 445-1788
　군산시 오식도동 1002
＊리더낚시 464-8444
　군산시 오식도동 988
＊서군산낚시마트 445-5504
　군산시 오식도동 980

↓ 비바람과 햇볕을 피할 수 있
는 시멘트 그늘막, 벤치, 전망
대 등이 설치돼 있는 군산항 남
방파제 전경.

비응항 방파제

- **소재지** : 군산시 비응도동 119 외
- **길이** : 서방파제 1330여m, 동방파제 3200여m
- **위치 참조** : 〈최신 전국낚시지도〉 204p C6

찾아가는 길

줄곧 서해안고속도로를 이용하거나 경부고속도로→논산천안고속도로→당진영덕고속도로→서천공주고속도로→서해안고속도로 군산IC로 나와 호덕교차로에서 좌회전, 개정교차로에서 새만금방조제 방면으로 우회전 후 계속 22km 직진하면 비응항이 나온다.

■ 낚시 여건

새만금방조제 공사와 함께 축조된 비응항은 어항으로서의 기능뿐만 아니라 레저 활동도 크게 배려된 곳이다. 낚시어선은 물론 레저보트도 많이 뜨고, 특이한 구조의 라운드형 방파제 전역에선 워킹 낚시가 활기를 띤다. 내ㆍ외항을 끼고 있는 동ㆍ서 방파제 구간은 얼마 안 되지만 테트라포드가 피복된 서쪽 호안(護岸) 지역을 합치면 낚시 구간은 그 어느 곳보다 넓은 편이다.

어종도 다양한 편이다. 감성돔과 우럭ㆍ노래미ㆍ광어도 심심찮게 낚이고 보리멸을 비롯한 학공치ㆍ숭어ㆍ고등어ㆍ삼치ㆍ주꾸미 등 계절성 어종이 줄지어 찾아들어 낚시 시즌 또한 길게 형성되는 곳이다. 인근에 풍차방파제(군산항 남방파제)가 있고, 여차하면 새만금방조제를 탈 수도 있어 이래저래 부담 없는 여건이다.

■ 어종과 시즌

우럭ㆍ노래미ㆍ광어는 약방의 감초 격이고, 붕장어ㆍ도다리ㆍ보리멸ㆍ주꾸미가 대표어종이다. 감성돔 또한 진객 반열에 올릴 만하고, 숭어를 비롯한 학공치ㆍ고등어ㆍ삼치도 가을 시즌을 대표하는 어종이다.

비응항

큰 씨알은 아니어도 서방파제 쪽에서 주로 선보이는 감성돔은 5월부터 10월까지 드문드문 입질을 이어나간다. 우럭 · 노래미 · 광어도 마찬가지다. 보다 돋보이는 조황은 도다리와 보리멸 그리고 가을 주꾸미다. 서쪽 호안 지역의 3대 어종이랄 수 있는 도다리는 3~5월, 보리멸은 7~8월, 주꾸미는 9~10월에 피크 시즌을 형성하고, 8월 말경부터는 고등어 · 학공치 · 삼치가 번갈아 해거리를 하듯 10월 말 또는 11월 초순까지 무리를 짓는다.

■ 포인트 및 참고 사항

비응항의 낚시는 동방파제에 비해 서방파제 쪽에서 주로 이뤄진다. 낚시 구간도 짧고 조류가 제대로 형성되지 않는 동방파제는 테트라포드 주변에서 자잘한 우럭이 선보일 뿐 다른 어종은 드문 편이다. 이에 비해 서방파제 쪽은 작은 테트라포드가 피복된 반달 모양의 호안이 북쪽으로 길게 형성돼 포인트 구간이 넓은 데다 굴곡 따라 조류가 잘 흘러 다양한 어종이 붙는다. 특히 서쪽 호안 지역은 근처에 적당히 주차하기도 좋고 허리춤 높이의 옹벽과 테트라포드의 높이가 거의 비슷해 가볍게 오를 수 있다. 게다가 테트라포드의 크기가 작아 발판도 안정적이다. 테트라포드 위에서의 낚시가 아주 수월하다는 뜻이다.

호안 테트라포드 주변에서 잔챙이 우럭과 던질낚시에 붕장어가 나오지만 도다리 · 보리멸 · 주꾸미 조황이 특히 뛰어난 곳이다. 호안 중간 지점으로부터 북쪽 '해양소년단체험학습장'까지의 〈지도〉①구간은 던질낚시에 봄 도다리와 여름 보리멸이 잘 나온다. 이곳 호안 지역을 포함한 흰 등대가 있는 서방파제까지의 ②구간 모두는 모래 섞인 개펄 지형으로, 가을 주꾸미 포인트로 각광 받는다.

인근 낚시점(063)

*파워피싱낚시 442-3150
　군산시 오식도동 1004
*군산낚시프라자 463-4046
　군산시 오식도동 999
*아침바다낚시 471-3211
　군산시 비응도동 61-5
*아라낚시 645-5050
　군산시 비응도동 67-4

↓ 내항 쪽 도로변 건물 옥상에서 내려다본 비응항. 사진 왼쪽으로 희미하게 새만금방조제가 보인다.

새만금방조제 휴게소

· **소재지** : 군산시 비응도동 130 외
· **위치 참조** : 〈최신 전국낚시지도〉 204p C6

찾아가는 길

줄곧 서해안고속도로를 이용하거나 경부고속도로→논산천안고속도로→당진영덕고속도로→서천공주고속도로→서해안고속도로 군산IC로 나와 호덕교차로에서 좌회전, 개정교차로에서 새만금방조제 방면으로 우회전 후 계속 22km 직진하면 비응항 입구 삼거리가 나온다. 여기서 새만금방조제 방향으로 좌회전하면 된다.

■ 낚시 여건

북쪽 군산시 비응도동으로부터 고군산군도의 야미도 · 신시도를 거쳐 남쪽 부안군 변산면 대항리까지 이르는 길이 33.9km의 새만금방조제는 경기도 시화방조제 길이의 거의 3배에 달하는 규모다. 우리나라에서 가장 긴 방조제일 뿐만 아니라, 네덜란드의 자위더르 방조제(32.5km)보다 1.4km 더 긴, 세계 최장의 방조제로 기네스북에 등재되었다.

방조제 위에 축조된 왕복 4차선 도로는 드라이브 코스로 일품이다. 새만금비응공원 앞 삼거리에서 편도 2차선 도로로 접어들면 중간 야미도 · 신시도 · 가력도에서 세 번 각도가 꺾어질 뿐 그야말로 핸들을 놓아도 저절로 주행이 가능할 것 같은 일직선 도로다. 원칙적으로 방조제 전역이 낚시금지구역이지만 중간 중간 쉼터 · 휴게소 주변만큼은 안전한 주차장이 조성돼 있을 뿐만 아니라 낚시 여건도 아주 좋은 편이다. 해넘이휴게소와 돌고래쉼터 주변이 대표적이다.

■ 어종과 시즌

해넘이휴게소와 돌고래쉼터 주변에서 낚이는 대표 어종은 우럭 · 노래미가 터줏대

감 격이고 고등어·삼치가 가을 나그네 격이다. 터줏대감의 조황도 뛰어나거니와 나그네 어종의 조황은 가히 폭발적일 때가 많다.

5월부터 가을 늦게까지 선보이는 우럭·노래미는 당연히 방조제 바깥 방향, 즉 해수면 쪽에서 낚인다. 이에 비해 고등어는 반대 방향의 내수면 쪽에서 주로 낚인다. 내수면이라고는 하나 실제는 바닷물과 민물이 섞인 기수역(汽水域)으로, 7월 말부터 고등어가 나타나 가을까지 계속 덩치를 키우면서 늦게는 11월 초순까지도 마릿수 조황을 보인다.

■ 포인트 및 참고 사항

첫 번째 '해넘이휴게소'(군산시 비응도동 130)는 군산 비응항 입구에서 새만금방조제(새만금로)를 따라 정확히 6km 남하한 지점이다. 첫 번째 만나는 신호등 밑에서 좌회전하면 휴게소 및 공영 주차장이 있고, 진행 방향의 오른쪽 방조제 곁에도 주차 구역이 길게 설정돼 있다. 이곳으로부터 남쪽 2.72km 지점의 '돌고래쉼터'(군산시 옥도면 야미도리 159)에선 쉼터 주차장으로 좌회전해야 한다.

두 곳 모두 방조제 둑 위에는 전망대와 함께 산책로가 조성돼 있다. 산책로 난간 너머엔 납작납작한 견치석이 아주 밋밋하게 깔려 있어 운동장 같은 느낌이 들 정도다. 물때와 관계없이 우럭이 잘 낚이는 곳으로, 밑걸림이 심해 루어낚시 또는 찌낚시가 유효한 곳이다. 해수면이 아닌, 돌고래쉼터 내수면 쪽에선 특히 고등어가 북새통을 이룬다. 초등학교 여름방학이 시작될 때부터 10월까지 쿨러 조황을 안겨주는데, 카드 채비를 많이들 사용하지만 크릴 미끼의 외바늘 채비로 속전속결하는 것이 유리할 수도 있다.

인근 낚시점(063)

*파워파싱낚시 442-3150
 군산시 오식도동 1004
*리더낚시 464-8444
 군산시 오식도동 988
*서군산낚시 445-5504
 군산시 오식도동 980

↓ 새만금방조제 해넘이휴게소 건너편 도로변에는 주차 구역도 있고 산책로도 조성돼 있다. 사진은 휴게소 건너편 도로변에서 남쪽으로 바라본 모습이다.

야미도(夜味島)

- **소재지** : 군산시 옥도면 야미도리 153 외
- **길이** : 선착장 1800여m 외
- **위치 참조** : 〈최신 전국낚시지도〉 223p D3

찾아가는 길

서해안고속도로를 계속 이용하거나 경부고속도로→논산천안고속도로→당진영덕고속도로→서천공주고속도로→서해안고속도로 군산IC로 나와 호덕교차로에서 좌회전, 개정교차로에서 새만금방조제 방면으로 우회전 후 계속 22km 직진하면 비응항 입구 삼거리가 나온다. 여기서 새만금방조제 방향으로 좌회전해 12.2km 남하하면 야미도 입구에 이른다.

■ 낚시 여건

고군산군도(古群山群島) 북동쪽에 위치한 섬으로, 새만금방조제로 인해 남쪽 신시도(新侍島)와 함께 제일 먼저 육지와 연결되었다. 이후 고군산군도 가운데 제일 먼저 육로편 출조지로 부상된 곳이기도 하다. 지금의 유람선 선착장과 건너편 방파제에서도 낚시를 즐길 수 있는 데다, 서북쪽 옛 여객선 선착장 자리까지 해안도로가 조성돼 있어 그 어느 곳보다 워킹 낚시가 편리한 때문이다.

인근 선유도(仙遊島)로 향하는 유람선이 정기 여객선처럼 자주 떠 관광객들이 많고 식당과 민박, 편의점과 간이낚시점도 있어 나들이에 불편이 없는 곳이다.

■ 어종과 시즌

감성돔 · 우럭 · 노래미 · 광어 · 숭어 · 농어 · 보리멸 · 삼치 · 고등어 · 주꾸미 · 갑오징어 등 구미를 당기게 하는 고급 어종들이 철따라 고루 선보인다. 4월부터 숭어 훌치기낚시가 성행하고, 5월 중순경이면 우럭 · 노래미와 함께 감성돔도 비치기 시작해 늦가을까지 시즌을 형성한다.

야미도의 낚시는 오히려 여름부터다. 6월부터 보리멸이 나타나 9월까지 절정을 이

루고, 8월이면 또 고등어를 선두로 곧 삼치 떼가 번갈아 가세하게 되면 옛 선착장 쪽으로 향하는 해안도로변은 일대 성시를 이룬다. 9월이면 주꾸미·갑오징어도 나타나 이들 모두가 10월 말까지 피크를 이룬다.

■ 포인트 및 참고 사항

유람선 선착장과 건너편 방파제에선 우럭·노래미에 간혹 광어도 섞인다. 유람선 선착장 쪽은 분위기가 다소 소란스러운 반면, 건너편 방파제는 호젓한 분위기에다 계단이 설치돼 있는 끝 지점의 경우 특히 발판이 편한 곳이다.

이곳 방파제 입구로부터 소야미도를 마주보는 북단 방향, 즉 옛 여객선 선착장 자리까지 시멘트 길이 닦여 있어 편리하게 진입할 수 있는데, 사리 만조 때면 바닷물에 침수되는 구간이 있다는 점 명심해야 한다. 따라서 방파제 입구에 주차를 하고서 4,5백m 정도 걸어 들어가는 것이 안전한데, 계속 차량으로 진입한들 석수횟집 앞 차단봉까지가 한계점이다.

낚시 시즌이 되면 간이매점이 영업을 할 정도로 낚시인들이 즐겨 찾는 이 구간은 석수횟집을 지난 지점부터 포인트가 형성되는데, 시멘트 도로변 난간 아래로 내려서거나 그냥 도로변에서 에기를 날려도 가을 갑오징어와 주꾸미가 잘 걸려든다. 해안도로가 끝나는 옛 선착장 자리에 이르면 시멘트로 포장된 넓은 공터가 나오고, 오른쪽으론 그럴싸한 갯바위 포인트가 펼쳐진다. 넓은 공터는 던질낚시와 루어낚시를 하기에 매우 편한 여건으로 숭어는 물론 보리멸·삼치·고등어 무리가 붙어 일대 성황을 이룬다. 오른쪽 갯바위는 봄~가을 감성돔 자리다.

북동쪽 후미진 곳과 새만금오토캠핑장 내수면 쪽도 비밀 포인트이다.

주요 연락처(063)

*파워피싱낚시 442-3150
군산시 오식도동 1004
*해동낚시, 펜션 468-7500
군산시 옥도면 야미도리 143
*새만금유람선 464-1919
군산시 옥도면 야미도리 148

↓ 새만금방조제와 연결되기 전, 야미도 서북쪽의 옛 선착장 자리는 지금도 넓은 공터가 그대로 남아 있어 여러 장르의 낚시를 즐기기에 아주 편리한 여건이다.

신시도(新侍島)

- **소재지** : 군산시 옥도면 신시도리 258 외
- **길이** : 방파제 2800여m 외
- **위치 참조** : 〈최신 전국낚시지도〉 223p D3

찾아가는 길

서해안고속도로를 계속 이용하거나 경부고속도로→논산천안고속도로→당진영덕고속도로→서천공주고속도로→서해안고속도로 군산C로 나와 호덕교차로에서 좌회전, 개정교차로에서 새만금방조제 방면으로 우회전 후 계속 22km 직진하면 비응항 입구 삼거리가 나온다. 여기서 새만금방조제 방향으로 좌회전해 14.6km 남하하면 신시도 입구에 이른다.

■ 낚시 개황

지난 2010년 새만금방조제가 개통되면서 북쪽 야미도(夜味島)와 함께 육지가 된 신시도(新侍島)는 2016년 들어 또 한 번 신시대를 맞았다. 서쪽 무녀도(巫女島)와 선유도(仙遊島)·장자도(莊子島) 등지를 잇는 도로가 1차 개통됨으로써 고군산군도(古群山群島) 육로 여행의 관문이 된 것이다.

해안선 길이 16.5km, 총면적 4.25km²로 고군산군도 중에선 가장 큰 규모다. 월영산·대각산·앞산 등 200m 고지에 달하는 산들이 넓게 펼쳐져 등산 인구를 위한 트래킹 코스가 잘 조성된 곳이기도 하다. 그러나 섬이 크고 높은 지형이 많아 새로운 도로가 개통된 데 비해 도보로 섭렵할 수 있는 낚시 포인트는 많지 않은 편이다. 신시도 입구에 새로 축조된 방파제, 인근 몽돌해수욕장 주변, 옛날 여객선이 닿던 단등도 주변이 핵심 포인트이다.

■ 참고 사항

우럭·노래미·광어·농어·보리멸·삼치·갑오징어·주꾸미가 이름을 올리되 포인트에 따라 주력 어종은 크게 달라진다. 새만금방조제를 끼고 새로 축조된 어

항 주변은 주차 공간도 넓고 접근성이 좋은 데다, 빨간 등주가 있는 방파제 외항 쪽에서 우럭·노래미가 잔재미를 안기고 간혹 광어도 섞인다. 석축 경사가 밋밋해 발판도 편하고 초가을이면 삼치가 붙기도 한다. 새만금해양경비안전센터 뒤쪽엔 휴게소(매점)가 있어 간단한 먹거리를 해결할 수 있고, 북쪽으로 연결되는 방조제 구간도 슬쩍 넘볼 수 있다.

이곳 해안도로 왼쪽(서쪽)의 작은 몽돌밭해수욕장 일대도 주목할 만한 포인트이다. 작은 홈통 지형의 몽돌밭에서 원투를 하면 여름 보리멸을 기대할 수 있고, 좌우 갯바위 일대에선 우럭과 농어를 겸할 수 있다. 가을엔 주꾸미·갑오징어가 붙는 곳으로 주꾸미보다는 갑오징어가 수적 우세를 보인다. 썰물 땐 갯바위 구간을 넓게 탐색할 수 있으며, 몽돌밭 일대는 가족과 함께 텐트를 설치하고 놀며 낚시하기 더없이 좋은 여건이다.

무녀도로 향하는 단등도 주변은 조류가 활발한 곳으로 농어 포인트로 주목할 만하다. 옛 여객선 선착장 아래쪽부터 다리 아래까지가 핵심 구간이다.

주요 연락처(063)

*파워피싱낚시 442-3150
  군산시 오식도동 1004
*한라낚시민박 463-9994
  옥도면 신시도리 126-1
*은성민박낚시 461-3416
  옥도면 신시도리 78-1

몽돌해수욕장 일대

무녀도　　　　몽돌　　　　신시도 입구

신시도엔 두 개의 저수지가 있다. 붕어낚시가 잘 되는 곳으로 새로운 도로가 개설되기 전부터 일부 극성 꾼들이 원정을 다녔을 정도다.

↓ 신시도 입구 도로변 언덕 위에서 내려다본 신시도항. 빨간 등주가 있는 왼쪽 석축 방파제에서 낚시가 이뤄진다. 멀리 야미도와 소야미도가 보인다.

선유도&장자도·대장도

- **소재지** : 군산시 옥도면 선유도리 474-1 외
- **길이** : 선유도방파제 215m 외
- **위치 참조** : 〈최신 전국낚시지도〉 222p C3

찾아가는 길

서해안고속도로를 계속 이용하거나 경부고속도로→논산천안고속도로→당진영덕고속도로→서천공주고속도로→서해안고속도로 군산IC로 나와 호덕교차로에서 좌회전, 개정교차로에서 새만금방조제 방면으로 우회전 후 계속 22km 직진, 비응항 입구 삼거리를 지나 새만금방조제 위 77번 국도를 타고 남하. 신시1사거리에서 우회전 후 고군산대교를 건너 무녀도에 도착한다. 2017년 개통된 선유교를 지나면 선유도, 장자도, 대장도까지 연결된다.

■ 낚시 여건

북쪽 라인의 야미도·횡경도·소횡경도·방축도·명도·말도를 비롯한 남쪽 라인의 신시도·무녀도·선유도·장자도·대장도·관리도 등지의 크고 작은 63개 유·무인도를 일컬어 고군산군도(古群山群島)라 부른다.

이 가운데 남쪽 두리도와 비안도를 합치면 고군산군도의 유인도는 총 13개이다. 낚시터로서의 인기는 관점에 따라 다를 수 있지만 관광지로서의 인기는 단연 선유도(仙遊島)라는 데 이견이 없다. 풍광이 하도 아름다워 그 이름 또한 신선이 놀았다는 섬이다.

고군산도라는 명칭 또한 선유도에서 유래한 것으로 알려진다. 원래 군산도(群山島)라 불리던 선유도에 조선 태조가 금강과 만경강을 따라 내륙에 침입하는 왜구를 방어하고자 수군 부대인 만호영(萬戶營)을 설치하였고, 이후 세종 때에 이르러 수군부대가 옥구군 북면 진포(鎭浦-현재의 군산)로 옮겨가게 되면서 진포가 군산진이 되고 기존의 군산도는 옛 군산이라는 뜻으로 고군산(古群山)으로 불리게 되었다는 것이다.

사질대가 발달한 선유도 자체는 관광지로서의 명성에 비해 낚시 여건이 뒤지는 것

선유도&장자도·대장도

은 사실이지만 인근 장자도와 대장도를 합치면 관광과 낚시를 겸한 새로운 나들이 코스로 각광받음직하다.

선유도를 중심으로 무녀도와 장자도·대장도를 잇는 인도교가 개설된 지 오래인데다, 새만금방조제로부터의 육로 개통에 이어 무녀도와 선유도를 잇는 선유대교가 2017년 개통되었기 때문이다. 여객선과 유람선으로만 즐기던 '선유8경'과 '낚시3매경'을 사계절 육로편으로 어느 때고 즐길 수 있게 된 것이다.

■ 어종과 시즌

우럭·광어·붕장어·농어·감성돔·보리멸·학공치가 선보이는 곳으로, 도보 포인트에서 기대할 수 있는 주력 어종은 우럭·농어·붕장어·보리멸이다. 감성돔도 곧잘 낚이는 곳이지만 포인트가 낚싯배로만 진입할 수 있는 남쪽 지역에 치우쳐 있다.

5월 중순이면 우럭·광어·붕장어·농어·감성돔 모두 본격 시즌에 접어들어 10월까지 계속 시즌을 형성한다. 여름 피서객들이 몰려들기 전 슬금슬금 찾아드는 보리멸은 사질대가 발달한 선유도의 대표 어종이기기도 하다. 6월이면 선유도해수욕장 주변에 보리멸이 들어와 있다고 보면 된다. 한여름 해수욕객들이 붐빌 때면 낚시가 어려울 수도 있으나 피서객들이 물러난 9월까지 입질이 이어져 기회가 길게 주어진다.

보리멸이 물러날 무렵이면 학공치 확률이 높아진다. 조류가 활발한 갯바위 주변으로 8월부터 잔챙이 학공치가 나타나는데 9~10월이면 씨알이 굵게 낚인다. 방파제·선착장 주변에서 선보이는 붕장어는 여름철 밤낚시가 제격이다.

주요 연락처(063)

*파워피싱낚시 442-3150
군산시 오식도동 1004
*풀하우스민박 465-4624
옥도면 선유도리 272(2구)
*옥돌펜션 465-9317
옥도면 선유도리 429(1구)
*고래섬펜션 465-2770
옥도면 선유도리 90-1(3구)
*사계절펜션 010-4377-4432
옥도면 장자도리 109
*꿈꾸는바다펜션 462-0013
옥도면 대장도리 22
*자전거대여점 467-5525
옥도면 선유도리 278

↓ 선유도항에서 바라본 선유3구마을과 망주봉. 선유도해수욕장은 망주봉 너머에 있다.

선유도항

대장도

대장도방파제

대장교

대장도 ~ 대장도

장자도

솔섬

데크산책로

솔섬 포인트도

■ 포인트 및 참고 사항

낚시터를 미리 염두에 두고 민박을 정하거나, 민박집을 기점으로 목적하는 포인트 동선을 미리 그리는 게 좋다. 워킹 포인트 구간이 넓기 때문이다. 자가용 또는 민박집 차량을 이용할 수도 있지만 이웃 섬 간의 이동로가 잘 조성돼 있어 자전거를 이용하면 보다 간편하게 이동할 수 있다. 현지엔 자전거와 스쿠터를 대여해 주는 가게들이 있다.

▪**선유도항 방파제 주변** – 여객선이 닿는 선유2구 선착장 주변은 수심이 얕아 낚시가 잘 안 된다. 편안하게 낚시를 즐길 수 있는 곳은 북쪽 선유3구 쪽, 선유도항 방파제이다. 건너편 도제(島堤·일명 뜬방파제) 사이로 조류가 활발하게 형성돼 농어·학공치도 붙고 외항 쪽 석축 부근에선 우럭·노래미가 드문드문 낚인다. 방파제 위쪽(북쪽) 갯바위는 또 비장의 농어 포인트로 꼽힌다. 얼핏 보면 포인트 같지도 않은데 전방에 깔려 있는 수중여 부근에서 농어가 소나기 입질을 보일 때가 있다. 썰물 때에는 북쪽 더 위로까지 진입할 수 있다.

▪**선유도해수욕장 및 솔섬** – 선유도는 크게 2개의 섬이 하나로 연결돼 있다. 북쪽 선유3구와 남쪽 선유1·2구가 900여m 길이의 사주(砂洲·모래톱)로 연결된 것이다. 태안 마검포항 진입로를 연상케 하는 이 모래톱 도로 동쪽은 개펄 지형이고, 서쪽은 모래밭 지형으로 선유도가 자랑하는 '명사십리' 해수욕장이다. 이곳 해수욕장 남·북단에서 6월부터 보리멸낚시가 시작돼 9월까지 시즌이 계속된다. 해수욕장 중심부에서 보리멸 원투낚시를 할 수도 있지만 피서객들의 혼잡을 피해 남·북단 어귀를 선택하는 게 좋다.

대장도

대장도방파제

장자도

장자교(인도교)

해수욕장 건너편 솔섬은 또 농어 포인트로 유망한 곳이다. 원래는 해수욕장에서 모래톱이 연결돼 썰물 시각에 걸어 들어가곤 했으나 데크 산책로가 설치되면서부터 한결 편리하게 드나들 수 있게 되었다. 소나무가 자라는 두 개의 섬이 서로 끊어질 듯 붙어 있는데, 전방의 또 다른 돌섬 사이로 형성된 물골에서 대형급 씨알의 농어가 뒹굴어 한판 승부를 펼칠 만하다.

■장자도 일대 – 관광객이 많은 선유도의 혼잡을 피해 장자도와 대장도를 찾는 이들도 많다. 장자도 선착장에서도 곧장 낚시가 가능한데, 남쪽 외항 방향으로 원투를 하면 붕장어가 잘 낚이고 광어도 곁들여진다. 여름 밤낚시에 특히 붕장어가 잘 낚이는 곳이다.

선유도와 장자도를 연결하는 장자교(인도교) 양쪽 콧부리에선 우럭을 뽑아 올리는 재미가 쏠쏠하고, 다리 밑 물살 지점을 노리면 농어도 기대할 수 있다.

■대장도 일대 – 장자도에서 대장도로 진입하는 대장교 입구 왼쪽 갯바위를 포함한 건너편 대장도 입구 왼쪽 갯바위 일대도 농어 포인트로 주목해야 한다.

대장도로 진입했으면 대장봉(大長峰)에 올라 주변 관리도와 장자도·선유도를 굽어보는 대장(大將) 노릇도 해봐야 하지만 암반 위에 축조된 방파제 쪽도 지나쳐서는 안 된다. 우럭·노래미에 광어도 걸려들고 북쪽 갯바위에선 농어도 곧잘 나오기 때문이다.

↑ 선유도 서남쪽 산봉우리(선유봉)에서 바라본 장자도와 대장도. 사진에 보이는 다리는 장자도와 선유도를 연결하는 인도교(장자교)이고, 이곳 아래쪽(남쪽)으로 고군산군도를 연결하는 새로운 장자교가 축조되었다.

방축도(防築島)

- **소재지** : 군산시 옥도면 말도리 178-1 인근 외
- **길이** : 방파제 1500여m 외
- **위치 참조** : 〈최신 전국낚시지도〉 222p C3

찾아가는 길

서해안고속도로를 계속 이용하거나 경부고속도로→논산천안고속도로→당진영덕고속도로→서천공주고속도로→서해안고속도로 군산IC로 나와 군산항연안여객터미널을 찾는다.
군산항연안여객터미널에서 1일 2회 운항하는 말도행 여객선이 장자도·관리도를 거쳐 이곳 방축도까지 1시간 35분 만에 닿는다.

■ 낚시 여건

고군산군도의 북쪽 대열에는 동쪽에서부터 서쪽으로 횡경도·소횡경도·방축도·명도·보농도·말도가 나란히 이어진다. 이들 섬 중에서 방축도(防築島)는 그 중심에 위치해 '방축(방파제) 구실을 한다' 하여 붙여진 이름이다. 그야말로 이들 유·무인도서는 서로 닿을락 말락 한 간격으로 이어져 향후 다리(인도교)로 연결될 예정이다. 방축도와 명도·말도를 잇는 8.2km 길이의 도보길이 조성되면 새로운 관광명소는 물론 광역 원도(遠島) 낚시터로 거듭 부상하게 될 것이다.

서쪽 명도(明島)·말도(末島)에 비해 면적은 물론 거주인구가 훨씬 많은데도 낚시인들의 발길이 말도 쪽으로 더 쏠리는 것은, 갈 데까지 가보자 하는 심리도 있겠지만 방축도엔 워킹 포인트가 많지 않다는 점도 그 이유 중 하나일 것이다. 높은 산이 동서 방향으로 길게 뻗어 고지대를 형성하는 데다, 남서쪽 일부 구간을 제외한 대부분 해안이 급경사를 이루는 때문이다. 그러나 선착장 주변에서의 생활낚시와 독립문바위에서의 본격 갯바위낚시만으로도 소기의 목적을 달성할 수 있다. 우럭·노래미·광어 씨알이 굵게 낚이는 데다 페트병 씨알의 갑오징어 조과가 차별화 되는 곳이기 때문이다.

방축도

감성돔·농어·우럭 낚싯배 진입 포인트
밧도끝
→ 횡경도
방축도
← 명도
철탑 / 광대도
뒷장벌전망대
펜션 / 어민휴게소
뒷장벌
소망교회
갑오징어 선상 포인트
방축구미장불
발전소
모래미장불
여객선선착장
쌩끄미장불
인어상
독립문바위
노적봉

■ 어종과 시즌

군산권 갑오징어낚시의 발원지 중 한 곳으로 동남쪽 해상은 여전히 선상 갑오징어 포인트로 인기다. 5월 말부터 선보이는 산란기 갑오징어는 8월 초순까지 굵은 몸집을 자랑하고, 당년생 잔챙이들은 추석 무렵부터 마릿수 조과를 안기면서 10월까지 세력을 과시한다. 그러나 산란 전 갑오징어와 당년생 갑오징어는 입질이 다르다는 점에 유의할 필요가 있다. '봄 갑오징어는 에기를 밀어내고 가을 갑오징어는 당긴다'는 표현이 그 중의 하나다.

우럭 · 노래미 · 광어 · 농어 · 감성돔도 무시할 수 없고 가을엔 굵은 학공치도 떠밀리듯 닿는다.

■ 포인트 및 참고 사항

여객선이 닿는 선착장과 하얀 인어상이 보이는 건너편 작은 방파제도 포인트이다. 테트라포드 주변에서 씨알 굵은 우럭 · 노래미가 곧잘 나오고, 특히 여객선 선착장 외항 방향에선 가을 갑오징어가 성찬을 제공한다.

산책로와 밧줄에 의지해 내려가는 독립문바위는 방축도의 트레이드 마크다. 관광 명소인 데다 방축도 낚시의 핵심 포인트이다. 숱한 지역의 같은 이름과는 달리 그 모양이 크게 차별화 되는 아치형 바위 위에 올라 만세삼창 하는 사진을 인증샷으로 남긴 후, 루어를 날리거나 찌를 흘리면 농어 확률이 높은 곳이다. 굵은 우럭과 노래미 · 감성돔도 기대 어종이다. 끊어질 듯 연결된 서쪽 광대도는 대사리 만조 때를 제외하곤 거의 왕래가 가능한 곳으로 1급 농어 포인트인 데다, 좌우 입구 쪽 굵은 자갈과 돌이 섞인 구간에선 갑오징어도 속출한다.

주요 연락처(063)

*파워피싱낚시 442-3150
군산시 오식도동 1004
*군산항여객터미널 1666-0940
군산시 소룡동 1668
*호남민박 461-0939
옥도면 방축도길 54
*광성민박 462-1501
옥도면 방축도길 94-12

↓ 여객선이 닿는 선착장 겸 방파제에는 외항 쪽으로 테트라포드가 피복돼 있어 씨알 굵은 우럭 · 노래미가 잘 낚이고(왼쪽 사진), 서남쪽에 위치한 독립문바위는 농어 · 감성돔을 배출하는 유명 포인트이다(오른쪽 사진).

명도(明島)

- **소재지** : 군산시 옥도면 말도리 152 인근 외
- **길이** : 방파제 1500여m 외
- **위치 참조** : 〈최신 전국낚시지도〉 222p B3

찾아가는 길

서해안고속도로를 계속 이용하거나 경부고속도로→논산천안고속도로→당진영덕고속도로→서천공주고속도로→서해안고속도로 군산IC로 나와 군산항연안여객터미널을 찾는다.
군산항연안여객터미널에서 1일 2회 운항되는 말도행 여객선이 장자도 · 관리도 · 방축도를 거쳐 이곳 명도까지 1시간 40분 만에 닿는다.

■ 낚시 여건

동쪽으로 광대도와 방축도, 서쪽으로 보농도와 말도가 300~400m 간격으로 맞붙어 있어 향후 4개의 다리(인도교)로 모두 연결될 예정이다. 동쪽 광대도와는 지금도 사리 간조 때면 돌바닥이 연결돼 떡바위의 경관을 가까이 감상할 수 있다.

군산항을 떠나 남쪽 장자도와 관리도를 경유한 여객선이 다시 북쪽으로 머리를 돌려 방축도를 찍고 나면 청명한 산자락 아래로 명도항(소규모어항)이 반긴다. 섬 모양이 해(日)와 달(月)을 합쳐 놓은 것 같고, 고군산군도에서 물이 가장 맑아 명도(明島)란 이름이 붙여졌다는 곳이다.

인근 말도 · 방축도 등지에 비해 청출어람(靑出於藍)은 아닐지라도 어진여(칼여)와 뱀여를 바라보는 동쪽 갯바위 구간에서 광어 · 우럭 · 농어 · 감성돔 등 고급어종을 만날 수 있다.

전체 0.5km² 면적 가운데 95% 이상이 산지로 이뤄진 데다, 산책로(시멘트 포장 소로)마저 동서 양방향으로만 조성돼 있어 남쪽과 북쪽 지대는 도보 진입이 어렵지만 서쪽 지역은 다소 무리를 감행해 볼만도 하다. 농어 · 감성돔 포인트로 더 없이 좋은 여건이기 때문이다.

명도

■ 어종과 시즌

우럭 · 노래미 · 숭어는 기본이고 광어 · 농어 · 감성돔 등 고급어종이 낚인다. 웜을 이용한 지그헤드 채비로 간단히 노릴 수 있는 우럭은 5월이면 여객선이 닿는 선착장 주변에서도 먹을 만큼 낚인다. 9~10월 밤낚시엔 특히 씨알이 굵게 낚인다. 6월이면 광어 · 농어 · 감성돔 모두 피크 시즌을 이루고 숭어도 무리 지어 들락거린다. 가을엔 학공치 무리도 눈여겨봐야 한다.

■ 포인트 및 참고 사항

여객선이 닿는 선착장 끝은 계단으로 축조돼 있어 걸터앉아 낚시하기가 아주 편하다. 내항 쪽은 높은 옹벽이고 외항 중간 지점까지는 테트라포드가 피복돼 있다. 우럭 조황이 뛰어난 곳으로 테트라포드 부근을 노리면 20~30cm급들이 곧잘 낚인다. 방파제 입구로부터 듬성듬성 테트라포드가 연결된 오른쪽 갯바위에서도 우럭 · 노래미가 나오고 농어 확률도 높은 편이다.

건너편 작은 방파제 우측 갯바위 또한 광어 · 농어 포인트로 유망한 곳인데, 날카로운 수중여가 산재해 원투낚시는 거의 불가능한 여건이다. 게다가 삼각망이 쫙 깔려 있어 채비를 던질 공간이 없을 때도 많다.

명도의 핵심 포인트는 동쪽 갯바위 일대다. 마을에서 시멘트 길을 따라 동북단 갯바위에 이르면 건너편으로 어진여(칼여)가 보인다. 어진여만큼은 못해도 역시 감성돔 확률이 높고, 이곳에서 '뱀여 홈통'이라 불리는 아래쪽 갯바위 일대까지 두루 이동하며 농어 · 광어를 뽑아 올릴 수 있다. 몽돌밭 지형에 그다지 수심도 깊지 않은 곳이다. 만조 땐 7~8m, 간조 땐 불과 3m 정도다.

주요 연락처(063)

*파워피싱낚시 442-3150
　군산시 오식도동 1004
*군산항여객터미널 1666-0940
　군산시 소룡동 1668
*물빛민박 010-9446-0344
　군산시 옥도면 명도길 16-7
*명도민박 010-3528-2758
　군산시 옥도면 명도길 24-4

↓ 여객선이 닿는 명도방파제 외항 쪽에는 테트라포드가 피복돼 있어 우럭 · 노래미가 곧잘 낚이고, 끝 지점엔 계단이 축조돼 있어 편안히 앉아 낚시를 즐길 수 있다.

말도(末島)

- **소재지** : 군산시 옥도면 말도리 13 외
- **길이** : 서방방파제 1600여m, 동방파제 100여m 외
- **위치 참조** : 〈최신 전국낚시지도〉 222p B2

찾아가는 길

서해안고속도로로 남하해 군산
톨게이트로 나오면 군산·익산
방면으로 6~7km 직진 후 경
암사거리에서 비응항 방면으로
우회전한다. 해안가 해망로를
만나면 좌회전 후 6.2km 진행
하다가 여객터미널 표지판을 보
고 우회전해 3.7km만 나아가
면 말도행 여객선 터미널이다.
군산항에서 장자도·관리도·
방축도·명도를 차례로 경유해
최종 말도까지는 2시간 정도 걸
린다.

■ 낚시 여건

군산항에서 여객선을 타면 장자도·관리도·방축도·명도를 차례로 경유해 2시
간여 만에 종착지 말도에 닿는다. 군산항 서남쪽에 옹기종기 모여 있는 고군산군
도의 여러 섬 가운데 서북쪽 맨 끄트머리에 있다고 해서 그 이름이 말도(末島)다.
단도를 제외한 본섬 면적은 고작 0.36km². 서울 한강 밤섬만 한 이 작은 섬에 국가
어항(1종항)이 구축돼 있고, 산책로가 곳곳으로 연결돼 있어 워킹 포인트도 많다.
좌우 방파제제 끝에 흰 등대와 빨간 등대가 기수처럼 서 있는 좁은 관문을 들어서
면 거의 정사각형으로 조성된 항구가 눈길을 끌고, 돌아보는 곳마다 나름대로의
운치를 자아낸다. 그러나 여객선은 물때 조건에 따라 마을 쪽 작은 선착장에 닿기
도 한다는 점 참고해야 한다. 말도등대는 어차피 필수 코스로, 등대 내 전망대에
오르면 짙푸른 망망대해가 온갖 시름을 씻어준다. 주변 갯바위 포인트도 한눈에
들어와 낚시인들의 마음을 더욱 설레게 한다.

■ 어종과 시즌

섬 주변이 대부분 암초 지대로 형성돼 최상급의 낚시 여건이다. 원도권에 해당해

6월부터 다소 늦게 시작돼 12월까지 시즌을 이룬다. 6월 초가 되면 씨알 굵은 노래미가 먼저 시즌을 알린다. 두 곳 방파제에서도 원투낚시 · 찌낚시 · 루어낚시 등 다양한 방법에 감성돔 · 참돔 · 우럭 · 광어 등이 낚인다. 간조 전후 물때의 루어낚시에도 마릿수 조과를 보인다. 붕장어 또한 원투낚시 대상어로 빼놓을 수 없다. 특히 9월로 접어들면 삼치와 알부시리가 루어낚시 마니아들을 매료시킨다. 10월이면 우럭 · 광어 · 노래미 씨알이 더욱 굵어지고, 학공치와 숭어도 가세해 어종이 더욱 다양해진다.

■ 포인트 및 참고 사항

선착장에 내리면 군이 마을까지 들어가지 않아도 된다. 내항 쪽 250여m 거리에 주민들이 공동으로 관리하는 펜션 형태의 민박집이 있는데, 이곳을 기점으로 첫 번째 목적지는 북서쪽에 위치한 말도등대 부근 갯바위다. 민박집에서 400여m 거리로 15분 정도면 걸어서 도착할 수 있다. 씨알 좋은 우럭 · 광어가 잘 낚이는 갯바위 포인트로 중썰물 때가 피크 타임이다.

서방파제가 있는 단도 건널목 위치의 도끼섬 또한 지나쳐선 안 된다. 갯바위 부근 수심이 6~10m를 이루고, 조류 소통도 원활한 데다 크고 작은 암초대가 있어 농어 · 우럭 · 광어 · 노래미 등 씨알이 굵게 낚인다.

민박집에서 서방파제까지의 거리는 불과 650여m 거리로 도보 진입에 부담이 없다. 테트라포드 가까이에 포인트가 형성돼 군이 장타를 날리지 않아도 된다. 루어낚시 · 찌낚시 · 원투낚시 모두 가능한 곳으로, 8월경부터 참돔 · 감성돔 · 우럭 · 광어 · 노래미가 고루 잘 낚이고 10월로 들어서면 굵은 학공치와 숭어도 붙는다.

주요 연락처(063)

＊군산항여객터미널 1666-0940
　군산시 소룡동 1668
＊말도식당, 민박 466-6902
　군산시 옥도면 말도1길 8-2
＊말도민박 466-7632
　군산시 옥도면 말도길 31
＊글쓴이 상록수(김종권)
　010-5328-6332

↓ 서남쪽 상공에서 내려다본 말도항. 절묘한 자연 지형에 구축된 국가어항으로, 그 모습이 천연요새와 같다.

윗틈이 갯바위

· 소재지 : 부안군 변산면 격포리 8 인근
· 위치 참조 : 〈최신 전국낚시지도〉 241p D2

찾아가는 길

서해안고속도로 부안IC로 나와
변산 방면으로 새만금방조제 입
구를 지난다. 변산로와 변산해
변로를 따라 적벽강 쪽으로 계
속 진행하면 오른쪽으로 하섬이
보이고, 하섬 전망대로부터 적
벽강 쪽으로 1.7km만 더 남하
하면 오른쪽으로 도로변 난간이
열린 공터가 보인다. 아무런 표
지판이 없는 곳이므로 내비게이
션에 주소(부안군 변산면 격포
리 8)를 잘 입력해야 한다.

인근 낚시점(063)

*변산낚시 584-3656
 부안군 변산면 격포리 271-174
*변산레저 584-9066
 부안군 변산면 격포리 471

▪ 낚시 개황

변산·고사포 해수욕장을 지나 적벽강 쪽으로 향하다 보면 요상한 지형이 눈길을
끈다. 크게 돌출된 콧부리 지형에 넓은 암반과 수중여가 찰랑거리고 안쪽 홈통엔
백사장도 형성돼 있다. 입구 공터엔 낚시 짐이 실린 승용차도 여럿 보여 단박 낚시
터임을 실감케 한다. 부안 낚시인들이 '윗틈이'라 부르는 곳으로, 새만금방조제가
들어서기 전까지만 해도 '고기 창고'로 불렸다. 지형이 그렇게 생겼거니와 조황이
그만큼 좋았다는 뜻이다.
지금도 감성돔·농어·학공치가 잘 낚이는 유명 갯바위 포인트이자 우럭·광어
도 섞인다. 감성돔은 5~6월 찌낚시에 굵은 씨알이 낚이고, 같은 시기에 시작되
는 농어는 10월까지 길게 시즌을 형성한다. 학공치 또한 5월부터 6월 초순 사이에
25~30cm 크기의 굵은 씨알이 낚이는 데 비해 가을엔 잔챙이들이 약을 올린다.

▪ 참고 사항

썰물이 진행되면 갯바위 콧부리 주변으로 굵은 돌이 섞인 암반과 함께 수중여가
폭넓게 드러난다. 수중여가 드러나기 시작하는 중썰물 때부터는 앞으로 나아가면
서 농어 찌낚시를 시도하고 중들물부터는 감성돔 찌낚시로 전환하면 된다. 만조
때는 퇴로가 차단될 수 있다는 점도 고려해야 한다.
전체적으로 조금 물때보다는 사리 때가 좋고, 가을 시즌보다는 봄 시즌에 묵직한
중량감을 즐길 수 있다. 홈통 안쪽엔 백사장이 형성돼 있어 그늘 밑에서 가족과 함
께 텐트 치고 놀기도 좋은 곳이다. 그러나 인근 군부대에서 어쩌다 주차장 입구를
차단하고 낚시인들의 출입을 통제할 때도 있다는 점 참고 바란다.

↓ 큰 돌과 암반, 수중여가 뒤
섞인 '윗틈이' 낚시터. 격포 현
지 낚시인들이 씨알 굵은 봄 감
성돔을 노려 즐겨 찾는 곳이다.

윗틈이 갯바위

격포항 북쪽에 위치한 적벽강
사자바위. 바닷가에 엎드려 있
는 사자 머리 형상으로, 눈과
코와 귀 모양도 보인다. 관련
내용, 다음 페이지 〈적벽강 사
자머리〉 참조.

적벽강 사자머리

- **소재지** : 부안군 변산면 격포리 252-11 인근
- **위치 참조** : 〈최신 전국낚시지도〉 241p D2

찾아가는 길

서해안고속도로 부안IC로 나와 변산 방면으로 새만금방조제 입구를 지난다. 변산로와 변산해변로를 따라 적벽강 쪽으로 계속 진행하면 오른쪽으로 하섬이 보이고, 하섬 전망대로부터 4km 더 남하하면 오른쪽으로 적벽강·수성당 안내 표지판이 보인다. 적벽강길을 따라 330여m만 진입하면 공영주차장이 나온다.

새만금방조제 입구 지나 고사포해수욕장 입구 운산교차로에서 곧장 변산로를 타고 들어와 대명리조트 앞을 경유해도 된다.

■ 낚시 여건

변산팔경(邊山八景)을 구경해 격포 채석강(採石江)은 알아도 적벽강(赤壁江)을 아는 이들은 많지 않다. 설사 적벽강이란 이름을 들어는 봤어도 그 위치가 어딘지, 생김새가 어떤지 아는 이들은 더욱 드물다. 중국 당나라 시인 소동파(蘇東坡)가 놀았다는 중국 황주의 적벽강과 흡사하다 하여 이름 붙여진 격포 적벽강(赤壁江)은 강(江)이 아닌, 적갈색 벼랑과 암반으로 이뤄진 해안 지대를 뜻한다. 범위는 다소 애매하지만 죽막동 옆 사자바위를 포함한 수성당(水城堂) 일대의 층암절벽이 중심지이다.

사자바위 또는 사자머리로 불리는 곳 역시 일반인들은 잘 모른다. 배를 타고 해상에서 바라보지 않으면 그 실체가 한눈에 들어오지 않기 때문이다. 도보 진입이 가능한 곳이지만 격포항에서 편안하게 배를 타고 진입하다 보면 영락없이 한 마리의 사자가 엎드린 모습이다. 머리털도 있고 눈도 있고 코도 있고 앞발도 있다. 남서쪽에서 보아도 그렇고 북동쪽에서 보아도 그렇다(앞 페이지 사진 참조). 꾼들은 이곳 사자 '코밑'에서 낚시를 한다.

낚시인들이 노리는 대상어는 사자의 먹잇감만큼이나 선별적이다. 대형 감성돔과

적벽강 사자머리

농어는 전문 꾼들이 한방 승부를 걸기에 부족함이 없고, 우럭·노래미·숭어·학공치는 초보자와 중급자들이 손쉽게 겨냥할 수 있는 생활낚시 어종이다. 포인트 또한 사자머리 일대를 포함해 남쪽 수성당 밑에 이르기까지 그 범위가 폭넓다.

■ 어종과 시즌

4월 중순이면 대형 감성돔 소식이 울려 퍼진다. 50cm 전후는 물론 6자급 대물이 6월 중순까지 소문의 꼬리를 이어나간다. 격포권 봄 감성돔이 가장 많이 배출되는 곳으로 가을엔 30cm 전후가 주류를 이룬다. 봄 감성돔에 비해 농어는 가을에 수적 우세를 보인다.

우럭·노래미는 봄부터 늦가을까지 꾸준히 입질을 이어가고, 숭어·학공치는 특히 마릿수 재미를 안기는 이곳의 대표어종이기도 하다. 봄부터 들락거리는 숭어는 어느 때고 떼거리를 만날 확률이 높고, 학공치는 산란을 위해 모자반 주변으로 몰려드는 봄철에 씨알이 굵게 낚인다. 수성당 주변, 정확히는 종묘사업소(한국수산자원관리공단) 앞 암반 끝 쪽에선 가을 주꾸미도 아주 잘 낚인다.

■ 포인트 및 참고 사항

구간이 단절되지 않아 경계 지점을 나누기 어렵지만 포인트는 크게 두 구역으로 분류할 수 있다. 사자머리 일대와 헬기장 밑~수성당 구간이다. 이에 진입로도 크게 두 코스로 설명할 수 있다. 사자머리 쪽은 공영주차장에 파킹을 한 후 자갈밭으로 걸어 내려가면 되고, 헬기장 밑~수성당 아래쪽 코스는 군부대 방향의 헬기장 옆 공터에 주차 후 걸어 내려가면 된다.

인근 낚시점(063)

＊변산낚시 584-3656
부안군 변산면 격포리 271-174
＊변산레저 584-9066
부안군 변산면 격포리 471

↓ 공영주차장 앞 진입로에서 바라본 사자머리 북동쪽 방향. 공영주차장에 안전하게 주차 후 걸어 들어갈 수 있는 포인트이다.

진입로에서 바라본 사자바위·수성당 입구 공영주차장. 왼쪽은 후박나무군 락지, 가운데 언덕은 수성당, 오른쪽은 사자바위 방향이다..

풍랑으로부터 어부를 보호하는 '개양할미'를 모신 오래 된 당집으로 전북도 무형문화재 제58호로 지정된 수성당(水城堂).

수성당에서 바라본 사자바위 남쪽 갯바위 포인트. 봄부터 가을까지 다양한 어종이 선보여 낚시인들의 발길이 끊이지 않는다.

먼저 사자머리 일대는 전문 꾼들이 주로 감성돔이나 농어를 노리는 곳이다. 콧부리 주변, 즉 지도에 표기된 '코밑'은 사자머리 지형 중에서도 코 밑에 해당하고, '포밑'으로 표기된 지점은 옛날 전차를 전시해 두었던 자리 밑이라 해서 격포 낚시인들이 붙인 이름인데, '코밑'은 특히 감성돔, '포밑'은 농어 포인트로 꼽는다. '코밑' 감성돔 포인트는 또 콧부리 끝을 기점으로 왼쪽은 썰물, 오른쪽은 들물 포인트로 꼽힌다. '코밑'으로 불리는 돌출부 주변은 사리 만조 때를 제외하곤 물에 잠기기 않지만 자갈밭으로부터의 진입부 갯바위 구간은 만조 때면 물에 잠겨 퇴로가 차단될 수 있다는 점을 염두에 두어야 한다.

북쪽 사자머리 일대에 비해 남쪽 방향의 헬기장 밑~수성당 아래쪽 구간은 이리저리 돌아다니며 거의 항시 낚시를 할 수 있는 곳이다. 봄철엔 학공치, 봄~가을 길게 숭어·우럭·노래미 입질이 꾸준하고, 간간이 감성돔까지 걸려들어 시즌 동안엔 낚시인들의 모습이 끊이질 않는다. 이곳 적벽강 사자바위 인근엔 몇 곳의 눈요기 포인트도 있다. 입구 쪽 공영주차장 뒤에는 천연기념물 제123호로 지정된 '후박나무군락지'가 있고, 봄철 유채꽃밭으로 단장되는 언덕 위에는 수성당(水城堂)이 있다. 후박나무는 비록 열 세 그루에 불과하지만 그 위세가 울울창창하고 섬 아닌 해안지역으로선 최북단 자생지라는 데 의의가 크다 한다. 수성당은 서해를 거닐며 풍랑에서 어부를 보호하는 여신인 '개양할미'를 모시는 곳으로, 영험한 당집으로 소문나 많은 무속인들이 그 기운을 받으러 찾는다. 짓궂은 낚시인들이 지나며 '어복충만'을 빌기도 한다.

죽막방파제

- 소재지 : 부안군 변산면 격포리 256-4
- 길이 : 500여m
- 위치 참조 : 〈최신 전국낚시지도〉 241p D2

■ 낚시 개황

적벽강 수성당(水城堂) 언덕에서 내려다보이는 곳으로 한국수산자원관리공단 서해종묘사업소 앞에 위치한 방파제이다. 격포 낚시인들이 흔히 '배양장 방파제' '죽막동 방파제'라 부르는 곳이다. 내 · 외항 방향 모두 석축으로 조성된 방파제 위에 오르면 왼쪽으론 대명리조트와 격포해수욕장, 더 아래쪽으론 격포항 북방파제가 보인다. 후미진 지형에 위치해 낚시가 안 될 것 같은 분위기이지만 인근 적벽강 사자바위의 후광을 입는 곳이라 표현할 만하다. 감성돔 · 우럭 · 노래미 · 숭어가 곧잘 낚이고 가을 주꾸미낚시가 호황을 보이기 때문이다. 가을 격포항에서 뜨는 주꾸미 낚싯배들이 여차하면 이곳 방파제 앞쪽으로까지 깊숙이 들어와 마무리 조과 경쟁을 할 정도다.

■ 참고 사항

방파제 주변은 개펄에 몽돌이 섞인 바닥이다. 간간이 우럭이 낚이고 가을엔 망둥어와 주꾸미가 대세다. 방파제 끝에서 외항 방향으로 들물이 돌아 흐를 땐 감성돔 입질도 기대할 수 있다.

핵심 포인트는 방파제 왼쪽(서쪽), 수성당 방향의 암반 지역이다. 간조 때 드넓게 드러나는 이곳 암반 지형에 오르면 5~6월 감성돔을 비롯한 우럭 · 노래미도 솎아낼 수 있고, 물때 따라 숭어 떼도 만날 수 있다. 자갈 섞인 바닥에선 가을(9월부터 11월 초순까지) 주꾸미가 마릿수 조황을 보인다. 조금 땐 좋지 않고 사리 물때 전후하여 찾으면 중썰물부터 중들물까지 5~6시간 동안 길게 낚시를 즐길 수 있다. 복어 성화가 심하다는 점 참고할 일이다.

찾아가는 길

서해안고속도로 부안IC로 나와 변산 방면으로 새만금방조제 입구를 지난다. 변산로를 타고 운산교차로와 마포교차로를 차례로 직진한 후 종암교차로에 이르면 오른쪽 격포 방향으로 빠진다. 대명리조트 앞에서 오른쪽 변산해변로를 타고 700여m만 진행하면 언덕길 오른쪽에 '서해종묘사업소' 간판이 보이고, 이곳에서 좌회전하면 곧 방파제가 나타난다.

인근 낚시점(063)

*변산낚시 584-3656
 부안군 변산면 격포리 271-174
*태공낚시 582-8969
 부안군 변산면 마포리 614-88

↓ 적벽강 수성당 언덕에서 내려다본 죽막방파제. 썰물 때 넓게 드러나는 암반 주변이 핵심 포인트다.

죽막방파제

격포항방파제

- **소재지** : 부안군 변산면 격포리 794 외
- **길이** : 북방파제 6000여m, 남방파제 3900여m
- **위치 참조** : 〈최신 전국낚시지도〉 241p D3

찾아가는 길

서해안고속도로 부안IC로 나와 변산 방면으로 새만금방조제 입구를 지난다. 변산로를 타고 운산 · 마포 · 종암 교차로를 차례로 직진한 후 격포교차로에서 오른쪽으로 빠져 약 1km만 진행하면 격포항 입구에 이른다. 차량은 북방파제 입구 주차장에 대는 것이 편리하다.

■ 낚시 여건

변산반도의 아이콘, 채석강(採石江)과 격포해수욕장을 끼고 있는 곳으로, 부안군은 물론 전북 지역의 주요 어업전진기지이자 위도 · 왕등도 등지를 잇는 해상 교통의 중심지로서 국가어항으로 지정된 곳이다. 두 개의 방파제가 시작되는 북쪽과 남쪽 산봉우리엔 닭이봉[鷄峰] 전망대와 봉화봉(烽火峰) 전망대가 설치돼 있어 항구를 굽어볼 수 있고, 북방파제 입구에선 특히 변산팔경(邊山八景) 중 하나인 채석강의 단층(斷層)과 습곡(褶曲) 일부를 감상할 수 있다.

두 곳 방파제 모두 외항 방향으로는 테트라포드가 피복돼 있고 내항 방향은 석축으로 구성돼 다양한 낚시를 즐길 수 있다. 감성돔 · 우럭 등 고급 어종이 잘 낚이고 노래미 · 숭어 · 학공치 등 손쉽게 잡을 수 있는 생활낚시 어종은 물론, 주꾸미 · 갑오징어 등 두족류도 다량 선보이는 곳으로 여행을 겸한 나들이 출조지로 손색이 없다. 호텔과 펜션 · 민박 등 숙박 시설이 다양하고 낚시점도 많다.

■ 어종과 시즌

감성돔 · 우럭 · 노래미 · 숭어 · 붕장어 · 학공치 · 주꾸미 · 갑오징어가 대표어종

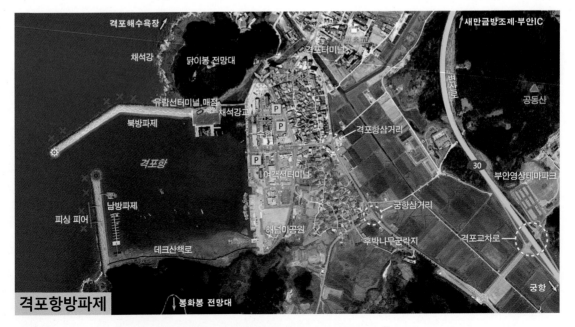

격포항방파제

으로 꼽히고 간간이 농어도 비친다. 감성돔은 산란기 이후인 6월부터 10월까지 어신을 전하는 가운데, 마릿수 재미는 현지에서 '비드미'라 부르는 잔챙이들이 많이 붙는 가을철이다. 4.5~5.3m짜리 민낚싯대에 구멍찌 또는 막대찌 채비로 숭어·학공치도 겸할 수 있다. 숭어는 특히 시즌도 길고 포인트 범위도 넓다. 4월부터 11월까지 방파제는 물론 북방파제 입구 다리(채석강교) 밑에서도 잘 낚인다. 특히 하천(상두동천) 물이 유입되는 곳(변산해양경비안전센터 앞쪽)에선 중들물 때면 몰려드는 숭어 떼가 육안으로도 보여 훌치기로 끌어내는 현지 꾼들이 많다.

학공치는 봄엔 씨알이 굵고, 초보자들도 쉽게 즐길 수 있는 마릿수 재미는 9월 중순부터 10월까지다. 이 시기엔 또 주꾸미와 갑오징어도 피크 시즌을 이룬다. 가을 주꾸미는 내항 안쪽에서도 곧잘 낚인다.

■ 포인트 및 참고 사항

핵심은 북쪽 방파제이다. 난바다와 접해 암반 지형이 발달한 곳으로 감성돔 확률도 높고, 밧줄 난간 사이로 진입하기 쉬운 테트라포드 주변에선 우럭·노래미가 잘 낚인다. 방파제가 꺾이는 지점부터가 핵심 포인트이고, 앉기 편한 내항 쪽 석축 앞에서도 숭어·노래미·주꾸미·갑오징어가 잘 낚이고 특히 밤낚시엔 붕장어 씨알이 굵다.

낚시를 위한 잔교((Fishing pier)가 설치돼 있는 남방파제는 옛날엔 도보로 찾을 수 없는 곳이었지만 이제는 데크 산책로를 따라 편리하게 진입할 수 있다. 그러나 북방파제에 비해 조황이 훨씬 뒤지는 편이고, 그나마 피싱피어 쪽에서 우럭·노래미·숭어·주꾸미 등이 잘 낚이는 편이다.

인근 낚시점(063)

*변산낚시 584-3656
부안군 변산면 격포리 271-174
*변산레저 584-9066
부안군 변산면 격포리 471
*격포서울낚시 581-1162
부안군 변산면 격포리 508-35
*격포낚시 582-4793
부안군 변산면 격포리 788-13

↓ 서남 방향 상공에서 내려다 본 격포항. 멀리 격포해수욕장과 죽막방파제, 적벽강 사자바위 일대가 보인다.

적벽강 사자바위 ←

궁항 방파제 외

- **소재지** : 부안군 변산면 격포리 720-1 인근
- **길이** : 북방파제 1500여m, 남방파제 1400여m
- **위치 참조** : 〈최신 전국낚시지도〉 241p D3

찾아가는 길

서해안고속도로 부안IC로 나와 변산 방면으로 새만금방조제 입구를 지난다. 변산로를 타고 운산·마포·종암·격포·도청 교차로를 차례로 직진한 후 언포교차로에 이르러 궁항 방면으로 우회전하면 궁항마을까지 1.4km 거리다.

■ 낚시 여건

진입로 옆(서쪽)에 개섬[犬島]이 붙어 있어 부안 낚시인들은 개섬방파제라 부르기도 한다. 방파제 현장까지 차량 진입이 가능한 데다 텐트를 설치하고 밤낚시를 하기에도 좋은 여건이다. 중간에 개섬으로 건너가 갯바위낚시를 겸할 수 있는 진입로도 축조돼 있어 인기를 더한다. 방파제 현장엔 아무런 편의시설이 없는 대신 입구 매점에서 간단한 낚시미끼와 생필품을 구입할 수 있다.

방파제 입구에 도착해 보면 석축으로 축조된 내항 쪽 방파제는 수심이 너무 얕아 보이고, 흰 등대가 있는 외항 쪽 방파제는 양방향이 높은 옹벽을 이뤄 도무지 낚시가 될 것 같지 않은 분위기를 느낄 수도 있다. 그러나 드문드문 우럭·노래미가 입질을 하고 숭어·학공치 무리가 즐겨 닿는가 하면, 보리멸 입질이 강세를 보이기는 곳이기도 하다. 건너편 개섬 콧부리에선 감성돔도 심심찮게 낚인다.

■ 어종과 시즌

감성돔·우럭·노래미·붕장어·숭어·보리멸·학공치가 철따라 낚이고 본격 보리멸 낚시터로도 손색이 없는 곳이다. 개섬 쪽에서 낚이는 감성돔은 5~6월엔

격포항 / 궁항마을 / 언포교차로 / P / 풍원횟집 / 풍원슈퍼, 낚시 / 중들목 시물에 잠김 / 유리조트 / 전망대 / 개섬[犬島] / P / 궁항항

남쪽 방파제에서 건너다본 개섬.

씨알, 9~10월엔 마릿수 재미다. 학공치 또한 봄철에 굵은 씨알이 낚이고 가을엔 20~25cm급 잔챙이들이 마릿수 재미를 안긴다.

보리멸은 5월 중순이 지나면 슬금슬금 나타나지만 본격 시즌은 6월부터다. 7월 중순~8월 중순 사이의 삼복더위엔 입질이 다소 주춤하지만 더위가 한풀 꺾이는 8월 중순부터 9월까지 또 한 차례 강세를 보인다.

■ 포인트 및 참고 사항

노란 등대가 있는 첫 번째 방파제는 좌우 방향 모두 석축이 밋밋한 경사를 이뤄 걸터앉기 편하지만 주변 수심이 얕아 큰 조황은 기대하기 어렵다. 드문드문 우럭·노래미가 입질을 하고, 야간 원투낚시엔 붕장어 입질이 심심찮다. 가을엔 숭어·학공치가 배회하기도 한다.

흰 등대가 있는 남쪽 방파제는 입구 쪽 방파제보다 훨씬 더 높게 축조돼 있을 뿐만 아니라 내·외항 방향 모두가 의지할 데라곤 없는 옹벽 구조물이다. 그야말로 깎아지른 절벽 형태로 처음 찾는 이들은 낚시할 엄두가 안 날 수도 있다. 그러나 외항 방향으로 던질낚시를 하면 보리멸이 기다렸다는 듯 입질 세례를 퍼붓는다. 6월에 입질 확률이 가장 높고 9월까지 기세를 이어간다. 또 입구 쪽 시멘트 담벼락에 기대어 개섬 콧부리를 향해 원투낚시를 하면 붕장어·우럭·노래미를 기대할 수 있고, 가을엔 숭어·학공치 무리도 노릴 수 있다.

건너편 개섬은 중썰물 때에 들어가 만조 이후 초썰물까지 보고 나와야 한다. 콧부리 외해 방향에서 봄부터 가을까지 감성돔이 잘 낚이고 우럭·노래미 입질도 꾸준한 편이다. 숭어·학공치도 빼놓을 수 없다.

인근 낚시점(063)

＊변산낚시 584-3656
 부안군 변산면 격포리 271-174
＊남부낚시 582-8723
 부안군 변산면 격포리 260-89
＊풍원슈퍼, 낚시 582-8950
 부안군 변산면 격포리 720-1

↓ 궁항마을 입구, 도로변 언덕 전망대에서 바라본 궁항방파제. 맞붙은 것처럼 보이는 뒤쪽 개섬[犬島]에서 갯바위낚시를 겸할 수 있다.

말랑달콤, 학공치회

Section 7

권말부록

감성돔 – 20cm 이하 포획 금지…

넙치(광어) – 21cm 이하 포획 금지…

문치가자미(도다리) – 15cm 이하 포획 금지…

전어 – 5월 1일~7월 15일 포획 금지…

조피볼락(우럭) – 23cm 이하 포획 금지…

쥐노래미(노래미) 20cm 이하 포획 금지…

● 낚시터 색인1 – 낚시터 소재지별 찾아보기

● 낚시터 색인2 – 낚시터 명칭 가나다 순 찾아보기

● 주요 바다 어종 포획 금지 크기 및 기간 · 구역

● 낚싯줄과 봉돌 규격 비교표

■ 낚시터 소재지별 찾아보기

소재지	낚시터 명칭	수록지면
<< 인천광역시 >>		
인천광역시 강화군 교동면 상용리 605-12 인근(교동도)	월선포선착장	030
인천광역시 강화군 양도면 건평리 623-22 인근(강화도)	건평선착장	032
인천광역시 강화군 화도면 내리 1825-15(강화도)	후포항선착장	033
인천광역시 옹진군 대청면 대청리 377-18 외(대청도)	대청도(大靑島)	022
인천광역시 옹진군 대청면 소청리 424-1 외(소청도)	소청도(小靑島)	026
인천광역시 옹진군 덕적면 굴업리 산6 인근 외(굴업도)	굴업도(堀業島)	058
인천광역시 옹진군 덕적면 문갑리 74-15 외(문갑도)	문갑도(文甲島)	056
인천광역시 옹진군 덕적면 백아리 149-10 외(백아도)	백아도(白牙島)	060
인천광역시 옹진군 덕적면 백아리 산164-6 외(지도)	지도(池島)	064
인천광역시 옹진군 덕적면 소야리 598-3 외(소야도)	소야도(蘇爺島)	054
인천광역시 옹진군 덕적면 울도리 19-15 외(울도)	울도(蔚島)	066
인천광역시 옹진군 덕적면 진리 86-3 외(덕적도)	덕적도(德積島)	050
인천광역시 옹진군 연평면 연평리 999-3 외(소연평도)	소연평도(小延坪島)	028
인천광역시 옹진군 영흥면 내리 8-213 외(영흥도)	진두항	041
인천광역시 옹진군 영흥면 선재리 636-5 인근(선재도)	넛출선착장	040
인천광역시 옹진군 자월면 승봉리 824-20 외(승봉도)	승봉도(昇鳳島)	048
인천광역시 옹진군 자월면 이작리 44-7 외(소이작도)	소이작도(小伊作島)	044
인천광역시 옹진군 자월면 이작리 760-6 외(대이작도)	대이작도(大伊作島)	046
인천광역시 옹진군 자월면 자월리 306-10 외(자월도)	자월도(紫月島)	042
인천광역시 중구 무의동 298-2 외(대무의도)	대무의도(大舞衣島)	036
인천광역시 중구 무의동 998-13 외(소무의도)	소무의도(小舞衣島)	036
인천광역시 중구 운서동 2828-1	삼목방파제	034
인천광역시 중구 운서동 2833-3	영종도 북측방조제	034
인천광역시 중구 운서동 2854-5	영종도 남측방조제	034
<< 경기도 >>		
경기도 시흥시 정왕동 2376 외	시화방조제	072
경기도 안산시 단원구 대부남동 1348 인근(대부도)	홍성리선착장	076
경기도 안산시 단원구 대부동동 2104 외	시화방조제	072
경기도 안산시 단원구 선감동 717-3(탄도)	탄도항방파제	077
경기도 안산시 단원구 풍도동 34-6 외(풍도)	풍도(豊島)	078
경기도 안산시 단원구 풍도동 381-23 외(육도)	육도(六島)	080
경기도 화성시 서신면 궁평리 692 외	궁평항방파제	082

소재지	낚시터 명칭	수록지면
경기도 화성시 서신면 제부리 289-14(제부도)	제부도방파제	081
경기도 화성시 우정읍 국화리 134-1 인근 외(입파도)	입파도(立波島)	085
경기도 화성시 우정읍 국화리 136 외(국화도)	국화도(菊花島)	086
《 충청남도 》		
충청남도 당진시 석문면 교로리 844-53 인근	왜목선착장	100
충청남도 당진시 석문면 난지도리 4-15 인근(대난지도)	대난지도	102
충청남도 당진시 석문면 난지도리 568-1	도비도선착장	101
충청남도 당진시 석문면 난지도리 산28(대난지도 부속섬)	철도(쇠섬)	102
충청남도 당진시 석문면 삼화리 1392 외	석문방조제	096
충청남도 당진시 석문면 장고항리 1130-3 외	석문방조제	096
충청남도 당진시 석문면 장고항리 625-43	장고항방파제	098
충청남도 당진시 석문면 장고항리 851-52 인근	용무치선착장	098
충청남도 당진시 석문면 통정리 1239 외	석문방조제	096
충청남도 당진시 송산면 가곡리 11-21	성구미방파제	092
충청남도 당진시 송산면 가곡리 527 외	석문방조제	096
충청남도 당진시 송산면 가곡리 528	성구미 신방파제	095
충청남도 당진시 송악읍 고대리 166-44	안섬방파제	091
충청남도 당진시 송악읍 한진리 95-14	한진포구선착장	090
충청남도 보령시 남포면 양항리 1142 외	남포방조제	210
충청남도 보령시 남포면 월전리 704 인근	용두 갯바위	214
충청남도 보령시 남포면 월전리 821 외	남포방조제	210
충청남도 보령시 남포면 월전리 843-61 외	죽도	210
충청남도 보령시 신흑동 1461-13 인근	갓배 갯바위	209
충청남도 보령시 신흑동 2132 외	남포방조제	210
충청남도 보령시 신흑동 946-24 인근	뒷장벌 갯바위	208
충청남도 보령시 신흑동 950-94 외	대천항방파제	206
충청남도 보령시 오천면 녹도리 291-1 외(녹도)	녹도(鹿島)	200
충청남도 보령시 오천면 녹도리 522-3 외(호도)	호도(狐島)	198
충청남도 보령시 오천면 삽시도리 1045-1 외(고대도)	고대도(古代島)	190
충청남도 보령시 오천면 삽시도리 4-4 외(삽시도)	삽시도(揷矢島)	194
충청남도 보령시 오천면 삽시도리 871-3 외(장고도)	장고도(長古島)	192
충청남도 보령시 오천면 삽시도리 산38(삽시도)	면삽지(섬)	194
충청남도 보령시 오천면 소성리 60-13 외	보령방조제	174
충청남도 보령시 오천면 소성리 700-86 인근	오천항선착장	176
충청남도 보령시 오천면 외연도리 160-1 외(외연도)	외연도(外煙島)	202
충청남도 보령시 오천면 원산도리 474-7 외(원산도)	원산도(元山島)	186

소재지	낚시터 명칭	수록지면
충청남도 보령시 오천면 효자도리 356-1 외(효자도)	효자도(孝子島)	184
충청남도 보령시 오천면 효자도리 485-1 인근 외(육도)	육도(陸島)	180
충청남도 보령시 오천면 효자도리 562-1 인근 외(추도)	추도(抽島)	182
충청남도 보령시 오천면 효자도리 629 인근 외(소도)	소도(蔬島)	183
충청남도 보령시 오천면 효자도리 663-1 인근 외(월도)	월도(月島)	178
충청남도 보령시 오천면 효자도리 산19 인근 외(히육도)	허육도(虛陸島)	181
충청남도 보령시 웅천읍 관당리 654-15 외	무창포항방파제	216
충청남도 보령시 웅천읍 독산리 784-4 인근	닭벼슬섬	219
충청남도 보령시 웅천읍 소황리 외	부사방조제	220
충청남도 보령시 천북면 장은리 1065 외	홍성방조제	170
충청남도 보령시 천북면 하만리 1195-1 외	보령방조제	174
충청남도 보령시 천북면 학성리 239-5 인근	회변선착장	172
충청남도 보령시 천북면 학성리 617-7 인근	학성선착장	171
충청남도 보령시 천북면 학성리 산45	맨삽지섬	171
충청남도 서산시 대산읍 독곶리 569-78 인근	황금산 갯바위	106
충청남도 서산시 대산읍 오지리 338-45	벌말(벌천포)방파제	108
충청남도 서산시 대산읍 화곡리 1-35	삼길포항	104
충청남도 서산시 부석면 간월도리 26-29	간월도항방파제	160
충청남도 서산시 부석면 간월도리 675 외	서산A지구방조제	162
충청남도 서산시 부석면 창리 338 외	서산B지구방조제	156
충청남도 서천군 서면 도둔리 1010-14	도둔방조제	222
충청남도 서천군 서면 도둔리 1222-1 외	홍원항 방파제	222
충청남도 서천군 서면 도둔리 산85	동구섬	222
충청남도 서천군 서면 도둔리 외	부사방조제	220
충청남도 서천군 서면 마량리 339-3 외	비인항(마량항)방파제	226
충청남도 태안군 고남면 고남리 26-6	구매선착장	152
충청남도 태안군 고남면 고남리 334-66 인근	영목항선착장	154
충청남도 태안군 근흥면 가의도길 44-68 인근 외	가의도(賈誼島)	132
충청남도 태안군 근흥면 도황리 1525-222 외	연포방파제	135
충청남도 태안군 근흥면 도황리 8-26	채석포항방파제	136
충청남도 태안군 근흥면 도황리 산350 인근	황골방파제	134
충청남도 태안군 근흥면 신진도리 234-1	마도방파제	128
충청남도 태안군 근흥면 신진도리 75-11	신진도방파제	128
충청남도 태안군 남면 당암리 980 외	서산B지구방조제	156
충청남도 태안군 남면 몽산리 686-25	몽산포(몽대포)항방파제	137
충청남도 태안군 남면 신온리 1-1	마검포항방파제	138

소재지	낚시터 명칭	수록지면
충청남도 태안군 남면 신온리 802-5	드르니방파제	142
충청남도 태안군 남면 신온리 900-1 인근	곰섬방파제	141
충청남도 태안군 남면 신온리 산176	육계도	138
충청남도 태안군 소원면 모항리 1097-12	여은돌(어은돌)항방파제	124
충청남도 태안군 소원면 모항리 1326	만리포항방파제	120
충청남도 태안군 소원면 모항리 1336 외	모항항방파제	122
충청남도 태안군 소원면 의항리 150-2 인근	구름포해수욕장	116
충청남도 태안군 소원면 의항리 3-6 인근	태배 갯바위	116
충청남도 태안군 소원면 의항리 978-82	천리포항방파제	118
충청남도 태안군 소원면 의항리 산186	닭섬	118
충청남도 태안군 소원면 파도리 130-66 외	통개방파제	126
충청남도 태안군 안면읍 승언리 1317-15	방포항방파제	148
충청남도 태안군 안면읍 중장리 1440-4	대야도선착장	150
충청남도 태안군 안면읍 창기리 1269-93	백사장항	142
충청남도 태안군 안면읍 창기리 277-56 인근 외	안면대교 일대	144
충청남도 태안군 안면읍 황도리 26-6	황도방파제	146
충청남도 태안군 원북면 방갈리 10-2	민어도선착장	115
충청남도 태안군 원북면 방갈리 515-172 외	학암포항	112
충청남도 태안군 원북면 방갈리 515-227	분점도	112
충청남도 태안군 원북면 방갈리 산255	소분점도	112
충청남도 태안군 이원면 내리 33-9 인근	삼형제바위	110
충청남도 태안군 이원면 내리 41-10	만대선착장	110
충청남도 태안군 이원면 내리 산44	유섬(여섬)	110
충청남도 홍성군 서부면 궁리 1023 외	서산A지구방조제	162
충청남도 홍성군 서부면 남당리 862	남당항방파제	168
충청남도 홍성군 서부면 신리 655 외	홍성방조제	170
충청남도 홍성군 서부면 신리 660 외	수룡포구방파제	170
《 전라북도 》		
전라북도 군산시 비응도동 119 외	비응항방파제	242
전라북도 군산시 비응도동 1-2	군산항 남방파제(풍차방파제)	240
전라북도 군산시 비응도동 130 외	새만금방조제 휴게소	244
전라북도 군산시 옥도면 개야도리 785 외(개야도)	개야도(開也島)	230
전라북도 군산시 옥도면 대장도리 18 인근 외(대장도)	대장도(大長島)	250
전라북도 군산시 옥도면 말도리 13 외(말도)	말도(末島)	258
전라북도 군산시 옥도면 말도리 152 인근 외(명도)	명도(明島)	256
전라북도 군산시 옥도면 말도리 178-1 인근 외(방축도)	방축도(防築島)	254

소재지	낚시터 명칭	수록지면
전라북도 군산시 옥도면 선유도리 474-1 외(선유도)	선유도(仙遊島)	250
전라북도 군산시 옥도면 신시도리 258 외(신시도)	신시도(新侍島)	248
전라북도 군산시 옥도면 야미도리 153 외(야미도)	야미도(夜味島)	246
전라북도 군산시 옥도면 어청도리 387-4 외(어청도)	어청도(於靑島)	236
전라북도 군산시 옥도면 연도리 176 외(연도)	연도(烟島)	232
전라북도 군산시 옥도면 장자도리 157-1 외(장자도)	장자도(壯子島)	250
전라북도 부안군 변산면 격포리 252-11 인근	적벽강 사자머리	262
전라북도 부안군 변산면 격포리 256-4	죽막방파제	265
전라북도 부안군 변산면 격포리 720-1 인근	궁항방파제(개섬방파제)	268
전라북도 부안군 변산면 격포리 721-5 인근	개섬(犬島)	268
전라북도 부안군 변산면 격포리 794 외	격포항방파제	266
전라북도 부안군 변산면 격포리 8 인근	윗틈이 갯바위	260

■ 낚시터 명칭 가나다 순 찾아보기

낚시터 명칭	소재지	수록지면
《 ㄱ 》		
가의도(賈誼島)	충청남도 태안군 근흥면 가의도길 44–68 인근 외	132
간월도항방파제	충청남도 서산시 부석면 간월도리 26–29	160
갓배 갯바위	충청남도 보령시 신흑동 1461–13 인근	209
개섬(犬島)	전라북도 부안군 변산면 격포리 721–5 인근	268
개섬방파제(궁항방파제)	전라북도 부안군 변산면 격포리 720–1 인근	268
개야도(開也島)	전라북도 군산시 옥도면 개야도리 785 외(개야도)	230
건평선착장	인천광역시 강화군 양도면 건평리 623–22 인근(강화도)	032
격포항방파제	전라북도 부안군 변산면 격포리 794 외	266
고대도(古代島)	충청남도 보령시 오천면 삽시도리 1045–1 외(고대도)	190
곰섬방파제	충청남도 태안군 남면 신온리 900–1 인근	141
구름포해수욕장	충청남도 태안군 소원면 의항리 150–2 인근	116
구매선착장	충청남도 태안군 고남면 고남리 26–6	152
국화도(菊花島)	경기도 화성시 우정읍 국화리 136 외(국화도)	086
군산항 남방파제(풍차방파제)	전라북도 군산시 비응도동 1–2	240
굴업도(堀業島)	인천광역시 옹진군 덕적면 굴업리 산6 인근 외(굴업도)	058
궁평항방파제	경기도 화성시 서신면 궁평리 692 외	082
궁항방파제(개섬방파제)	전라북도 부안군 변산면 격포리 720–1 인근	268
《 ㄴ 》		
남당항방파제	충청남도 홍성군 서부면 남당리 862	168
남포방조제	충청남도 보령시 남포면 양항리 1142 외	210
남포방조제	충청남도 보령시 남포면 월전리 821 외	210
남포방조제	충청남도 보령시 신흑동 2132 외	210
넛출선착장	인천광역시 옹진군 영흥면 선재리 636–5 인근(선재도)	040
녹도(鹿島)	충청남도 보령시 오천면 녹도리 291–1 외(녹도)	200
《 ㄷ 》		
닭벼슬섬	충청남도 보령시 웅천읍 독산리 784–4 인근	219
닭섬	충청남도 태안군 소원면 의항리 산186	118
대난지도	충청남도 당진시 석문면 난지도리 4–15 인근(대난지도)	102
대무의도(大舞衣島)	인천광역시 중구 무의동 298–2 외(대무의도)	036
대야도선착장	충청남도 태안군 안면읍 중장리 1440–4	150
대이작도(大伊作島)	인천광역시 옹진군 자월면 이작리 760–6 외(대이작도)	046
대장도(大長島)	전라북도 군산시 옥도면 대장도리 18 인근 외(대장도)	250

낚시터 명칭	소재지	수록지면
대천항방파제	충청남도 보령시 신흑동 950–94 외	206
대청도(大靑島)	인천광역시 옹진군 대청면 대청리 377–18 외(대청도)	022
덕적도(德積島)	인천광역시 옹진군 덕적면 진리 86–3 외(덕적도)	050
도둔방조제	충청남도 서천군 서면 도둔리 1010–14	222
도비도선착장	충청남도 당진시 석문면 난지도리 568–1	101
동구섬	충청남도 서천군 서면 도둔리 산85	222
뒷장벌 갯바위	충청남도 보령시 신흑동 946–24 인근	208
드르니방파제	충청남도 태안군 남면 신온리 802–5	142
《 ㅁ 》		
마검포항방파제	충청남도 태안군 남면 신온리 1–1	138
마도방파제	충청남도 태안군 근흥면 신진도리 234–1	128
마량항(비인항)방파제	충청남도 서천군 서면 마량리 339–3 외	226
만대선착장	충청남도 태안군 이원면 내리 41–10	110
만리포항방파제	충청남도 태안군 소원면 모항리 1326	120
말도(末島)	전라북도 군산시 옥도면 말도리 13 외(말도)	258
맨삽지섬	충청남도 보령시 천북면 학성리 산45	171
면삽지(섬)	충청남도 보령시 오천면 삽시도리 산38(삽시도)	194
명도(明島)	전라북도 군산시 옥도면 말도리 152 인근 외(명도)	256
모항항방파제	충청남도 태안군 소원면 모항리 1336 외	122
몽대포(몽산포)항방파제	충청남도 태안군 남면 몽산리 686–25	137
몽산포(몽대포)항방파제	충청남도 태안군 남면 몽산리 686–25	137
무창포항방파제	충청남도 보령시 웅천읍 관당리 654–15 외	216
문갑도(文甲島)	인천광역시 옹진군 덕적면 문갑리 74–15 외(문갑도)	056
민어도선착장	충청남도 태안군 원북면 방갈리 10–2	115
《 ㅂ 》		
방축도(防築島)	전라북도 군산시 옥도면 말도리 178–1 인근 외(방축도)	254
방포항방파제	충청남도 태안군 안면읍 승언리 1317–15	148
백사장항	충청남도 태안군 안면읍 창기리 1269–93	142
백아도(白牙島)	인천광역시 옹진군 덕적면 백아리 149–10 외(백아도)	060
벌말(벌천포)방파제	충청남도 서산시 대산읍 오지리 338–45	108
벌천포(벌말)방파제	충청남도 서산시 대산읍 오지리 338–45	108
보령방조제	충청남도 보령시 오천면 소성리 60–13 외	174
보령방조제	충청남도 보령시 천북면 하만리 1195–1 외	174
부사방조제	충청남도 보령시 웅천읍 소황리 외	220
부사방조제	충청남도 서천군 서면 도둔리 외	220
분점도	충청남도 태안군 원북면 방갈리 515–227	112

낚시터 명칭	소재지	수록지면
비응항방파제	전라북도 군산시 비응도동 119 외	242
비인항(마량항)방파제	충청남도 서천군 서면 마량리 339-3 외	226
《 ㅅ 》		
삼길포항	충청남도 서산시 대산읍 화곡리 1-35	104
삼목방파제	인천광역시 중구 운서동 2828-1	034
삼형제바위	충청남도 태안군 이원면 내리 33-9 인근	110
삽시도(揷矢島)	충청남도 보령시 오천면 삽시도리 4-4 외(삽시도)	194
새만금방조제 휴게소	전라북도 군산시 비응도동 130 외	244
서산A지구방조제	충청남도 서산시 부석면 간월도리 675 외	162
서산A지구방조제	충청남도 홍성군 서부면 궁리 1023 외	162
서산B지구방조제	충청남도 서산시 부석면 창리 338 외	156
서산B지구방조제	충청남도 태안군 남면 당암리 980 외	156
석문방조제	충청남도 당진시 석문면 삼화리 1392 외	096
석문방조제	충청남도 당진시 석문면 장고항리 1130-3 외	096
석문방조제	충청남도 당진시 석문면 통정리 1239 외	096
석문방조제	충청남도 당진시 송산면 가곡리 527 외	096
선유도(仙遊島)	전라북도 군산시 옥도면 선유도리 474-1 외(선유도)	250
성구미 신방파제	충청남도 당진시 송산면 가곡리 528	095
성구미방파제	충청남도 당진시 송산면 가곡리 11-21	092
소도(蔬島)	충청남도 보령시 오천면 효자도리 629 인근 외(소도)	183
소무의도(小舞衣島)	인천광역시 중구 무의동 998-13 외(소무의도)	036
소분점도	충청남도 태안군 원북면 방갈리 산255	112
소야도(蘇爺島)	인천광역시 옹진군 덕적면 소야리 598-3 외(소야도)	054
소연평도(小延坪島)	인천광역시 옹진군 연평면 연평 999-3 외(소연평도)	028
소이작도(小伊作島)	인천광역시 옹진군 자월면 이작리 44-7 외(소이작도)	044
소청도(小靑島)	인천광역시 옹진군 대청면 소청리 424-1 외(소청도)	026
쇠섬(철도)	충청남도 당진시 석문면 난지도리 산28(대난지도 부속섬)	102
수룡포구방파제	충청남도 홍성군 서부면 신리 660 외	170
승봉도(昇鳳島)	인천광역시 옹진군 자월면 승봉리 824-20 외(승봉도)	048
시화방조제	경기도 시흥시 정왕동 2376 외	072
시화방조제	경기도 안산시 단원구 대부동동 2104 외	072
신시도(新侍島)	전라북도 군산시 옥도면 신시도리 258 외(신시도)	248
신진도방파제	충청남도 태안군 근흥면 신진도리 75-11	128
《 ㅇ 》		
안면대교 일대	충청남도 태안군 안면읍 창기리 277-56 인근 외	144
안섬방파제	충청남도 당진시 송악읍 고대리 166-44	091

낚시터 명칭	소재지	수록지면
야미도(夜味島)	전라북도 군산시 옥도면 야미도리 153 외(야미도)	246
어은돌(여은돌)항방파제	충청남도 태안군 소원면 모항리 1097-12	124
어청도(於靑島)	전라북도 군산시 옥도면 어청도리 387-4 외(어청도)	236
여은돌(어은돌)항방파제	충청남도 태안군 소원면 모항리 1097-12	124
연도(烟島)	전라북도 군산시 옥도면 연도리 176 외(연도)	232
연포방파제	충청남도 태안군 근흥면 도황리 1525-222 외	135
영목항선착장	충청남도 태안군 고남면 고남리 334-66 인근	154
영종도 남측방조제	인천광역시 중구 운서동 2854-5	034
영종도 북측방조제	인천광역시 중구 운서동 2833-3	034
오천항선착장	충청남도 보령시 오천면 소성리 700-86 인근	176
왜목선착장	충청남도 당진시 석문면 교로리 844-53 인근	100
외연도(外煙島)	충청남도 보령시 오천면 외연도리 160-1 외(외연도)	202
용두 갯바위	충청남도 보령시 남포면 월전리 704 인근	214
용무치선착장	충청남도 당진시 석문면 장고항리 851-52 인근	098
울도(蔚島)	인천광역시 옹진군 덕적면 울도리 19-15 외(울도)	066
원산도(元山島)	충청남도 보령시 오천면 원산도리 474-7 외(원산도)	186
월도(月島)	충청남도 보령시 오천면 효자도리 663-1 인근 외(월도)	178
월선포선착장	인천광역시 강화군 교동면 상용리 605-12 인근(교동도)	030
윗틈이 갯바위	전라북도 부안군 변산면 격포리 8 인근	260
유섬(여섬)	충청남도 태안군 이원면 내리 산44	110
육계도	충청남도 태안군 남면 신온리 산176	138
육도(六島)	경기도 안산시 단원구 풍도동 381-23 외(육도)	080
육도(陸島)	충청남도 보령시 오천면 효자도리 485-1 인근 외(육도)	180
입파도(立波島)	경기도 화성시 우정읍 국화리 134-1 인근 외(입파도)	085
《《 ㅈ 》》		
자월도(紫月島)	인천광역시 옹진군 자월면 자월리 306-10 외(자월도)	042
장고도(長古島)	충청남도 보령시 오천면 삽시도리 871-3 외(장고도)	192
장고항방파제	충청남도 당진시 석문면 장고항리 625-43	098
장자도(壯子島)	전라북도 군산시 옥도면 장자도리 157-1 외(장자도)	250
적벽강 사자머리	전라북도 부안군 변산면 격포리 252-11 인근	262
제부도방파제	경기도 화성시 서신면 제부리 289-14(제부도)	081
죽도	충청남도 보령시 남포면 월전리 843-61 외	210
죽막방파제	전라북도 부안군 변산면 격포리 256-4	265
지도(池島)	인천광역시 옹진군 덕적면 백아리 산164-6 외(지도)	064
진두항	인천광역시 옹진군 영흥면 내리 8-213 외(영흥도)	041

낚시터 명칭	소재지	수록지면
《 ㅊ, ㅌ, ㅍ 》		
채석포항방파제	충청남도 태안군 근흥면 도황리 8-26	136
천리포항방파제	충청남도 태안군 소원면 의항리 978-82	118
철도(쇠섬)	충청남도 당진시 석문면 난지도리 산28(대난지도 부속섬)	102
추도(抽島)	충청남도 보령시 오천면 효자도리 562-1 인근 외(추도)	182
탄도항방파제	경기도 안산시 단원구 선감동 717-3(탄도)	077
태배 갯바위	충청남도 태안군 소원면 의항리 3-6 인근	116
통개방파제	충청남도 태안군 소원면 파도리 130-66 외	126
풍도(豊島)	경기도 안산시 단원구 풍도동 34-6 외(풍도)	078
풍차방파제(군산항 남방파제)	전라북도 군산시 비응도동 1-2	240
《 ㅎ 》		
학성선착장	충청남도 보령시 천북면 학성리 617-7 인근	171
학암포항	충청남도 태안군 원북면 방갈리 515-172 외	112
한진포구선착장	충청남도 당진시 송악읍 한진리 95-14	090
허육도(虛陸島)	충청남도 보령시 오천면 효자도리 산19 인근 외(허육도)	181
호도(狐島)	충청남도 보령시 오천면 녹도리 522-3 외(호도)	198
홍성리선착장	경기도 안산시 단원구 대부남동 1348 인근(대부도)	076
홍성방조제	충청남도 보령시 천북면 장은리 1065 외	170
홍성방조제	충청남도 홍성군 서부면 신리 655 외	170
홍원항 방파제	충청남도 서천군 서면 도둔리 1222-1 외	222
황골방파제	충청남도 태안군 근흥면 도황리 산350 인근	134
황금산 갯바위	충청남도 서산시 대산읍 독곶리 569-78 인근	106
황도방파제	충청남도 태안군 안면읍 황도리 26-6	146
회변선착장	충청남도 보령시 천북면 학성리 239-5 인근	172
효자도(孝子島)	충청남도 보령시 오천면 효자도리 356-1 외(효자도)	184
후포항선착장	인천광역시 강화군 화도면 내리 1825-15(강화도)	033

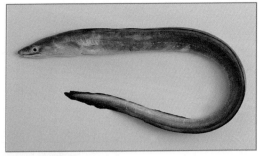

주요 바다 어종
포획 금지 크기 및 기간·구역

(수산자원관리법 시행령 제6조 제1항, 제2항)

●어명 : **갯장어**
■금지크기 : 전장 40cm 이하

●어명 : **갈치**　■금지크기 : 항문장 18cm 이하
□금지기간 및 구역 : 7월 1일~31일(마라도 이남을 제외한 전지역)-근해채낚기어업 및 연안복합어업 제외

●어명 : **고등어**　■금지크기 : 전장 21cm 이하
□금지기간 및 구역 : 4월 1일~6월 30일 중 해양수산부장관이 정하여 고시하는 1개월 범위의 기간

●어명 : **감성돔**
■금지크기 : 전장 20cm 이하

●어명 : **넙치**(광어)
■금지크기 : 전장 21cm 이하

●어명 : **개서대**　■금지크기 : 항문장 26cm 이하
□금지기간 및 구역 : 7월 1일~8월 31일(전국)

●어명 : **농어**
■금지크기 : 전장 30cm 이하

●어명 : **대구** ■금지크기 : 전장 30cm 이하
□금지기간 및 구역 : 1월 1일~31일(부산 및 경남), 3월 1일
~31일(상기지역을 제외한 전역)

●어명 : **민어**

■금지크기 : 전장 33cm 이하

●어명 : **돌돔**

■금지크기 : 전장 24cm 이하

●어명 : **방어**

■금지크기 : 전장 30cm 이하

●어명 : **말쥐치**(쥐고기) ■금지크기 : 전장 18cm 이하
□금지기간 및 구역 : 5월 1일~7월 31일(전국)

●어명 : **볼락**

■금지크기 : 전장 15cm 이하

●어명 : **문치가자미**(도다리) ■금지크기 : 전장 15cm 이하
□금지기간 및 구역 : 12월1일~익년1월31일(전국)

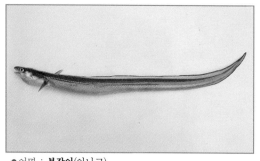

●어명 : **붕장어**(아나고)

■금지크기 : 전장 35cm 이하

● 어명 : **옥돔**

□ 금지기간 및 구역 : 7월 21일~8월 20일(전국)

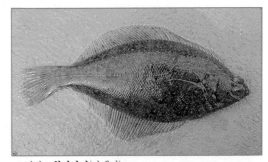

● 어명 : **참가자미**(가재미)

■ 금지크기 : 전장 12cm 이하

● 어명 : **전어**

□ 금지기간 및 구역 : 5월 1일~7월 15일(강원, 경북을 제외한 전역)

● 어명 : **참돔** ■ 금지크기 : 전장 24cm 이하

□ 금지기간 및 구역 : 7월 1일~31일(전국)

● 어명 : **조피볼락**(우럭)

■ 금지크기 : 전장 23cm 이하

● 어명 : **참조기** ■ 금지크기 : 전장 15cm 이하 □ 금지기간 및 구역 : 4월 22일~8월 10일(전국) −근해 유자망에 한함, 7월 1일~31일(전국) −안강망, 저인망, 트롤, 선망에 한함

● 어명 : **쥐노래미**(노래미) ■ 금지크기 : 전장 20cm 이하

□ 금지기간 및 구역 : 11월1일~12월31일(하기 지역을 제외한 전역), 11월15일~12월14일(백령도, 대청도, 소청도)

● 어명 : **황돔**

■ 금지크기 : 전장 15cm 이하

■ 낚싯줄과 봉돌 규격 비교표

낚싯줄의 규격 비교					봉돌의 규격 비교					
모노필라멘트(나일론, 카본 라인)				PE 라인	민물, 바다낚시용		바다 구멍찌낚시용		루어낚시용	
호수 (號)	지름 (mm)	강도		같은 강도의 호수 및 kg	호(푼)	g	B, G	g	oz	g
		lb	kg							
0.1	0.053				0.1호(1푼)	0.375	G8	0.07	1/32온스	0.89
0.2	0.074				0.2호(2푼)	0.750	G7	0.09	1/16온스	1.77
0.3	0.090				0.3호(3푼)	1.125	G6	0.12	1/8온스	3.54
0.4	0.104				0.4호(4푼)	1.500	G5	0.16	3/16온스	5.32
0.5	0.116	2	0.91		0.5호(5푼)	1.875	G4	0.20	1/4온스	7.09
0.6	0.128				0.6호(6푼)	2.250	G3	0.25	3/8온스	10.63
0.8	0.148	3	1.36		0.7호(7푼)	2.625	G2	0.31	1/2온스	14.18
1	0.165		1.68	0.1호(1.8kg)	0.8호(8푼)	3.000	G1	0.40	1온스	28.35
1.2	0.185	5	2.27		0.9호(9푼)	3.375	B	0.55	2온스	56.70
1.5	0.205				1호(10푼)	3.750	2B	0.75		
1.7	0.215	6	2.72	0.2호(2.7kg)	2호(20푼)	7.500	3B	0.95		
1.8	0.220				3호(30푼)	11.250	4B	1.20		
2	0.235	7	3.2	0.3호(3.1kg)	4호(40푼)	15.000	5B(0.5호.)	1.85		
2.2	0.240	8	3.6	0.4호(3.6kg)	5호(50푼)	18.750	0.6호	2.25		
2.5	0.260	10	4.2		6호(60푼)	22.500	0.8호	3.00		
3	0.285	12	5.5(1호)	0.6호(5.8kg)	7호(70푼)	26.250	1호	3.75		
3.5	0.310				8호(80푼)	30.000	2호	7.50		
(3.8)	0.325	14			9호(90푼)	33.750	3호	11.25		
4	0.330				10호(100푼)	37.500				
(4.5)	0.351	16	7.8	0.8호(7.0kg)	20호(200푼)	75.000				
5	0.370	18	8		30호(300푼)	112.500				
6	0.405	22	10.3	1호(8.9kg)	40호(400푼)	150.000				
7	0.435	25	11.5(2.5호)	1.2호(12kg)	50호(500푼)	187.500				
8	0.470	30		1.5호(13.5kg)	60호(600푼)	225.000				
10	0.520	35		2호(15kg)	70호(700푼)	262.500				
12	0.570	40	18.5	2.5호(19kg)	80호(800푼)	300.000	붕어낚시용			
14	0.620	50	22.5	3호(23kg)	90호(900푼)	337.500	호수(號)		g	
16	0.660	60	27	4호(28kg)	100호(1000푼)	375.000	1호		2.0	
18	0.700	70					2호		2.5	
20	0.740	80		5호(35kg)			3호		3.0	
22	0.780	90					4호		3.5	
24	0.810	100	45.3	6호(43kg)			5호		4.5	
26	0.840						6호		5.5	
28	0.870		50(12호)				7호		6.5	
30	0.910	130	60				8호		7.0	
35	1.001						9호		7.5	
40	1.045	150					10호		8.0	

1피트(feet, 약칭 ft) = 30.48cm, 12인치 / 1인치(inch, 약칭 in) = 2.54cm, 0.0833피트 /
1센티미터(cm) = 0.0328피트, 0.3937인치 / 1킬로그램(kg) = 2.204623파운드, 35.273962온스 /
1파운드(pound, 약칭 lb) = 0.4536kg, 16온스 / 1온스(ounce, 약칭 oz) = 28.35g, 0.0625파운드

맛있는 방파제 3

한국의 名방파제 낚시터 – 서해편

1판 3쇄 인쇄 2018년 8월 20일
1판 3쇄 발행 2018년 8월 27일

지은이 예조원 편집부

발행인 김국률
발행처 예조원

출판등록 제301-2010-184호

주소 서울특별시 중구 퇴계로 180-3
전화 (02)2272-7272 팩스 (02)2272-7275

값은 표지에 있습니다.
ISBN 978-89-94129-40-2 (04690)
ISBN 978-89-94129-29-5 (세트)

ⓒ 2016, 예조원

이 도서의 국립중앙도서관 출판시도서목록(CIP)은
서지정보유통지원시스템 홈페이지(http://seoji.nl.go.kr)와
국가자료공동목록시스템(http://www.nl.go.kr/kolisnet)에서 이용하실 수 있습니다.
(CIP제어번호: CIP2016016462)